山东耕地质量评价与应用丛书

金乡耕地

秦淑珍　刘振富　王成林　主编

山东大学出版社

《金乡耕地》编委会

前　言

耕地是人类赖以生存的基本资源，是农业基本的生产资料，其质量水平及环境条件直接影响农产品的质量、作物的生产水平和产业结构的形成。

金乡县位于山东省西南部，隶属于济宁市，总面积为 887.67km^2，耕地面积为 52632.41hm^2。土壤共分为 3 个土类（褐土、潮土、水稻土），8 个亚类（褐性潮土、褐土、褐潮土、褐土化潮土、潮土、盐化潮土、湿潮土、幼年水稻土），13 个土属，44 个土种。经过两次土壤普查和测土配方施肥项目的实施，基本摸清了全县的土壤类型分布、土地利用状况及各类土壤的理化性状，为种植业结构合理分布、农产品产量及质量的提高、指导农民科学施肥提供了科学依据和保障。金乡县是 2006 年省级测土配方施肥项目县和 2009 年国家级测土配方施肥项目县。通过项目的实施，完成了"一书（三个报告）、一碟（数据库）、一套图（23 幅数字地图）、二系统（测土配方施肥汇总系统、耕地资源管理信息系统）"的基础建设工作。

本书是在金乡县耕地地力评价的基础上完善而成的，历经两年的修订、充实，终于得以出版。本书的整理出版得到了山东省农业厅、山东农业大学、济宁市农业局的积极协助及县、乡、村广大专业技术人员的无私帮助，在此一并表示感谢。

《金乡耕地》是测土配方施肥项目成果的汇总，是全县农技推广人员集体智慧的结晶，必将对金乡农业在今后较长时期内的可持续发展起到良好的指导作用。因编纂时间仓促，加之编者水平有限，书中难免有疏漏，恳请广大读者批评指正。

编　者

2013 年 11 月

目　录

第一篇　耕地地力调查

第二篇　耕地地力分析与评价

第三篇 测土配方施肥指标体系

第四篇 测土配方施肥技术应用与推广

相关研究

第一篇 耕地地力调查

第一章 自然与农业生产概况

金乡县历史悠久，据金乡县志记载，上溯到四千多年以前的新石器时代，金乡就有人类活动。氏族部落时期，为缗氏聚居之地。夏商时代为有缗国，周设缗邑，属宋国。秦代制东缗、昌邑、爰戚三县，属砀郡。西汉时属山阳郡。汉平帝元始二年（公元2年）改爰戚为金乡，因境内有金山，亦名金乡山，县以此得名，沿用至今。晋时属高平国。唐武德四年于金乡置金州。宋代属济阳郡。元朝属济宁路。明代隶属济宁府和兖州府。清代属济宁州。民国初属济宁道。中华人民共和国成立后，属平原省湖西地区。1953年改属山东省济宁地区。金乡县故城在嘉祥县南20km的阿城铺，现在城址为东汉所置。

金乡县矿产资源丰富，主要有煤炭、石油、天然气、地热、矿泉水、卤水、石灰石、砖瓦用黏土等矿种，勘查开发前景广阔。区域大致分布情况为：一是城南、城西一带石油、天然气资源，二是城东王丕高洼、羊山葛山、胡集郭山口一带地下矿泉水资源，三是马庙、羊山一带储有的地热资源，四是城北、城西和城南的煤炭资源，总储量为6.39亿吨。

金乡县种植作物以大蒜、棉花、小麦为主，是驰名中外的中国大蒜之乡、洋葱之乡、金谷之乡、梨瓜之乡和诚信之乡，是国家级生态示范区和山东省唯一的国家级绿色食品原料（大蒜）标准化生产基地，也是中国最具投资价值的旅游名县，还是山东省农业产业化经营先进县和农民增收先进县。2009年，又荣获“达沃斯·魅力中国·最具投资价值县”和“达沃斯·魅力中国·最具发展潜力县”称号。

金乡农业在巩固大蒜产业的同时，培植形成了棉花、果蔬、畜牧三大后续产业，粮经比例达到1∶9，复种指数达260%。近年来积极探索发展绿色有机农业和生态农业，加快建设贸工农一体化大蒜出口基地、农产品国际化标准化基地，建立了鲁西南蔬菜农药化肥残留检测中心，建设完善了三禄国际大蒜商贸城。农副产品储藏加工业发展已经成熟，储藏能力为130万吨，加工企业有700多家，加工能力在80万吨以上，初步形成了产销一条龙、贸工农一体化的农业产业化发展格局，被山东省委、省政府授予“全省农业产业化经营先进县”称号，并于2009年与欧盟就金乡大蒜地理标志达成共识，“金乡大蒜”地理标志被欧盟认可。

第一节 自然条件

一、地理位置与行政区划

金乡县位于山东省西南部，隶属于济宁市。地处北纬 34°51′～35°14′和东经 116°06′～116°30′。东临鱼台县，西接成武、巨野两县，南倚单县和江苏省丰县，北靠嘉祥县。东西宽约 35.5km，南北长约 43km，总面积为 887.67km^2，占山东省的 0.58%。全县辖 9 个镇、4 个乡，共 651 个行政村。耕地面积为 52632.41hm^2，人口为 63 万，农业人口为 55 万。

二、地形、地貌

金乡县属黄泛平原，地形、地貌受黄河泛滥决口的影响，微域起伏，岗、坡、洼相间。总的地势是西高东低，呈西南东北倾斜，海拔高度从 34m 到 40m 不等，南北高差为 4.1m，东西高差为 3.9m。西北有羊山、葛山，中有万福河，南有红卫河。县内河流均为西南东北流向。

根据金乡县的实际情况，划分为 2 个大地形：低山丘陵和黄泛冲积平原，5 个微地貌类型：荒岭坡、近山阶地、微斜平地、缓平坡地和洼地，9 个微地貌单元。

（一）低山丘陵

金乡县的低山丘陵面积很小，只有羊山、葛山和胡集镇的郭山口三处，系震旦纪、寒武纪石灰岩构成的青石山，为剥蚀低山，山顶平缓，呈岛状突出于平原之上，海拔高度为 90～105m，山丘从上到下划分为荒岭坡、近山阶地等微地貌单元。

1. 荒岭坡

荒岭坡分布在山丘裸岩地之下，坡度大于 30°，自然覆被度高于 60%，多为坡积残积母质，土层薄，多砾石，发育为褐土性土，俗称“石渣土”或“石缝土”。

2. 近山阶地

近山阶地居于荒岭坡之下，坡度小于 30°，垦殖多年，地堰高小于 1m，土壤发育为深厚的褐土，由洪积冲积物堆积而成。

（二）黄泛冲积平原

金乡县大面积为黄泛冲积平原。由于黄河泛滥时流向、流速的不断变更，形成复杂的地貌类型，有微斜平地、缓平坡地和洼地。

1. 微斜平地

地势平缓，比降一般小于 1/8000，地面高程为 35～37m，土层深厚，地下水资源丰富，土壤多为潮土类，广泛分布于各个乡镇。

2. 缓平坡地

由黄河泛滥漫流沉积而成，按地面形态可分为缓岗、岗坡、洼坡 3 种。

（1）缓岗是河流漫溢的高坡地，地段微微隆起，高程为 39m 左右，潜水埋深在 4m 以下，多发育为褐土化潮土，主要分布在马庙镇孟庄一带、鸡黍镇周官庄一带和羊山镇羊山、葛山周围。

(2)岗坡分布于缓岗下端,地势较平缓,地面坡降为1/5000,高程一般为37～38m,多发育为潮土,主要分布在羊山镇中部、马庙镇西北部和鸡黍镇侯楼至刘口一带。

(3)洼坡分布于岗坡下端,地势低平,坡降为1/9000,潜水埋深为1.5～2m,洼坡处于洼地和缓岗之间,水热重新分配与活动剧烈,而土壤中的盐分随水来、随水去,所以洼坡受盐碱威胁最大,土壤多为盐化潮土,主要分布在胡集镇黄堆集到高河镇苏楼一带。

3. 洼　地

由静水沉积而成,根据地面形态又可分为3个微地貌单元。

(1)浅平洼地。在微斜平地之内,由河流的多次改道及湖泊的变迁而成。洼地的边缘与地面相差0.5～1m。土质黏重,物理性状不良,排水条件差,易涝,多发育成湿潮土及水稻土,分布于胡集镇东北部、卜集镇大部和高河镇东北部。

(2)背河槽状洼地。由于河流的长期淤积造成河床高出地面,或受河堤的影响使两岸相对低洼,这种洼地多在河堤外呈带状分布,形如"石槽状"。土壤质地多为沙壤、轻壤,是水盐汇集的中心,盐化程度高,多是盐化潮土。主要分布在西沟两岸及肖云镇江庄、冯土一带。

(3)碟形洼地。周围高,中间低,形如"碟状",排水不良,多发育为潮土。主要分布在羊山镇与马庙镇交界的新万福河沿岸。

三、成土母质

金乡县成土母质以冲积物为主,极少数为洪积冲积物和残积母质。

(一)冲积物

冲积物分布于金乡县广大地区,是全县潮土和盐化潮土的主要成土母质,由黄河多次泛滥冲积而成。由于受黄河泛滥时流速的影响,沉积物由粗到细,作有规律的变化,即"慢出淤,紧出沙,不紧不慢出莲花"。又因历次黄河决口地方不同,决口的大小和时间的长短也不一,其搬运和沉积物质颗粒大小也就不一致,这就造成在一个地方上下层有质地变化,往往淤、沙、胶泥间层,层理交错,致使1～2m深的土壤质地剖面层次变化复杂、成分复杂,对土壤的发育、理化性状和土壤中水盐动态变化有较大影响,都发育为潮土。由缓岗到洼地,由于沉积物的水平分选作用,土壤质地由沙到黏,地下水埋深由深到浅,依次分布着褐土化潮土、潮土、盐化潮土、湿潮土及幼年水稻土,土壤肥力、作物产量、适种作物都有较大差异,造成农业生产的不平衡性。

(二)洪积冲积物和残积母质

金乡县低山残丘地区的成土母质在山的上部为残积母质,其特点是分化物的层次薄,表层质地较细,往下较粗,逐步过渡到岩石层。由于地势较高,矿质元素及水分易流失,发育的土壤肥力较低。荒岭坡之下为洪积冲积物,由山洪暴发携带大量大小不等的细沙和石砾,搬到山前的平原地带,由于流速骤减而发生沉积,其特点是含有大块岩石、碎屑,只有少数细粒。低山残丘石灰岩的风化以及冲积洪积作用形成褐土的3个亚类,从上到下,质地由粗到细,砾石由多到少,土层由薄到厚,地下水由深到浅,养分由低到高,植被分布一般为灌木、杂草、农作物。

四、气候条件

金乡县属暖温带半湿润、半干旱季风大陆性气候，主要特点是：春季多风，夏热多雨，秋季晴爽，冬季干寒，四季分明。光照充足，雨量较充沛，降水量年际变化显著，年内分布不匀，一般为“冬春旱，夏涝，晚秋又旱”。这一寒暖、干湿交替的气候特征，对土壤的发育和农业生产的发展有重要的影响。

（一）气温与土温

金乡县年平均气温为14.6℃（1991～2008年），年际差为1.7℃左右。各月之间气温悬殊较大。春季（3～5月）平均气温为15.1℃，夏季（6～8月）平均气温为26.2℃，秋季（9～11月）平均气温为15.2℃，冬季（12月至次年2月）平均气温为1.7℃。最冷的是1月，平均气温为0℃，最热的是7月，平均气温为27.2℃，各月平均气温如表1-1所示。

表1-1　金乡县各月平均气温

月　份	1	2	3	4	5	6	7	8	9	10	11	12	全年
平均气温（℃）	0	3.4	8.8	15.6	20.9	25.7	27.2	25.9	21.5	15.9	8.2	1.9	14.6

金乡县历年日平均气温稳定通过各种农业界限温度的始终日期为：日平均气温稳定通过0℃的始日为2月17日，终日为12月14日，间隔日数多年平均为301.3天。不低于0℃的积温多年平均为5108.6℃。稳定通过5℃的始日为3月12日，终日为11月19日，约253.6天。不低于5℃的积温为4928.1℃。稳定通过10℃的始日为4月4日，终日为11月3日，约214.1天。不低于10℃的积温为4578.8℃。不低于15℃的积温为4145.3℃。不低于20℃的积温为2834.2℃。

（二）降水与蒸发

金乡县历年（1991～2008年）平均降水量为577.2mm，年变幅较大，最大降水量为1029.6mm（2004年），最小降水量为270.7mm（2002年），丰水年为枯水年的3.8倍。在东亚季风的影响和控制下，降水量在一年中各月分配极不均匀，8月最多，达259.3mm，最高年达366.2mm，1月最少，只有14.3mm，最少年为0mm。夏季降水量最多，达611.8mm，占年降水量的61.2%，且多暴雨。秋季占年降水量的17.1%，春季占年降水量的16.9%，冬季占年降水量的4.8%，而且相对变率较大。1991～2008年各月平均降水量如表1-2所示。

表1-2　金乡县各月平均降水量

月　份	1	2	3	4	5	6	7	8	9	10	11	12	全年
降水量（mm）	14.3	19	34.8	50.8	83.3	100.4	252.1	259.3	96.2	48.2	26.1	15.3	83.3

金乡县年平均蒸发量为 1920.9mm，约是降水量的 3.3 倍。6 月最大，平均为 333.9mm，占总蒸发量的 17.4%，其次为 5 月和 7 月。春季蒸发量为 626.8mm，占总蒸发量的 32.6%。蒸发量远大于降水量，而且降水不匀、旱涝季节分明。这样的气候特点导致土壤中的水盐运行变化剧烈，是影响全县潮土类各亚类发育与变化的主要因素。

（三）降霜与冻土

金乡县无霜期为 191～262 天，历年平均为 212 天，霜期一般为 103～174 天。初霜日一般出现在 10 月底，最晚出现在 1965 年 11 月 25 日，终霜期一般出现在 3 月底，最早出现在 1965 年 3 月 7 日，最晚出现在 1978 年 4 月 21 日。

10cm 稳定冻结期常年为 25 天，一般 1 月开始冻结，2 月解冻，最长达 46 天，最短为 2 天，冻土深度一般在 19cm 左右，最深达 29cm。

（四）日照和风

金乡县光照比较充足，光辐射总量较大，年平均日照总时数为 2377.7h，年光照辐射总量为 500.99kJ/cm^2，各月平均日照时间为 160～254h，其中 6 月最多，2 月最少。所以，充分利用光能来发展生产具有较大的潜力。

全年风向频率方面，春、夏、秋季以东南风为主，冬季多北风。5～6 月间常有干旱的西南风，旱风日数[指一天观察中，有一次观察到相对湿度低于 30%、风速大于 3m/s（三级风）、气温高于 30℃]在 15 天左右，旱风日严重影响小麦灌浆，并引起盐分向地表积聚。

全年平均风速为 2.5～4m/s，3～6 月最大，一般为 3.5～4m/s。其次是冬季，为 3.1～3.5m/s。大风日（≥17m/s）平均为 6.9 天，最多为 15 天，以春季最多。

金乡县春季干旱多风，夏季湿热多雨，这造成盐碱地春季强烈返盐，涝洼地汛期积水成灾，因此，旱、涝、碱对全县土壤的发育和农业生产的发展极为不利。

（五）水文特征

1. 河流水文

金乡县地处南四湖西，属于黄泛平原的下游。因历史上黄河决泛冲击，上游的河水常年经金乡注入南四湖，因此境内河流众多。截至 2006 年，全县有大、中、小河道 24 条，河流总长度达 307.6km，河堤总长度达 572.4km。直接流入南四湖的河道有 4 条，形成了四大水系，其中老万福河水系最大。据《金乡县志》记载：“柳林河（原万福河）经清河桥、张家楼至柳沟口入济宁州，汇顾儿、苜蓿、牛头诸河之水，入旧运河。”

老万福河水系：老万福河即原万福河，亦称为“柳林河”或“柳河”，是贯穿鲁西南的一条干流。1957 年水系调整后，刘堂坝以下的原万福河段称为“老万福河”，始于城郊乡刘堂东南，于高河乡东夹村出境，流经鱼台县宋湾东入南阳湖，最后汇入旧运河。金乡境内长度为 14.5km，境内流域面积为 349.2km^2，境内支流有白马河、苏河、东沟、莱河、金济河。

新万福河水系：新万福河是 1956～1957 年原万福河刘堂坝上段纳入南大溜，进行截湾取直治理后命名的。源于定陶县大薛庄，于马庙镇陈海村流入金乡，至卜集乡张烧饼村东出金乡，于济宁任城区大周村南流入南阳湖。金乡境内长度为 30.9km，境内流域面积为 360.35 km^2，境内支流有彭河、友谊沟、吴河、金成河、老西沟、大沙河。

北大溜水系：北大溜原系万福河的一条分洪溜道。1957 年万福河治理工程竣工后，将随林、刘堂两分洪滚水坝废除，北大溜于方庙堵闭，不再承担万福河分洪任务而成为独流入湖的排涝河道。北大溜水系源于羊山镇关帝村东，于卜集乡后张桥东北出境，至济宁任城区大王楼村东南流入南阳湖。金乡境内长度为20km，境内流域面积为114.16 km^2，境内支流是蔡河。

东鱼河水系：东鱼河(原称为“红卫河”)是南四湖流域第一排水大河，是20世纪60年代为调整湖西万福河水系、减轻南阳湖汇水面积过大的负担、治理万福河流域尤其是下游地区(金乡、鱼台等县)洪涝灾害而新开挖的一条大型骨干排水河道，上游始于东明县刘楼村南。金乡县境内长度为21.5km，境内流域面积为56.63 km^2，境内支流有白马河、惠河。

各河流季节特点是：夏季雨水集中，径流量大，河道水位高，以排为主，每遇大雨，湖水顶托，河水倒流，内涝成灾，地下水位升高，秋季水位正常，10月到次年5月，水位陆续下降，春末夏初，旱象加重，河道断流，影响春夏播种作物的播种和收获。

2. 地下水状况

金乡县地下水水质较好，矿化度一般为0.5～2g/L，低于0.5g/L的淡水面积为966.6hm^2，分布在马庙镇大程楼、孟庄，羊山镇的小屯、孟营，兴隆乡的周围以及司马镇的程庙、邵庄一带。0.5～2g/L的弱矿化水有62546.02hm^2，分布在全县各乡镇。2～5g/L的矿化水有8160.35hm^2，主要分布在胡集镇董楼周围，羊山镇周楼，高河镇苏楼，卜集乡大张庄至夏庄一带，金乡镇窦湾，鱼山镇吴庙，司马镇的魏门楼和白蜡园周围，化雨镇的赵楼、曹庙等地。

金乡县地下水的pH一般为6.8～8.8，多数为7～8.5，属微碱性。地下水离子类型以SO_4^{2-}、Cl^-为主。矿化度较高的地区表层多为沙壤和轻壤，本身由于毛管粗细适于毛管水上升，将地下盐分带到地表，在气候干旱、蒸发量大时，出现返盐现象，形成盐碱地。对这些地下水矿化度高的零星小面积盐碱地区，若灌排耕种措施不合理，盐分在土壤中继续积累，会加重盐碱化的程度，应引起高度重视。

(六)灾害性天气

总的来说，金乡县气候条件比较优越，但灾害性天气频繁。影响金乡县农业生产的不利气候因素中，主要灾害性天气有三种。

1. 旱涝灾

据气象资料统计，金乡县各种气象灾害有10种之多，其中以旱涝灾害对农业生产的影响最大。金乡县降水虽较充沛，但年际降水变率大，年内降水不均，6～8月平均降水量占年降水量的68.7%，因而易发生涝灾，而春季和晚秋降水偏少，常出现旱情。

2. 干热风

干热风是金乡县小麦生长后期的主要灾害性天气。据25年气象资料统计，有20个年份出现干热风，共发生36次，其中较轻的25次，较重的11次。干热风的特点是干燥、高温。多出现在5月底和6月初，此时正值小麦灌浆和成熟期，对小麦后期成熟影响很大。严重干热风会造成小麦灌浆受阻，青枯逼熟，籽粒干秕，严重减产。因此，干热风是金乡县夺取小麦高产稳产的障碍因素之一。

3. 冰　雹

冰雹是金乡县自然灾害之一，冰雹路径有东、中、西 3 条。东路从嘉祥入境，经胡集、卜集和高河进入鱼台境内；中路从羊山东部经城关至王丕一带；西路北自羊山经马庙、鸡黍和司马进入单县。冰雹出现多是呈西北至东南一长带状，故有“雹打一条线”之说。冰雹多在 5～8 月出现，最早出现在 4 月中旬，最晚出现在 10 月下旬，以初夏为多。在一天中，多出现在午后或傍晚。冰雹危害很大，轻则减产，重则绝产。

另外，其他灾害性天气如低温、霜冻和连阴雨等也时有发生，对全县农业生产均有一定的影响。

第二节　农业经济概况

金乡县地处黄泛平原，新中国成立前，由于黄河多次泛滥，并且当时政府不关心农业生产和人民生活，对危害民生的河流不予治理，致使经常内涝成灾，土地受到破坏，生产受到阻碍。新中国成立以来，党和人民政府对农业生产和群众生活十分关怀，全县人民在历届县委、县政府的领导下，以极大的干劲和热情，对境内的土地、河流进行了全面治理，使农业生产得到发展，人民生活得到很大改善，农田基本建设进展更为迅速，开挖了红卫河，疏通加深了新老万福河、蔡河、北大溜、老西沟、大沙河、吴河、金济河、东沟、苏河、白马河、莱河等 12 条骨干河道。组合建站打井，整平土地，配套田间工程，全县范围内的沟、路、渠、河，林、田、井、站相结合的排灌系统已基本形成，大大增强了抗御自然灾害的能力。在大搞农田基本建设的同时，积极改革耕作制度，发展农业机械，推广科学技术，使农业自然面貌有了很大改观。

经初步核算，2009 年，金乡县实现地区生产总值 97.74 亿元，按可比价格计算，比上年下降 0.6%，其中第一产业增加值为 33.3 亿元，比上年增长 0.2%；第二产业增加值为 30.9 亿元，比上年下降 8.5%；第三产业增加值为 33.54 亿元，比上年增长 9.8%。三大产业结构比例为 34.07∶31.64∶34.32。全县认真贯彻落实国家对“三农”的各项优惠政策，确保农村经济稳步发展。

第三节　农业生产概况

金乡县位于黄河下游，是中华民族从事农业生产活动较早的地区之一。气候适宜，土地平坦，土层深厚，适种作物广，自然资源较为丰富，为农、林、牧各产业的发展提供了有利条件。

“农业兴，基础牢；农村稳，天下安”。农业的基础地位不可动摇，种植业生产更是至关重要，也是农民增产、增收的主要来源。新中国成立以来，金乡县粮食、棉花生产稳步增长，瓜菜生产迅速发展，相当规模和水平的生产基地先后建立。种植业生产逐步步入了持续、健康、高效发展的轨道，为金乡县的繁荣发展、人民的安居乐业作出了突出贡献。

（一）综合生产能力显著增强

新中国成立以来，金乡县农业综合生产能力明显增强，种植业生产水平不断提高。

2008年，全县农业总产值为62.53亿元，其中种植业产值为46.98亿元，与1949年相比，农业总产值增加了62.33亿元，增长311.65倍，种植业产值增加了46.79亿元，增长246.3倍。粮、棉、瓜菜总产分别达到12.51万吨、5.9万吨、217.78万吨，比1949年增长了1.93倍、309倍、993倍。随着科技兴农的不断深入，以及新品种和先进技术的广泛推广应用，粮、棉、瓜菜亩产分别达到469.9kg、89kg、2149.2kg，分别是1949年的11.3倍、9.7倍、3.07倍。特别是粮食生产，2008年的播种面积为$1.78\times10^4hm^2$，比1949年减少了$8.644\times10^4hm^2$，而总产比1949年增长了1.93倍。

(二)经济效益大幅提升

经过多年的摸索前进，金乡县在重视农业总量规模的基础上，与时俱进，科学发展，积极转变生产方式，农业效益水平正在节节攀升。全县种植业土地产出率从1949年的17.9元/$667m^2$，增长到2008年的5709元/$667m^2$，增长了约318倍，年均增长10.08%。农业劳动生产率从1949年的62.68元/人，增加到2008年的10087.06元/人，增长了约160倍，年均增长8.84%。人均蔬菜产量从1949年的每人3kg增加到2008年的3168.09kg，增长了约1055倍。农民种植业收入在一定程度上也反映了种植业经济效益的增长。2008年，农民种植业收入为8865.1元，比1984年改革开放时增加了8290.8元，上涨了约14倍。

(三)结构调整明显优化

种植业结构的调整，开辟了金乡县农村经济发展的新纪元。全县种植业调整大体可划为四个阶段。1978年以前，种植业是“以粮为纲”，粮食播种面积占总播种面积的83%～97%。1978年的经济作物只有$1.15\times10^4hm^2$，占总播种面积的13%。1978年后，注重经济作物的发展，主要是棉花和红麻两大品种。1984年，棉花面积上升到$2.44\times10^4hm^2$，单产达77kg，红麻面积为$0.3\times10^4hm^2$，两项作物产值占当年种植业产值的39%。这是结构调整的第一阶段。1985～1992年为第二阶段，在稳定发展棉花生产的同时，重视了大蒜和蔬菜的发展。1992年，大蒜种植面积近$0.67\times10^4hm^2$，蔬菜面积达$0.12\times10^4hm^2$，商品产值占种植业商品产值的31.9%。1993～1998年是第三阶段，调减棉花面积，力促大蒜种植上规模、上档次、上水平，开发了冬暖式大棚、大中弓棚，大力发展名、优、稀、特、新品种蔬菜。1998年，大蒜面积突破了$3.13\times10^4hm^2$，大棚、弓棚蔬菜近$0.67\times10^4hm^2$，大蒜、蔬菜面积接近总播种面积的50%，大蒜面积、产销量均居全国首位，1997年仅大蒜、蒜薹销售收入就达6亿元，占农副产品销售总值的55%，被农业部命名为“中国大蒜之乡”。卜集乡种植洋葱$0.2\times10^4hm^2$，被命名为“中国洋葱之乡”。1999年至今为第四阶段，在稳定大蒜种植面积的前提下，扩大棉花及瓜菜、食用菌种植面积，发展后续产业，形成了蒜棉并重、多头并进的种植业格局。

(四)现代化种植取得显著成效

近年来，为认真贯彻中央关于加强“三农”工作的一系列指示精神，按照“生产发展”的要求，金乡县将加强现代农业建设摆在了突出位置，主要体现在四个方面：一是种植业生产实现科学化。针对全县“两高一优”的农作物特点，加强了科学施肥和田间管理。2008年，全县测土配方施肥面积达到$2.67\times10^4hm^2$，全县农用塑料薄膜使用量达到3063吨，其中地膜使用量达到2718.4吨，地膜覆盖面积达到$4.53\times10^4hm^2$，农药使用量达到

1966.3 吨，农用化肥施用量达到 18.27 万吨，化肥、农药和农膜等农业生产资料的使用更加合理，有效地降低了病虫害的发生，促进了农作物的生长。二是种植业实现产业化经营。产业化的大幅推进，使各项农业资源得到合理的优化配置，提升了市场竞争力。2008 年，全县涉农企业、协会、合作社增至 900 余家，带动农户 10 万余户。三是种植业品质逐渐优质化。随着良种补贴政策的实施，全县优质作物种植面积进一步扩大，优质、高效作物比重增加，优良品种的区域化水平进一步提高。农作物良种覆盖率达到 98%，高效农作物比重达到 90%。四是种植业安全化生产水平提高。全县种植业生产安全化、规范化管理不断完善。2008 年，无公害种植业农产品生产基地发展到 $1.92\times10^4 hm^2$，32 家企业获得了绿色食品认证，总面积达到 $1.304\times10^4 hm^2$，10 家企业获得了有机及有机转换认证，总面积达到 $0.22\times10^4 hm^2$。

2009 年，金乡县国内生产总值为 97.74 亿元，农、林、牧、渔业总产值为 63.45 亿元，其中农业总产值为 47.08 亿元，林业总产值为 0.42 亿元，牧业总产值为 13.1 亿元，渔业总产值为 0.28 亿元，农、林、牧、渔服务业为 2.07 亿元，地方财政收入为 2.16 亿元，农民人均纯收入为 6811 元。

大蒜产业是金乡县的支柱产业，是广大农民群众的主要收入来源。全县常年种植大蒜在 $4\times10^4 hm^2$ 左右，亩产蒜头 1200kg，总产达 72 万吨，是全国绿色食品原料（大蒜）标准化生产基地，基地规模达 $2\times10^4 hm^2$。金乡大蒜出口 150 多个国家和地区，年出口创汇达 2 亿美元，成为全国县级单一农产品出口创汇的第一大县。目前，全县各类大蒜冷藏加工企业发展到 736 家，储藏能力达 130 万吨，加工能力达 80 万吨，系列产品有 60 余种，年销售收入达 35 亿元；发展规模以上大蒜加工企业 183 家，省级农业龙头企业 9 家，市级龙头企业 37 家。形成了名副其实的集大蒜生产、冷藏、加工、流通、对外贸易于一体的区域规模经济，是国际大蒜价格的形成中心，使“世界大蒜看中国，中国大蒜看金乡”成为普遍共识。

棉花生产是金乡县的支柱产业，也是广大农民群众的主要收入来源。种植方式全部为蒜套棉，以营养钵育苗移栽为主，基质育苗裸苗移栽技术正在推广。2009 年，全县植棉 $4.4\times10^4 hm^2$，皮棉总产为 6.2 万吨。全县有棉花加工企业 220 家，其中棉纺企业 10 多家，棉纺能力为 80 万纱锭；棉籽油加工企业 80 多家，年加工能力为 60 万吨。全县现有棉种生产企业 2 家，年生产棉花良种 60 万吨，年加工能力为 6000 万吨，产品远销国内十余个省市。棉花是金乡县的主要经济作物，在全县农业生产中占有举足轻重的地位，皮棉总产稳居全国棉花生产百强县之列。

小麦是金乡县的主要粮食作物，近几年种植面积稳定在 $0.67\times10^4 hm^2$ 左右，主要以优质麦为发展方向，重点推广了济麦 22、济宁 16、潍麦 8 号强筋优质麦。小麦亩产稳定在 500kg 左右，总产稳定在 5 万吨左右。主推技术有适期晚播技术、精播高产技术、平衡施肥技术、化调防倒技术和综合防治病虫害技术。

根据金乡县“结构调优、规模调大、质量调高、特色调新、效益调好、农民调富”的种植业结构调整要求，在抓好大蒜主导产业的基础上，形成了王丕镇 $200hm^2$ 的芹菜基地和 $133hm^2$ 的辣椒基地、高河乡 $533hm^2$ 的茄子基地和 $67hm^2$ 的池藕基地、肖云镇 $133hm^2$ 的绿色甘蓝生产基地、司马镇 $333hm^2$ 的芫荽基地、兴隆乡 $67hm^2$ 的绿色芹菜生产基地和马铃薯生产基地、鸡黍镇 33hm^2 的山药基地和 133hm^2 的菠菜基地、胡集镇 400hm^2 的绿色白梨瓜生产基地、化雨乡 6.7hm^2 的高标准食用菌基地和羊山镇 20hm^2 的冬暖式高温大棚基地。

全县食用菌总面积发展到 $4.1\times10^5 m^2$，总产量达到 9120.5 吨，具有代表性的食用菌种植基地有高河的黑木耳、化雨的金针菇、司马的鸡枞菌、羊山的香菇、马庙的平菇等。

在县委顶点定位、科学谋划、争当欠发达县科学发展排头兵的号召下，金乡县现代农业在现有条件下顶点定位、科学规划 3 个农业园区，分别是化雨乡的现代农业示范区、羊山镇的生态农业示范区、马庙镇的循环农业示范区，示范区的规划与建设必将引领全县现代农业的快速发展。目前，金乡县“三品”认证企业有 57 家，认证总面积为 $3.218\times10^4 hm^2$。其中无公害农产品认证企业 18 家，认证面积为 $1.918\times10^4 hm^2$，认证产品有 4 个：大蒜面积为 15311.67hm^2，茄子面积为 1066hm^2，白梨瓜面积为 1400hm^2，金谷面积为 1400hm^2。绿色食品认证企业 29 家，总面积为 $1.079\times10^4 hm^2$，认证产品有 7 个：大蒜面积为 0.952hm^2，食用菌面积为 6.67hm^2，芹菜面积为 173.33hm^2，甘蓝面积为 200hm^2，金谷面积为 360hm^2，葡萄面积为 133.33hm^2，白梨瓜面积为 400hm^2。有机食品认证企业 10 家，认证面积为 $0.221\times10^4 hm^2$，认证产品有 4 个：大蒜面积为 1841.64hm^2，小麦面积为 270.56hm^2，洋葱面积为 73.33hm^2，辣椒面积为 26.84hm^2。

第二章　耕地资源状况

第一节　土地利用现状

一、耕地利用现状

金乡县总面积为 88767hm^2，2009 年末常用耕地面积为 52632.4hm^2，占总面积的 59.3%。表 2-1 为 2009 年末金乡县各乡镇常用耕地面积与土地面积汇总。

表 2-1　　2009 年末各乡镇耕地面积

乡　镇	常用耕地面积(hm^2)	土地面积(hm^2)
总面积	52632.4	88767
金乡镇	1407.8	4443
羊山镇	4718.667	7202
胡集镇	5895.733	9243
肖云镇	4740.733	7381
鸡黍镇	5393	9058
王丕镇	2181.067	3454
司马镇	3005.133	5262
鱼山镇	3347.133	6607
马庙镇	5773.933	9711
化雨乡	4510.8	7284
卜集乡	5142.867	8032
高河乡	3114.267	5560
兴隆乡	3401.267	5530

二、耕地利用现状中存在的问题

从当前土地利用现状来看，土地利用中主要存在四个问题。

（一）人地矛盾更加突出

耕地日益减少且后备资源不足，存在农田重用轻养、土壤障碍严重等现象。在耕地面积大量减少的同时，人口却在急剧增长。2009 年末，人均常用耕地占有资源仅为 1.43 亩（0.095hm^2）。随着社会的发展，各项建设不可避免地仍要占用耕地，人地矛盾将更加突出。

（二）种植业结构尚需调整

金乡县农业的主导产业是蒜棉套作，20 多年来为全县的农业经济发展作出了巨大的贡献，但单一的种植模式也降低了全县农民的抗市场风险能力。虽然经过近几年的调整，发展了部分特色产业，如肖云甘蓝、化雨食用菌、胡集白梨瓜、大李庄山药、马坡金谷等，但所占比例仍不够协调，表现为农、林、牧、渔业发展不平衡，土地资源未能充分利用，种植业内部结构不尽合理，作物布局不够稳定，突出抓大蒜、棉花，忽视其他作物，瓜菜以季节菜为主，保护地蔬菜面积较小。

（三）土壤次生盐渍化加重

土壤盐分积累，造成土壤溶液浓度升高，使土壤的渗透势加大，作物根系的吸水、吸肥能力减弱。随着盐分浓度的升高，土壤微生物活动也受到抑制。

（四）土壤养分不均衡

据化验分析，金乡县土壤养分含量中，碱解氮为 65mg/kg，变幅为 49～138mg/kg，有效磷为 36mg/kg，变幅为 17.2～69.9mg/kg，速效钾为 88mg/kg，变幅为 83～326mg/kg，总的趋势是：北部高于中部，中部高于南部。

三、种植制度的演变

（一）1949～1977 年，种植业发展缓慢，“以粮为纲”特征明显

改革开放前，金乡县种植业发展缓慢，形成了以粮食为主的种植业生产格局。农作物绝大部分是小麦、高粱、大豆、薯类和杂粮，经济作物只是每年种植 1333.3～2000hm^2的棉花。种植的方式多是一年一作或两年三作，水利条件差，加上靠天吃饭，病虫害得不到有效防治，每年旱涝、病虫灾害面积都在 70% 以上。1949～1956 年，粮食及大豆亩产为 36.5～62.5kg。1957 年的水灾严重，秋季几乎绝产，亩产仅为 29.5kg。棉花亩产在 6.5～12kg 徘徊，人均全年生产粮食 200～250kg。全县农业总产值只有两三千万元，农民处于饥饿贫困状态之中。

1958～1962 年期间，农业生产水平更是低下，粮食亩产仅为 35.8kg，最高也只有 44.5kg，人均产粮仅 150kg，五年间国家救济及返销粮 42045 吨，人均每年 122.5kg。人民公社和“大跃进”等一连串“左”倾冒进及瞎指挥又使全县农业生产受到重大损伤。

经过 1963～1964 年的调整，粮食亩产 1966 年才达到 142kg，全年社员口粮分配 176kg，农民仍然过着贫困生活。1970 年后，经过挖沟、修渠、建排灌站、改土治碱和种水稻，号召“过纲要”“跨长江”，到 1976 年底，全县粮食耕亩单产达到 256kg，人均粮食达

204.5kg,农业总产值达 7180 万元,农村人民公社经济总收入为 4874 万元,人均为 44.39 元。在“以阶级斗争为纲”的年代,广大农民疲于斗私批修和割资本主义尾巴,农业生产受到严重制约。多数农民依旧住着泥巴屋,温饱问题仍没有得到解决。

(二)1978～1998 年,种植业发展迅速,迎来全面繁荣时期

1978 年 12 月,党的十一届三中全会确定把党和国家的工作中心转移到经济建设上来,金乡县各级党组织认真贯彻党的路线、方针和政策,大胆解放思想,勇于改革,在农村打破“三级所有、队为基础”的人民公社化体制,实行家庭联产承包经营责任制,充分调动了广大农民的生产积极性,扭转了农业生产多年徘徊和小步提高的局面,农民的温饱问题在短短几年里就基本得到了解决。1984 年,全县粮食总产达到 30.7 万吨,人均为 677kg,一年向国家缴售 5.9 万吨粮食,经济作物种植面积为 $3.347\times10^4\,hm^2$,其中棉花面积为 $2.43\times10^4\,hm^2$,亩产皮棉 67kg,人均 54kg,产值占种植业的 42.3%,改变了以往“以粮为纲”的单一化农业种植模式,使粮经相辅,互促发展。1984 年,农业总产值达 3.14 亿元,比 1980 年增长 1.23 倍,实现了第一个翻番,人均纯收入增加到 454 元,为 1978 年的 9.1 倍。

随着全县种植业的发展和种植结构的不断调整,1993 年,金乡县委、县政府在总结全县农村经济发展的基础上,经过多方反复认证,提出了符合金乡县情、体现地方经济特色的“农贸带动”战略。1996 年,金乡县农业局积极参与县委、县政府发动的调研活动,努力工作,积极投入到小康县建设工作中。1998 年,金乡县农业产业化经营格局基本形成。一是建特色生产基地,全县建成 $1.33\times10^4\,hm^2$ 无公害蔬菜生产基地,进一步抓好享誉国内外的大蒜主导产业,形成西蒜、东果、南棉、北粮、中间菜的种植格局。二是大力发展加工龙头企业,集中培植了大蒜、蔬菜等一大批加工龙头企业,发展了一批配套中小项目,基本构成了以农副产品加工为核心、产加销一条龙的农副产品加工工业体系。三是合作经济组织的发展,引导农民以股份合作等形式组建农副产品销售公司、专业合作社、销售协会等购销组织,解决“小生产”与“大市场”的矛盾。目前,全县有省级龙头企业 6 家,市级龙头企业 31 家,具有自营进出口权的涉农企业 126 家,已注册的农民专业合作社及协会 102 家。从 1994 年到 1998 年,全县农业生产和农村经济发展较以前有了质的飞跃。1998 年,农业总产值达到 21.2 亿元,农民人均总收入为 3735 元,人均纯收入为 2376 元。

(三)1999 年至今,以蒜棉套作模式为标志的种植业蓬勃发展

1999 年以来,金乡县种植业结构进一步调整,大蒜主导地位进一步加强,蒜棉套作模式逐步成熟,粮食种植面积急剧下降,粮经比例达到 1∶9,复种指数达到 260%。种植模式相对集中,以大蒜、棉花、瓜菜为主。2008 年,大蒜收获面积为 $4.067\times10^4\,hm^2$,总产 70.9 万吨,棉花面积为 $4.467\times10^4\,hm^2$,皮棉总产 5.9 万吨,瓜菜面积为 $2.687\times10^4\,hm^2$,总产 146.9 万吨。棉花、瓜菜(含大蒜)总产分别比 1949 年增长了 309 倍和 993 倍。

第二节　土壤类型与分布

一、土壤分类的原则和依据

根据全国第二次土壤普查的要求,依据土壤发生学的原则,采用土类、亚类、土属、土

种和变种五级分类制。

（一）土　类

土类是高级分类的基本单元，是指在一定的自然条件和人为因素作用下，经过一个主导和几个相结合的成土过程，具有一定相同的可鉴别发育层次。

划分时应考虑：土壤发育类型与当地生物气候条件相结合，即地带性土壤，也可由特殊母质类型或过多的地表水、潜水活动形成土壤，即非地带性土壤。在自然因素、认为因素（如耕作、施肥、灌溉排水等）的影响下，具有一定特征的成土过程，如黏化过程、钙化过程、氧化还原过程。每一个土类具有独特的剖面形态及相应的土壤属性，特别是具有作为鉴定该土壤类型特征的诊断土层，如褐土的黏化层、潮土的砂黏间层等。同一土类必定具有相类似的肥力特征和改良利用方向，如褐土的干旱、潮土的次生盐渍化、盐土的盐分等。

（二）亚　类

亚类是在土类范围内和土类之间的过渡类型。在主导成土过程之外，还有一个附加的成土过程，使土壤属性发生了很大变化。但同一土类的亚类，成土过程总趋势应该是一致的，如潮土类除典型潮土亚类，还有褐土化潮土等。

（三）土　属

土属是发生学上具有相互关系和承上（亚类）启下（土种）意义的分类单元。它既是亚类的续分，又是土种的归纳。金乡县主要根据成土母质类型进行土属的划分，如洪积物、冲积物等。

（四）土　种

土种是基层分类的单元，它是发育在相同的母质上，具有相类似的发育程度和剖面层次排列的一种比较稳定的土壤类型，是非一般耕作措施在短期内所能改变的。同一土种主要的土体构型基本类似，并根据直接影响土壤水盐运行与生产特性适当进行归纳。土种的划分是为制定土壤利用和改良的具体措施服务的。

（五）变　种

变种是在土种范围内，根据耕层性质、肥水状况或亩产量的差异而划分的分类单元。它往往可以通过一般耕作、施肥等措施，由一个变种转变为另一个变种。

二、土壤分类

第二次土壤普查时，金乡县土壤共分为 3 个土类：褐土、潮土、水稻土，8 个亚类：褐性潮土、褐土、褐潮土、褐土化潮土、潮土、盐化潮土、湿潮土、幼年水稻土，13 个土属，44 个土种。在土种划分时，重点考虑生产性能。首先是耕层（0～20cm）的质地，砂、壤、黏。其次是耕层以下至 60cm 土层的排列和障碍因素。再次是考虑 60～100cm 土层对生产的影响，100cm 以下作为参考依据。在潮土、水稻土土种划分时，注重反映其母质沉积类型（表层质地），以体现其生产性能和改良利用的差异。金乡县第二次土壤普查土种归属对应如表 2-2 所示，土种分类面积如表 2-3 所示。

表 2-2 金乡县第二次土壤普查土种归属对应表

土类名称	亚类名称	土种代号	土种名称
(B)褐土	a 褐土性土	$Ba3_2\ \frac{4}{2\Delta_1 I_1}$	薄层山红土
	d 褐土	$Bd3_2\ \frac{5}{I}$	坡二性黄土
	f 潮褐土	$Bf4_2\ \frac{4}{13}$	小蒙金潮黄土
(C)潮土	a 褐土化潮土	$Ca1_1\ \frac{3}{1}$	岗透白土
		$Ca1_2\ \frac{4}{13}$	岗小蒙金两合土
	b 潮土	$Cb2_1\ \frac{3}{1}$	透白土
		$Cb2_1\ \frac{3}{19}$	厚胶泥底白土
		$Cb2_1\ \frac{3}{25}$	薄胶泥底白土
		$Cb2_2\ \frac{4}{1}$	透两合土
		$Cb2_2\ \frac{4}{4}$	厚砂心两合土
		$Cb2_2\ \frac{4}{10}$	厚砂底两合土
		$Cb2_2\ \frac{4}{4\cdot 12}$	厚砂心厚黏底两合土
		$Cb2_2\ \frac{4}{18\cdot 12}$	高厚胶泥心两合土
		$Cb2_2\ \frac{4}{24\cdot 10}$	薄胶泥心厚沙底两合土
		$Cb2_2\ \frac{5}{1}$	透小红土
		$Cb2_2\ \frac{5}{4}$	厚砂心小红土
		$Cb2_2\ \frac{5}{7}$	高厚黏心小红土
		$Cb2_2\ \frac{5}{18R}$	高厚胶泥心小红土
		$Cb2_2\ \frac{5}{4\cdot 19}$	厚砂心厚胶泥底小红土
		$Cb2_3\ \frac{6}{1}$	透面淤土
		$Cb2_3\ \frac{6}{4}$	厚砂心面淤土
		$Cb2_3\ \frac{6}{18}$	厚胶泥心面淤土
		$Cb2_3\ \frac{6}{2\cdot 19}$	薄砂心厚胶泥底面淤土
		$Cb2_3\ \frac{6}{14\cdot 19}$	厚壤心厚胶泥底面淤土
		$Cb2_3\ \frac{7}{1}$	透狗头淤
		$Cb2_3\ \frac{7}{18R}$	高厚胶泥心狗头淤

续表

土类名称	亚类名称	土种代号	土种名称
(C)潮土	c盐化潮土	$\mathrm{Cc5_1}\,\frac{3s(\text{一})}{}$	轻白碱面砂土
		$\mathrm{Cc5_1}\,\frac{3s(\text{二})}{1}$	中白碱面砂土
		$\mathrm{Cc5_1}\,\frac{3c1(\text{三})}{2}$	重油碱面砂土
		$\mathrm{Cc5_1}\,\frac{3s(\text{一})}{18}$	厚胶泥心轻白碱面砂土
		$\mathrm{Cc5_1}\,\frac{3s(\text{一})}{23}$	深厚黏底轻白碱面砂土
		$\mathrm{Cc5_1}\,\frac{3s(\text{二})}{24}$	薄胶泥心中白碱面砂土
		$\mathrm{Cc5_1}\,\frac{3s(\text{一})}{25}$	薄胶泥底轻白碱面砂土
		$\mathrm{Cc5_2}\,\frac{3s(\text{一})}{25}$	轻白碱两合土
		$\mathrm{Cc5_2}\,\frac{4s(\text{一})}{1}$	厚沙心轻白碱两合土
		$\mathrm{Cc5_2}\,\frac{4s(\text{一})}{6}$	厚黏心轻白碱两合土
		$\mathrm{Cc5_2}\,\frac{4s(\text{一})}{12}$	厚黏底轻白碱两合土
		$\mathrm{Cc5_2}\,\frac{4s(\text{一})}{19}$	厚胶泥底轻白碱两合土
		$\mathrm{Cc5_2}\,\frac{4s(\text{三})}{18}$	厚胶泥底重白碱两合土
	湿潮土	$\mathrm{Ce10_3}\,\frac{7}{8}\overline{\mathrm{W}}$	渍涝狗头淤
(F)水稻土	幼年水稻土	$\mathrm{Fb4_3}\,\frac{7}{4}$	厚沙心幼年水稻狗头淤
		$\mathrm{Fb4_3}\,\frac{7}{18}$	厚胶泥心幼年水稻狗头淤
		$\mathrm{Fb4_3}\,\frac{7}{24}$	薄胶泥心幼年水稻狗头淤
		$\mathrm{Fb4_3}\,\frac{7}{18}\mathrm{G70W1}$	厚胶泥心渍涝幼年水稻狗头淤

表 2-3 金乡县土种分类面积表

土种名称	土种代码	土种编码	面积(hm^2)	占耕地总面积(%)
沙壤均质中度硫酸盐化潮土	08040202	$\mathrm{Cc5_1}\,\frac{3s(\text{二})}{1}$	1247.01	2.37
中壤表厚砂体潮土	08010302	$\mathrm{Cb2_2}\,\frac{5}{4}$	3996.49	7.59
黏表厚砂体潮土型幼年水稻土	11020401	$\mathrm{Fb4_3}\,\frac{7}{4}$	1917.91	3.64
重壤表厚砂体潮土	08010402	$\mathrm{Cb2_3}\,\frac{6}{4}$	1710.71	3.25
重壤表厚胶泥心潮土	08010403	$\mathrm{Cb2_3}\,\frac{6}{18}$	1295.04	2.46

续表

土种名称	土种代码	土种编码	面积(hm^2)	占耕地总面积(%)
轻壤表厚砂体潮土	08010205	$Cb2_2\ \frac{4}{4}$	8420.53	16
轻壤表厚砂底潮土	08010206	$Cb2_2\ \frac{4}{10}$	1358.84	2.58
沙壤表深厚黏底轻度硫酸盐化潮土	08040204	$Cc5_1\ \frac{3s(一)}{23}$	731.91	1.39
沙壤表厚胶泥底潮土	08010202	$Cb2_1\ \frac{3}{19}$	1235.3	2.35
黏表薄胶泥心潮土型幼年水稻土	11020403	$Fb4_3\ \frac{7}{24}$	1848.92	3.51
黏表厚胶泥体潮土型幼年水稻土	11020402	$Fb4_3\ \frac{7}{18}$	490.18	0.93
轻壤表厚砂体轻度硫酸盐化潮土	08040208	$Cc5_2\ \frac{4s(一)}{4}$	1904.58	3.62
轻壤表厚胶泥底轻度硫酸盐化潮土	08040211	$Cc5_2\ \frac{4s(一)}{19}$	958.36	1.82
轻壤表厚黏化心冲积潮褐土	02040101	$Bf4_2\ \frac{4}{13}$	8.27	0.02
中壤均质钙质岩类洪积冲积褐土	02020101	$Bd3_2\ \frac{5}{1}$	2.75	0.01
沙壤均质潮土	08010201	$Cb2_1\ \frac{3}{1}$	6876.61	13.07
沙壤均质褐土化潮土	08020101	$Ca1_1\ \frac{3}{1}$	1186.8	2.25
轻壤表厚黏化心褐土化潮土	08020102	$Ca1_2\ \frac{4}{13}$	376.12	0.71
黏均质潮土	08010406	$Cb2_3\ \frac{7}{1}$	445.49	0.85
黏表厚胶泥心湿潮土型潮土	08030301	$Ce10_2\ \frac{7}{18}w$	342.94	0.65
黏表厚胶泥心潮土型幼年水稻土	11020201	$Fb4_3\ \frac{7}{18}$	1499.67	2.85
轻壤表厚胶泥底重度硫酸盐化潮土	08040212	$Cc5_2\ \frac{4s(三)}{19}$	321.85	0.61
黏表高厚胶泥心潮土	08010407	$Cb2_3\ \frac{7}{18R}$	257.16	0.49
中壤均质潮土	08010301	$Cb2_2\ \frac{5}{1}$	1384.82	2.63
沙壤表薄胶泥底轻度硫酸盐化潮土	08040206	$Cc5_1\ \frac{6s(一)}{25}$	440.75	0.84
重壤表厚砂心厚胶泥底潮土	08010405	$Cb2_3\ \frac{6}{14\cdot19}$	1306.34	2.48
重壤表薄砂心厚胶泥底潮土	08010404	$Cb2_3\ \frac{6}{2\cdot19}$	1010.99	1.92
中壤表高厚黏心潮土	08010303	$Cb2_2\ \frac{5}{7}$	288.69	0.55
轻壤均质潮土	08010204	$Cb2_2\ \frac{4}{1}$	1758.47	3.34
沙壤表薄胶泥心中度硫酸盐化潮土	08040205	$Cc5_1\ \frac{3s(二)}{24}$	332.22	0.63

续表

土种名称	土种代码	土种编码	面积(hm^2)	占耕地总面积(%)
重壤均质潮土	08010401	$Cb2_3\ \frac{6}{1}$	341.73	0.65
轻壤表厚砂心厚黏底潮土	08010207	$Cb2_2\ \frac{4}{4\cdot12}$	2019.74	3.84
中壤表厚砂心厚胶泥底潮土	08010305	$Cb2_2\ \frac{5}{4\cdot19}$	338.13	0.64
沙壤表薄胶泥底潮土	08010203	$Cb2_1\ \frac{3}{25}$	1314.35	2.5
沙壤均质重度氯化物盐化潮土	08040101	$Cc5_1\ \frac{3c1(三)}{1}$	451.49	0.86
轻壤均质轻度硫酸盐化潮土	08040207	$Cc5_2\ \frac{4s1(一)}{1}$	233.67	0.44
沙壤均质轻度硫酸盐化潮土	08040201	$Cc5_1\ \frac{3s1(一)}{1}$	425.2	0.81
轻壤表高厚胶泥心潮土	08010208	$Cb2_2\ \frac{4}{18R}$	308.04	0.59
轻壤表薄胶泥心厚沙底潮土	08010209	$Cb2_2\ \frac{4}{24\cdot10}$	669.14	1.27
轻壤表厚黏心轻度硫酸盐化潮土	08040209	$Cc5_2\ \frac{4s(一)}{6}$	351.62	0.67
轻壤表厚黏底轻度硫酸盐化潮土	08040210	$Cc5_2\ \frac{4s(一)}{12}$	899.42	1.71
中壤表高厚胶泥心潮土	08010304	$Cb2_2\ \frac{5}{18R}$	185.7	0.35
沙壤表厚胶泥心轻度硫酸盐化潮土	08040203	$Cc5_1\ \frac{3s(一)}{18}$	138.46	0.26
合　计			52632.41	100

(一)褐土类

褐土是金乡县面积较小的土壤类型，仅为 11.02hm^2，占可利用面积的 0.03%，主要分布于县北部的羊山、葛山及郭山口的低山残丘周围。从山顶往下的分布依次是褐土性土、褐土、潮褐土、褐土化潮土。在羊山顶部海拔 60m 左右分布着面积较小的褐土性土，土层很薄，有少量的砾石，轻度腐蚀，俗称“薄层山红土”。山坡分布着褐土，海拔在 50m 以上，土层较深厚，黄褐色，为坡二性黄土。褐土的下面，海拔在 40m 以上，地形较平缓，土层深厚，较肥沃，分布着潮褐土，俗称“接山淤”。接山淤下部与黄泛冲积物相接，海拔在 39m 左右，潜水埋深大于 4m，矿化度低于 1g/L，分布着沙壤均质褐土化潮土。

在生物、气候因素影响下，由于冬干夏湿，高温、高湿同时发生，风化和成土作用占主导地位，黏化和淋溶淀积强烈。但褐土因发育在富含碳酸钙母岩风化物上，其发育程度较棕壤弱。褐土具备以下特征：通体呈褐色或棕褐色，一般由耕作层、淀积层、钙积层三个基本层段组成。因母质富含钙质，延缓了铁、铝的淋洗，致使铁铝氧化物不发生明显活化和移动。钙、镁是构成该土物质循环中最活跃的典型元素，心土层和底土层中常出现石灰结核或假菌丝体，耕层一般呈由强至弱的石灰反应，pH 为 7～7.5，中性至微碱性，表土多为轻壤、中壤，局部洼地为重壤，心土层多为中壤或中壤偏黏，部分为重壤或黏土，一般耕性良好，保水、保肥性能好，耕层容重为 1.26g/cm^3，总孔隙度为 51.7%，毛管孔隙度为 39.2%，通气孔隙度为 12.5%，潜水埋深为 4～6m，矿化度低于 1g/L，水质好，无盐渍化威胁，但存在不同程度的干旱。根据地形部位和剖面特征，划分为 3 个亚类、3 个土属和 3 个土种。

褐土类在金乡县虽然分布面积较小，但比较肥沃。耕层多为轻壤、中壤，土质疏松，便于耕作，微生物活动频繁，心土层有保肥、保水作用，水、肥、气、热较协调，土壤供肥状况较好，灌溉后无盐渍化威胁。

在羊山、葛山、郭山口低山残区发育的褐土性土的主要限制因素为：环境条件不良，坡度大于 15°，地表径流强，植被度低，无水浇条件，干旱，水土流失严重，土层浅，保肥、保水性差，有效养分低。今后应保护现有植被，植树造林，发展果树，增加收入。

褐土性土分布于近山阶地，土层较褐土性土厚，坡度缓，潜在肥力高。今后应以农为主，农、林、果间作，防止水土流失，同时广开肥源，加深耕作层，逐步达到粮丰林茂。

潮褐土土层深厚，耕性良好，排灌系统较完善，熟化程度高，养分含量高，农业种植地力消耗大，有机质积累少。为此，应深耕、深翻，广开肥源，增加土壤有机质含量，合理施肥，不断提高地力。

（二）潮土类

潮土是金乡县面积最大的土壤类型，有 46864.71hm^2，占可利用面积的 89.04%，全县各地都有分布。潮土是在河流沉积物上，经细耕熟化后而发育形成的一种土壤。因受潜水作用，俗称“夜潮地”，故名潮土。潮土多处在碟形洼地和微斜平地的中下部，常与盐化潮土呈复域分布。由于潜水的垂直运动，土体中氧化还原过程交替进行，常在 60cm 上下出现锈纹、锈斑，地下水直接参与成土过程。当地下水下降，对表土作用减弱，地下水的淋溶作用加强并占优势时，潮土便向褐土化潮土发育；当潜水上升，对表土作用增大并起主导作用时，表土积盐，逐渐形成盐化潮土。所以，对于盐化潮土，用水必须十分注意，稍有不慎，潜水就上升，土壤便有次生盐渍化的危险。

金乡县的潮土具有以下几个特征：一是质地变化较大，具有明显的分选型。沉积层明显，色泽均一，中下部土层有明显的锈纹、锈斑。二是海拔为 34～40m，地下水位较高，常年潜水埋深在 0.5～7m，矿化度为 0.3～3g/L，如耕种灌溉不当，土壤易盐碱化。三是全剖面富含石灰质，呈碱性至强碱性反应，pH 为 7.2～8.5，少数高于 8.5。四是自然肥力相差较大，土壤微生物积累较弱。质地愈重，养分含量愈高。

潮土类根据地形部位、受潜水作用的强弱程度、剖面发育特征、盐碱化程度以及表层质地等划分为 4 个亚类，即褐土化潮土、潮土、盐化潮土、湿潮土，8 个土属，37 个土种。其中潮土亚类分布最广、面积最大，全县各乡镇均有分布，面积为 36526hm^2，占耕地面积的 69.4%。根据土体构型及表层质地的不同，潮土亚类共划分为 3 个土属，21 个土种。其中面积最大的土种是轻壤表厚砂体潮土和沙壤均质潮土。轻壤表厚砂体潮土主要分布于化雨乡的北部、南部，鸡黍镇的赵楼，马庙镇的申庄、黄庄，肖云镇的张大楼等地，面积为 8420.53hm^2，占耕地面积的 16%；沙壤均质潮土主要分布在马庙镇的西部、鸡黍镇的东部、司马镇的西南部等。地形部位处于岗坡及微斜平地的上部，剖面通体为沙壤，土质疏松，易耕种，易旱，面积为 6876.61hm^2，占耕地面积的 13.07%。

(三)水稻土

水稻土是当地群众在1964年改造涝洼时,实行作物改制,扩种水稻,在原潮土上逐步发育而成的一种新的土壤类型。实行稻改以来,由于长期积水,使潜水位上升,加之稻麦两熟时间紧、耕作粗放,使土壤黏、湿、板、凉的不良性状程度加重。因此,耕层变浅,犁底层加厚,通透性变差。该土种主要分布于卜集乡、胡集镇的东部,高河乡的北部、东部。一般地势低洼,海拔为33.5~35m,潜水埋深为0.5~1.5m,矿化度为0.5~2.5g/L,pH为7.5~7.8。汛期河道客水汇集,湖水顶托,常因排水不及时,经常受涝,耕层质地黏重,下部有不同程度的胶泥,少数属于沙壤土,面积为5756.68hm^2,占可利用面积的10.93%。

第三章　测土配方施肥技术推广回顾

第一节　测土配方施肥实施历史背景

在新中国成立以来的半个多世纪中，化肥的施用为我国成功解决十几亿人口的温饱问题作出了杰出的贡献，农民一度迷信“肥大水勤，不用求人”，但是随着人们对提升农产品质量、防治面源污染、降低成本等问题的重视，平衡施肥、精确施肥得到越来越多人的关注。

一、农业生产施肥现状

（一）化肥施用量逐年增加

全国化肥施用总量（折纯）由1949年的1.3万吨增加到2004年的4637万吨，比2003年的4412万吨增加225万吨，增长5.1%，占到世界同期化肥施用总量的35%。1989年，金乡县全年施用化肥实物总量为13.6万吨，折纯2.6万吨，2003年以来稳定在11万吨上下（折纯）。

（二）化肥肥效逐年下降

金乡县肥料的当季利用率降为氮肥30%～35%、磷肥10%～25%、钾肥40%～50%。每年有大量营养元素流失，出现增肥不增产甚至减产的局面。

（三）化肥价格持续上涨

从2004年开始，全国化肥市场价格增长势头强劲，其中尿素全年平均价格达到1700元/吨，同比增长19.1%；碳酸氢铵全年平均价格为516元/吨，同比增长18.7%。2008年春季，化肥价格继续上涨，尿素高达2500元/吨，总体上同比增长47%，钾肥高达4400元/吨。如不采取有力措施，随着能源供应日趋紧张，化肥价格将有可能长期保持较高的水平，将严重影响到农民的增收和农村经济社会的稳定。

（四）当前农民在施肥方面存在的误区

一是重化肥、轻有机肥的倾向仍然严重存在。其结果是“瓜不香、果不甜、菜无味”，农产品质量下降；土壤板结，地力下降，严重影响农业的可持续发展。二是在肥料选择上不科学。目前市场上肥料品牌繁杂，良莠不齐，不知道该用哪种肥料，往往凭经验来选择。三是在确定肥料用量上带有盲目性。并不考虑一种作物到底需要多少肥料，而是根据农产品价格来决定施肥量。农产品价格高时，就舍得投肥，甚至过量投肥；价格低时，就舍不得投肥。四是氮、磷、钾配比不合理。有的农民种大蒜选择 15—15—15、16—16—16 高浓度复合肥每亩 3 袋，这就极不合理，因为大蒜对氮、磷、钾的需求比例不是 1∶1∶1，而是 1∶(0.25～0.35)∶(0.85～0.95)。五是施用方法不当。有的不论耕作条件(耕作深浅、播种与耕作时间间隔的长短)，大量施肥(特别是氮肥)；有的晚茬，农民以肥补晚；有的沙壤土地集中施肥，而不是少量多餐；有的有机肥腐熟不彻底，在土壤中造成二次发酵等。

二、测土配方施肥开展历史

2005 年初，中央一号文件明确提出“搞好沃土工程建设，推广测土配方施肥”，成为测土配方施肥的一个转折点。国家还拨出 2 亿元专项资金，在全国 200 个县市进行试点，农业部将该工程列为“为农民办的 15 件实事”之一。从此，测土配方施肥在全国范围内迅速开展起来。2006 年，测土配方施肥进一步加大了规模，中央财政先期投入 5 亿元，项目县由 200 个扩大到 600 个。

测土配方施肥促进了单产的提高，全国夏收小麦平均单产首次突破 300kg，达到 306kg，比上年增加了 15kg。同时，通过测土配方施肥，全国首次出现氮肥用量减少、钾肥用量增加趋势，肥料施用结构进一步优化，科学施肥水平进一步提高。

2006 年，金乡县被确定为省级项目县。经过三年的实施，圆满完成了项目工作，得到了农民群众和上级业务部门的肯定。2009 年，被确定为农业部测土配方施肥项目县，并于 2010 年成为测土配方施肥普及行动省级示范县。截至 2012 年初，测土配方施肥补贴项目在金乡县实行 6 年，取土化验 11717 个。大致摸清了金乡县土壤肥力状况，取得了显著的成果，建立了县域耕地资源管理信息系统。该系统是对最新的土地利用现状调查成果，第二次土壤普查的土壤、地貌、矿化度等以及本次耕地地力评价工作中采集的土壤化学分析成果进行汇总，建立一个集空间数据库和属性数据库的存储、管理、查询、分析、显示为一体的数据库，为科学种田及施肥、农业的可持续发展、深化农业科学管理工作服务。

第二节　测土配方施肥意义

化肥施用中存在的很多问题，像氮、磷、钾比例不协调，品种结构不够合理，肥料利用率下降，引起环境污染等，严重制约了农业的增产和农民的增收，直接影响了土地的可持续利用、农业的可持续发展和农产品的质量安全。测土配方施肥是为了解决当前施肥中存在的问题而提出的。根据金乡县情况，概括来说，测土配方施肥能够节支增收、改土培肥、提高肥料利用率、改善农产品品质。通过测土配方施肥，改变了当前重化肥、轻有机肥、盲目施肥、过量施肥等不良施肥倾向。

一、提高产量

通过土壤养分测定，可根据作物需要，正确确定施用肥料的种类和用量，能不断改善土壤营养状况，使作物获得持续稳定的增产，从而保证安全生产。增加产量有三种形式：一是调肥增产，调整肥料中氮、磷、钾及中微量元素比例；二是减肥增产，在过量施肥的地方，适当减少某一肥料的用量，能取得平产或增产的效果；三是增肥增产，在肥料施用水平低的地方，适当提高某一养分元素的用量或培施某一元素，能大幅度增产。

测土配方施肥可提高作物产量，与习惯施肥区相比，一般增长幅度为5%～20%。测土配方施肥处理区，70%折平均单产为1254.3kg/667m²。常规施肥对照区，70%折平均单产为1156.2kg/667m²。综合比较肥料投入、作物产量、肥料利用率等指标，以客观评价大蒜配方施肥效益。通过测定，大蒜配方施肥处理区比习惯施肥对照区每亩节约化肥投入8kg(纯养分)，节支41.6元，增产98.1kg，增收196.2元，即亩增收节支237.8元(见表3-1)。

表3-1　　金乡大蒜不同土质产量结果表

地点	土壤质地	配方施肥施肥量(kg/667m²)			习惯施肥施肥量(kg/667m²)			配方肥区产量		习惯施肥区产量	
		N	P_2O_5	K_2O	N	P_2O_5	K_2O	单头重(g)	亩产(kg)	单头重(g)	亩产(kg)
吉术镇侯楼村	沙壤	30	16	24	36	20	22	82.5	1200.3	76.8	1117.3
羊山镇满庄村	沙壤	30	16	24	36	20	22	70.9	1099.6	65.4	1014.3
马庙镇徐寨门	沙壤	30	16	24	36	20	22	80.3	1219.5	75.5	1146.6
兴隆乡大李楼	沙壤	30	16	24	36	20	22	84.8	1238	76.9	1122.7
平均值								79.625	1189.35	73.65	1100.225
鱼山镇荆庄村	中壤	30	16	24	36	20	22	75.3	1155.6	68	1043.5
王丕镇马楼	中壤	30	16	24	36	20	22	85.6	1289.5	78.5	1182.5
平均值								80.45	1222.55	73.25	1113
胡集镇安五王村	重壤	30	16	24	36	20	22	75.8	1132.8	69.7	1041.6
化雨乡李辛庄	重壤	30	16	24	36	20	22	94.4	1467.2	87.3	1356.9
高河乡王庄	重壤	30	16	24	36	20	22	94.2	1397.1	88.5	1312.5
化雨乡孔庄	重壤	30	16	24	36	20	22	88.5	1343.6	80.3	1219.1
平均值								88.225	1335.175	81.45	1232.525

二、改善农产品品质

氮肥的主要功能是保障庄稼茎叶生长需要，是作物正常光合作用和庄稼开花结实的前提。磷、钾肥料可以使作物茎、秆粗壮，促进籽粒形成。如供应不足，容易使庄稼倒伏，籽粒不饱满。

施肥技术不仅决定农作物产量的高低，同时也决定农产品品质的优劣。有人认为“瓜不甜、果不香、菜无味”都是施用化肥造成的，这是一种误解。在金乡县有很多地块不是施不施化肥的问题，而是滥用化肥的问题。而按照土壤状况、作物要求进行测土配方施肥，则能使瓜果照样甜，葱蒜照样香，果菜色泽艳丽，口感好。

三、改良土壤，培肥地力

通过测土配方施肥，可以做到缺什么补什么、缺多少补多少，使土壤缺失的养分及时获得补充，维持土壤养分平衡，培肥地力，改善土壤结构，提高耕地质量，从而保障土地的可持续利用与农业的可持续发展，为现代农业发展打下坚实的基础。

四、降低农业生产成本，节约资源

肥料在农业生产资料的投入中占有很大的比重，但是施入土壤的化学肥料大部分不能被作物吸收。未被作物吸收利用的肥料在土壤中挥发、淋溶，被土壤固定。因此，提高肥料利用率，减少肥料的浪费，对提高农业生产的效益至关重要。

五、减少污染，保护生态环境

不合理的施肥会造成肥料的大量浪费，而浪费的肥料必然进入环境中，造成大量原料和能源的浪费，破坏生态环境，如氮、磷的大量流失可造成土地的富营养化。所以，使施入土壤中的化学肥料尽可能多地被作物吸收，尽可能减少在环境中的滞留，对保护农业生态环境也是十分有益的。

据有关专家估计，我国每年有超 1500 万吨的氮流失，这不仅造成经济上的极大浪费，更重要的是还污染环境。据测算，如果氮肥利用率提高 10%，就能节约 $2.5\times10^{8}m^{3}$ 的天然气或 37.5 万吨原煤，同时还可减少 90 万吨二氧化碳及 270 万吨二氧化硫的排放。在能源和资源极其紧缺的当代，进行测土配方施肥具有非常重要的现实意义。

测土配方施肥避免了盲目施肥，降低了化肥施用量。同时在配方施肥条件下，作物生长健壮，抗逆性增强，病虫害减轻，从而降低了农药的使用量，不仅减少了投入成本，而且降低了化肥、农药对农产品及环境的污染。

第三节　测土配方施肥基本原理

为了充分发挥肥料的最大增产效益，施肥必须与选用良种、肥水管理、种植密度、耕作制度和气候变化等影响肥效的诸因素相结合，形成一套完整的施肥技术体系。

一、养分归还律

作物产量的形成中，有 40%～80%的养分是从土壤中吸收的，但土壤不是取之不尽、用之不竭的“养分库”，我们必须通过施肥来保证土壤有足够的养分来保持土壤养分的携出与输入间的平衡。只有依靠施肥，才能把被作物吸收的养分“归还”土壤，确保土壤肥力，保证下一季作物的养分利用。

二、最小养分率

作物生长发育需要吸收各种养分，但严重影响作物生长、限制作物产量的是土壤中那些含量最小的养分因素，也就是最缺的那些养分。如果忽视这个最小养分，即使继续增加其他养分，作物产量也难以再提高。只有增加最小养分的含量，产量才能相应的提高。

三、同等重要律

对农作物来讲，不论大量元素还是微量元素，都是同样重要的，缺少某一种微量元素，尽管它的需要量很少，仍会影响作物某种生理功能而导致减产。如玉米缺锌导致植株矮小而出现花苗病，棉花缺硼蕾而不花。微量元素与大量元素同等重要，不能因为需要量少而忽略。

四、不可代替律

作物需要的各种营养元素在作物体内功效不同，相互之间是不能互相代替的。如缺磷不能用氮代替，缺钾不能用磷代替，缺什么元素就要补什么元素。

五、报酬递减律

从一定土地上所得的报酬，随着向该土地投入的劳动和资本量的增大而有所增加，但达到一定水平后，随着投入的单位劳动和资本量的增加，报酬的增加却在逐渐减少。在其他生产条件相对稳定的前提下，当施肥量超过适量时，作物产量与施肥量之间的关系就不再是上升模式，而是下降模式了，单位施肥量的增产呈递减趋势，超过一定量就不再增产，甚至会造成减产。

第四节 历年肥料投入状况

金乡县从20世纪50年代开始大量施用氮肥，这标志着全县的农业生产改变了几千年来依靠农业内部物质循环维持平衡的传统结构，开始了从农业外部投入物质和能量的新时期。20世纪70年代初期，化肥氮施用量已超过有机肥氮，末期化学磷已超过有机磷的施用量。从此，有机肥中氮、磷养分的增产作用已不如化肥显著。20世纪80年代，在化肥产品结构中，以低浓度和含单一营养元素的品种居多，碳酸氢铵仍占氮肥的70%左右，普钙和钙镁磷肥占磷肥的100%，钾肥是空白的。在山东省化肥工业氮肥发展快、磷肥发展慢、钾肥是空白的产品结构大环境下，造成了氮、磷、钾比例与农业生产的实际需要很不相适应。久而久之，必然加速了土壤中磷、钾养分的消耗。与20世纪70年代相比，土壤全磷和速效钾含量在下降。金乡县农用化肥变化情况如表3-2所示。

表3-2 金乡县农用化肥变化情况

年份	合计	农业用化肥施用量（实物、吨）			
		氮肥	磷肥	钾肥	复合肥
1994	213248	118356	63861	12499	18532
1995	245304	127204	72646	18936	26518

续表

年份	合计	农业用化肥施用量(实物、吨)			
		氮肥	磷肥	钾肥	复合肥
1996	246020	108625	59921	21305	56529
1997	247865	91836	49298	26251	80480
1998	222331	74784	46551	21877	79119
1999	226034	73513	50623	23323	78575
2000	221085	65528	41856	25735	87966
2001	233526	59014	36852	22621	115039
2002	244695	61045	36341	22439	124870
2003	217380	43726	28076	20476	125102
2004	217211	41608	28560	19277	127766
2005	228201	38922	23350	19587	146342
2006	224486	37502	16208	19188	151588
2007	221117	36245	15493	15369	54010

如表 3-2 所示,1994 年全年使用化肥实物总量为 213248 吨,其中复合肥仅有 18532 吨,占全部施肥量的 8.69%。从图 3-1 看出,化肥施用总量相对平稳,复合肥所占比例逐年上升,说明单质肥料用量减少,肥料向复合化、高浓度化、专用化发展,这也符合了肥料的发展趋势。

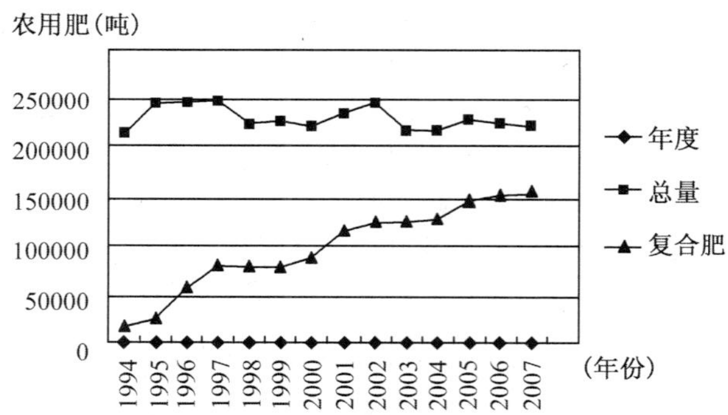

图 3-1 金乡县农用肥变化趋势

新中国成立以来,金乡县化肥施用数量和品种都有了很大发展,但是由于农业生产内部固有的土壤肥力偏低而复种指数高的特点,决定了提高单产对化肥有较强的依赖性。以金乡县主导作物大蒜施肥为例,20 世纪 80 年代以前施用的均为单质化肥。早期春季追肥也是单纯的氮肥,如碳酸氢铵或尿素。20 世纪 90 年代后期出现了氮、钾二元素组成的“冲施专用肥”。起初多为 25%～30%的低浓度化肥,通常每亩 150kg 作基肥。进入 21 世纪后,全县基本都施用 40%以上的高浓度复混肥,后来浓度逐渐增大,甚至接近 50%。

在亩施用量未减少的情况下，纯养分量逐年增加。但是当肥料浓度提高到一定程度时，再继续提高肥料施用量或肥料浓度，大蒜产量不再与施肥量成正相关，即产量不再继续增加。分析原因后认为，这时土壤中的有机质含量过低。根据德国化学家李比希的最小养分率学说，栽培作物不仅要施肥，而且要注意及时分析限制产量的最小养分，只有准确地补给最小养分，产量才能继续提高。由此开始注重有机肥的施用，提倡有机、无机相结合，并逐渐施用生物菌肥。最近几年来，中微量元素肥料逐步得到重视。常年的大蒜种植，使土壤中的中微量元素逐步消耗且没有及时补充，仅依靠农业内部物质循环已经不能维持平衡，中微量元素缺素症状已经显现，所以，常年重茬地块施用中微量元素化肥增产效果明显。根据 2009 年大蒜微肥肥效试验，亩施微肥 25kg，大蒜平均单产（干蒜）为 990.3 $kg/667m^2$，对照区平均单产（干蒜）为 829.6$kg/667m^2$，施微肥处理增产达 19.4％。

一、投肥结构演变

金乡县的投肥结构经历了三个阶段的变化，即 20 世纪 60 年代以前的有机肥与氮肥配合施用阶段，20 世纪 70～80 年代有机肥与氮、磷肥配合施用阶段和 20 世纪 80 年代后有机肥与氮、磷、钾、微量元素肥料配合施用阶段。据估计，20 世纪 50～90 年代，每隔 10 年化肥用量分别占肥料投入量的 10％、20％、30％、40％、60％。也就是说，20 世纪 80 年代后，化肥作为当家肥的局面基本形成（见表 3-3）。相应的，有机肥料的施用量每隔 10 年约下降 10％：

表 3-3　20 世纪金乡县化肥施用量占总施肥量的比例

年　代	50 年代	60 年代	70 年代	80 年代	90 年代
化肥所占比例（％）	10	20	30	40	60

二、施肥技术与方法的演变

20 世纪 50 年代，主要研究氮肥的有效施用方法与技术，提出了不同氮肥品种的适宜土壤条件，主要农作物的需氮规律、适宜的施肥时期和施肥量，尤其是结合当时生产中施用较多的易挥发性的碳酸氢铵、氨水等提出的氮肥深施覆土、球肥深施、压粒施肥技术，有效地减少了氨的挥发损失，提高肥效达 20％～30％。此后，又进一步提出了尿素深施技术，并在实践中迅速得到推广和应用。20 世纪 60 年代，主要研究磷肥的有效施用方法和技术，明确了磷肥有效施用条件及土壤缺磷的诊断方法与指标，为施磷改良低产田、促进生物固氮等提供了科学依据与应用前景。同时，还针对不同作物需磷特点、不同磷肥品种的性质及不同土壤类型对磷肥的反应特点，提出了豆科绿肥“以磷增氮”、磷肥集中施用等一套合理施用磷肥的技术措施。20 世纪 70 年代初，主要研究钾的有效施用方法与技术，开始了钾肥肥效试验，指出了钾肥的有效施用条件，为明确钾肥在增产、提高品质和增强作物抗病、抗逆能力等方面的作用提供了有力的试验依据。此外，有关微量元素肥料的肥效与有效施用条件等方面的研究也都先后得到可靠的试验数据。20 世纪 80 年代后，主要研究与推广配方施肥。

(一)有机肥与氮化肥配合施用阶段

1960年以前,农业生产主要依靠有机肥料培养地力和提高产量。这种养分结构大约使每年农产品中磷量的80%、钾量的90%进入有机肥料并归还给土壤,因而有机肥料中的速效氮含量低而磷、钾丰富,作物单产长期相对稳定。氮素化肥用于生产后,在有机肥的基础上配施少量化肥,便有明显的增产效果。

(二)有机肥与氮、磷化肥配合施用阶段

随着氮肥施用量的增加,作物产量不断提高,依靠有机肥料提供的磷养分已不能满足生产需要。在有些土壤上,单施氮肥的效果下降,磷肥效果上升,缺磷已成为继续提高产量的限制因素,调整氮、磷比例增产效果显著。

(三)有机肥与氮、磷、钾和微量元素肥料配合施用阶段

金乡县在几千年的农业生产过程中,主要靠施用有机肥料提供钾肥。20世纪70年代末期,由于作物单产提高,产品从土壤中带走更多的养分。被带走的氮、磷大部分通过施用氮、磷肥得到补充,而钾只靠施用有限数量的有机肥,这难以满足需要,使土壤钾的亏损大于补充。

进入20世纪80年代后,金乡县化肥仍以氮肥为主,给偏施、重施氮肥提供物质基础,忽视有机肥料的施用,使由于长期耕种土壤肥力已经低下的农田土壤的物理性状进一步恶化,土壤缓冲性、抗逆性脆弱,稳产性很差,养分含量失调。

(四)研究与推广配方施肥阶段

针对20世纪70年代末施肥中出现的"三重三轻"(即重化肥,轻有机肥;重氮肥,轻磷、钾、微肥;重追肥,轻基肥)现象,以及由此带来的氮肥生产效率(单位面积施氮量而获得的增产量)下降、农作物生理病害日益严重等问题,根据斯坦福定肥公式,结合国内情况,农业部提出了"测报施肥""诊断施肥""氮、磷、钾合理配比"等技术。1983年,农业部将各地采用的平衡施肥方法统一定名为"配方施肥",该项技术已被国家列为"九五"农业增产的十大措施之一,也为我国复混肥的生产与推广提供了科学依据。金乡县也在这个大背景下逐步发展高浓度专用肥,并在2006年开始测土配方施肥项目。

第二篇　耕地地力分析与评价

第四章　耕地地力调查方法与内容

金乡县是2006年山东省测土配方施肥项目县，2010年组织开展了耕地地力调查与质量评价工作。自耕地地力评价工作开展以来，金乡县农业局利用测土配方施肥调查数据，按照农业部办公厅《关于做好耕地地力评价工作的通知》（农办农[2007]66号）要求，在省、市土肥站的大力支持、督导下，以山东农业大学资源与环境学院为技术依托，经过广大技术人员的共同努力，克服了专业人员不足、参考资料不全等困难，扎实推进耕地地力评价工作，完成了项目规定的各项工作任务。通过组织开展耕地地力调查与质量评价，查清了全县耕地基础生产能力、土壤肥力状况、土壤障碍因素，分析研究耕地退化原因，为全县农作物安全发展规划、农业结构调整规划、耕地质量保护与建设、耕地改良利用、科学施肥以及生态建设提供了科学依据，促进了农业可持续发展。

第一节　准备工作

一、组织协调，制订方案

耕地地力评价开展以来，充分利用了原测土配方施肥项目工作中的组织管理模式与数据，减少了重复工作，大大节省了成本，提高了效率。成立了由分管县长任组长，农业、财政、科技、工商等部门负责人组成的项目领导小组，负责各项工作的组织、管理与协调；成立了由农业局业务局长任组长，土肥站、农技站、植保站、经作站等业务站负责人组成的技术指导小组，负责采集分析数据、收集资料、技术指导等技术工作；聘请了专家，对整个项目工作提供技术咨询与指导，帮助审查修正技术方案与培训方案，帮助研究确立评价指标体系和各指标的权重值，对项目技术骨干进行业务培训，帮助完成各项技术成果的编写与制作；同时组建了专业工作组，负责野外调查、化验、室内评价等具体工作。

二、选定技术依托单位

2010年，金乡县土肥站委托山东农业大学资源与环境学院、天地亚太国土遥感有限公司进行了金乡县的数字化制图和空间数据库建设工作，并协助完成了金乡县耕地地力评价工作。

三、合理分工，相互配合

整体工作上下配合，明确分工，通力合作。在上级业务部门的技术指导下，由金乡县土肥站和乡镇农业服务站完成外业资料收集整理任务。山东农业大学利用县域耕地资源管理信息系统，编制数字化土壤养分分布图、耕地地力等级图等，在此基础上，编写县域耕地地力评价技术报告以及金乡县耕地改良利用分区专题研究、金乡县土壤有机质提升模式调查研究报告等专题报告。各项成果调查、核实、检验及工作报告的编写、农用地定级与估价的日常事务由金乡县土肥站完成。

四、加强质量控制

在农业部提出的统一技术规程、统一评价标准、统一调查表格、统一统计口径、统一汇总方法的技术要求下，认真做好评价方法、调查内容、统计口径、化验方法等方面的质量控制。技术规程在密切结合当地实际情况的基础上，执行《耕地地力调查与质量评价技术规程》，严格人员组织、化验室分析质量控制、合理布点、规范取样、样品标准化处理等各项工作。

第二节　土壤样品的布点与采集

土壤样品的采集是测土配方施肥工作中的一个重要环节。因此，应选择有代表性的地段和有代表性的农户地块进行采样，一个采样地块面积为 667～6667m^2。为了控制采样误差，在土样采集工作中，必须严格遵照土样采集技术规范。

一、布点原则

土壤养分的空间变异对测土配方施肥的准确性影响较大，多大范围内布点、采集一个土样代表该土壤的养分状况进行推荐施肥，是测土施肥的关键环节。管理单元的划分很大程度上决定了测土施肥的成本和效益。因此，布点采样前要详细了解采样地区的土壤类型、肥力等级和地形等因素，将测土配方施肥区域划分为若干个采样单元，每个采样单元的土壤要尽可能均匀一致。

（一）室内布点要有广泛的代表性，兼顾均匀性

布点要考虑土壤类型、土种与面积、肥力水平、作物种类等。蔬菜还要考虑设施类型、蔬菜种类、种植年限。布点数量要满足推广应用需要。首先整理编绘土种图，确定耕地类型土种数量。根据密度要求确定全县总采样点数。其次是根据土壤类型（土种）、利用现状、肥力水平、乡镇耕地面积，确定各乡镇采样点数。根据土种、利用现状（作物熟制、蔬菜、果树）、肥力水平统计各因素采样点数，并进行调整。根据土种、利用现状、肥力水平，标注成图点位，注意均匀性。

（二）图上定位，现场定点

以土壤图（土种）与土地利用现状图或行政区划图（村）的叠加图斑为采样单元（落实

到图上)，采样人员带着图到实地，在位于采样单元相对中心位置的典型地块定点取样。这样做法的好处是可以先在图上观察样点分布的均匀度。田间调查人员根据在图上确定的点位到田间应用 GPS 定位取样。记录经纬度，精确到 0.1″。GPS 正确使用是保证数据准确性的重要前提，在调查前要对有关技术人员进行集中培训，并相互校验即将使用的 GPS，统一用 1954 年北京坐标系，按说明书设置。为保证定位精度，定位仪要由专人操作。

二、采样单元

土壤样品的采集是土壤测试的一个重要技术环节，采集有代表性的样品，是如实反映客观情况的先决条件。因此，应选择有代表性的地段和有代表性的土壤采样，并根据不同分析项目采用相关的采样和处理方法。为了保证土壤样品的代表性，应选择有代表性的地段和有代表性的农户地块进行采样，要在一个地块采样。为了控制采样误差，在土样采集工作中，必须严格遵照土样采集技术规范。

(一)采样时间

粮食作物及蔬菜在收获后或播种前采集(上茬作物已基本完成生育进程、下茬作物还没有施肥)。

(二)采样点数量

要保证有足够的采样点，使之能代表采样单元的土壤特性，每个地块至少要均匀随机采取 15 个样点。

(三)采样路线

采样时应沿着一定的线路，按照随机、等量和多点混合的原则进行采样。长方形地块一般按“S”形布点采样，这样能较好地克服耕作、施肥等所造成的误差；在地力均匀或正方形地块，可采用“X”形或棋盘形布点采样。采样时避开路边、田埂、沟边、肥堆等特殊部位。

(四)采样深度

大田作物采样深度一般为 0～20cm，菜田为 0～25cm，果园为 0～40cm。采样时要垂直，上下取土量要一致。

(五)采样方法

每个采样点的取土深度及采样量应均匀一致，土样上层、下层的比例要相同。取样器应垂直于地面入土，深度相同。用铁锹取样应先铲出一个耕层断面，再平行于断面下铲取土，微量元素则需要用不锈钢取土器采样。用铁锹采集用于分析微量元素的土样，要用竹、木铲配合，把金属污染部分去掉。

(六)样品重量

一个混合土样以取土 1kg 左右为宜，如果样品数量太多，可用四分法将多余的土壤弃去。方法是将所采的多点土样放在干净的塑料布上，捏碎混匀后摊成圆形，中间画一“＋”字，然后按对角线去掉两份，如土量仍多，可按上法混匀后再次弃土，直至保留 0.5～1kg 土样为止。

第三节 土壤样品的制备

一、风干样品

从野外采回的土壤样品要及时放在样品盘上，摊成薄薄的一层，置于干净整洁的室内通风处自然风干，严禁暴晒，并注意防止酸碱等气体及灰尘的污染。风干过程中要经常翻动土样并将大土块捏碎以加速干燥，同时剔除土壤以外的侵入体。

二、试样分析

（一）一般化学分析试样

将风干的样品平铺在制样板上，用玻璃瓶碾压或磨土机研磨，并将植物残体、石块等侵入体和新生体剔除干净，细小易断的植物须根采用静电吸附的方法清除。压碎的土样要全部通过 2mm 孔径筛。未过筛的土粒必须重新碾压过筛，直至全部样品通过 2mm 孔径筛为止，过 2mm 孔径筛的土样可供 pH、盐分、交换性能及有效养分项目测定。将通过 2mm 孔径筛的土样用四分法取出一部分继续研磨，使之全部通过 0.25mm 孔径筛，供有机质、全氮、碳酸钙等项目的测定。

（二）微量元素分析试样

用于微量元素分析的土样，其处理方法同一般化学分析样品，但在采样、风干、研磨、过筛、运输、储存等诸环节不要接触金属器具，以避免污染。如采样、制样使用木、竹或塑料工具，过筛使用尼龙网筛等，通过 2mm 尼龙网筛的样品可用于测定土壤有效态微量元素。

风干后的土样按照不同的分析要求研磨过筛，充分混匀后，装入样品瓶中备用。瓶内外各放标签一张，写明编号、采样地点、土壤名称、采样深度、样品粒径、采样日期、采样人及制样时间、制样人等项目。制备好的样品要妥为储存，避免日晒、高温、潮湿和酸碱等气体的污染。全部分析工作结束，分析数据核实无误后，试样一般还要保存三个月至一年，以备查询。

第四节 植株样品的采集与制备

一、采样原则

植物样品分析的可靠性受样品数量、采集方法及分析部位影响，因此，采样应具有：代表性，采集样品能符合群体情况，采样量一般为 1kg。典型性，采样的部位能反映所要了解的情况。适时性，根据研究目的，在不同生长发育阶段定期采样。粮食作物一般在成熟后收获前采集籽实部分及秸秆；发生偶然污染事故时，在田间完整地采集整株植株样品；果树及其他植株样品根据研究目的确定采样要求。

植物样品的采集应注意样品的代表性，不但代表植株生长好坏，也要代表植株的部位和生长发育的时期。采集样品的原则是选取具有代表性的平均样品。在试验区和大田采样时，应选生长情况、长势、高度、生育期都一致的样品作为分析材料。具体采样时，可先将试验区或大田的两个对角线作为采样路线，在这两条路线上选 10～30 个点进行采样，所采取样株组成一个混合样品。

样品采集后，首先对样品进行洗涤，避免泥土、肥料、农药的污染。可用湿布擦净表面的污物，也可以用 0.1%～0.3%洗衣粉之类的洗涤剂溶液洗涤，再用蒸馏水淋净，但不可用过多的水长时间浸泡。

二、样品采集

（一）粮食作物

采用多点取样，采样时要避开田边 5m，按梅花形或“S”形采样法采集。在采样区内采取 10 个样点的样品组成一个混合样。采样量根据检测项目而定，籽粒样品一般为 1kg 左右，装入纸袋；植株样品要采集完整植株，数量在 2kg 左右，用塑料袋包扎好。

（二）水果样品

水果样品采摘时要注意树龄、长势、载果数量等。平原区果园一般采用对角线法布点采样，由采样区的一角向另一角引一对角线，在此线上等距离布设采样点，采样点多少根据采样区域面积、地形及检测目的确定。丘陵区果园按不同海拔高度均匀布点，采样点一般不少于 10 个。采样时应在果树的上、中、下、内、外部及果实着生方位（东、南、西、北）均匀采摘果实，将各点采摘的果品进行充分混合，按四分法缩分，根据检测项目要求，分取所需份数，每份在 1kg 左右，分别装入袋内，贴好标签，扎紧袋口备用。

（三）蔬菜样品

蔬菜按叶菜、根菜、瓜果分为三类，根据需要确定采样对象。蔬菜地采样可按对角线或“S”形法布点，采样点不少于 10 个，采样量根据样本个体大小确定，一般每个点的采样量不少于 1kg。从多个点采集的蔬菜样，按四分法缩分至每份约 1kg，分别装入袋内，贴好标签，扎紧袋口备用。

三、植株样品处理与保存

粮食籽粒样品应及时晒干脱粒，充分混匀后用四分法缩分至所需量。需要洗涤时，注意时间不宜过长并及时风干。使用不污染样品的工具把麦粒、玉米粒等籽实粉碎，过 0.5mm 筛制成待测样品。测定重金属元素含量时，不要使用金属器械如钢制粉碎机、金属筛等，要使用竹、木和瓷制、塑料制品。完整的植株样品先洗干净，根据不同污染物和粮食作物生物学特性差异，采用能反映特征的植株部位，用不污染待测元素的工具剪碎样品，充分混匀用四分法缩分至所需的量，制成鲜样或于 60℃ 烘箱中烘干后粉碎备用。采集的新鲜水果、蔬菜、植株样品若不能马上进行测定，应暂时放入冰箱保存。

第五节 样品分析与质量控制

一、分析项目与方法

样品的室内分析是了解土壤理化性状的重要手段，根据农业部《测土配方施肥技术规范》测试分析项目的要求，金乡县确定本次测土配方施肥采样调查与质量评价要求化验分析项目为土壤理化性状16项，各项目分析方法有国家标准或部颁标准的以国家标准或部颁标准为首选分析方法（见表4-1）。

表4-1 测土配方施肥调查样品分析项目测定方法

分析项目	标准号	测定方法名称
pH	NY/T 1121.2—2006	玻璃电极法
有机质	NY/T 1121.6—2006	重铬酸钾—硫酸溶液—油浴法
有效磷	NY/T 148—1990	碳酸氢钠浸提—钼锑抗比色法
速效钾	NY/T 889—2004	乙酸铵浸提—火焰光度法
全氮	NY/T 53—1987	半微量开氏法
碱解氮	LY/T 1229—1999	碱解扩散法
缓效钾	NY/T 889—2004	硝酸浸提—火焰光度法
有效性铜	NY/T 890—2004	DTPA浸提—原子吸收法
有效性锌	NY/T 890—2004	DTPA浸提—原子吸收法
有效性铁	NY/T 890—2004	DTPA浸提—原子吸收法
有效性锰	NY/T 890—2004	DTPA浸提—原子吸收法
有效钼	NY/T 1121.9—2006	草酸—草酸铵提取—极谱法
有效硼	NY/T 1121.8—2006	沸水浸提—甲亚胺比色法
交换性钙	NY/T 1121.13—2006	乙酸铵交换—原子吸收法
交换性镁	NY/T 1121.13—2006	乙酸铵交换—原子吸收法
有效硫	NY/T 1121.14—2006	磷酸盐—乙酸提取，硫酸钡比浊法

从田间采来的土壤样品，经样品管理员核查标签，编上统一的室内检验编号，并登记检验台账，及时送至专门的土壤样品风干室进行风干处理。方法是将土壤样品弄成碎块平铺在干净的塑料编织袋上，摊成薄层放于木架上风干，风干后的土样放到样品制备室进行磨细过筛处理，处理过的土样装入样品袋，并标上样品检验编号、粒径及分析项目，放入样品橱等待检验员领取。

二、质量控制

(一)化验室概况

承担测土配方施肥项目检验任务的是金乡县土肥站，现有化验室面积为220m^2，化验室水、电、暖设施配套，每间化验室均配有固定的壁配电盘、稳压设施及充足的照明、通风、控温、调湿设施。通过项目实施，又新增、更新了部分仪器设备，目前拥有各类检测仪器设备30余台套。

化验室现有专职检验人员5名，其中高级农艺师1名，农艺师4名，全部具有本科学历。

(二)质量控制措施

分析质量受试样、方法、试剂、仪器、环境及分析人员素质等多方面因素制约，可影响结果的准确度和精密度。为保证化验结果的可靠性及化验室之间的可比性，必须采取严格的质量控制措施。为确保本次地力调查检测结果准确可靠，土肥站对质量体系进行了审核，对参加检验的人员进行了集中培训，分配了检验任务，每两人为一组承担一个检验项目并对结果负责，编制了统一的原始记录表格，制定质量控制措施。

(1)仪器设备及标准物质的购置和管理。为了保证检测结果的准确性和可靠性，对仪器设备和标准物质加以控制，确保仪器设备处于正常状态，以满足检验工作的要求。

(2)所用化学试剂严格验收程序，以保证试剂的质量。对用于检测工作中的外部支持服务和外购物品实行有效控制，以确保外部支持服务和供应的质量，使其符合检验工作的要求，保证检验结果的可靠性。

(3)化验分析方法严格执行国家标准。为使测量结果能真实反映测量对象的特性，需对检验方法的采用作出统一规定，确保对检验过程进行有效控制。所用检验方法必须由技术负责人确认，保证采用的检验方法为现行有效版本。

(4)坚持双人双检，严格校核、签字及记录的修改制度。检验人员负责检验原始记录、仪器设备、标准物质(含标准溶液)使用记录的填写。各种质量记录应客观、规范、准确和及时地直接填写在规定格式的原始记录纸上。原始记录必须由检验者在现场亲自填写，不得事后追记。一项检验有两名或两名以上操作人员时，应指定一人担当记录。校核人要对记录的规范性和计算的准确性进行审核，检查无误后签字。原始记录不允许随意更改和删减。数据必须更改时，用两条平行线标记错误数据，将正确数据写在其正上方。

(5)准确度控制，坚持使用参比样。参比样品由山东省土壤肥料总站统一组织制作，分发至所需检测室，用统一的方法进行检测，经整理统计后，其平均值和标准差作为日常分析工作的参比值。

第五章　耕地土壤理化性状及评价

土壤养分含量是一个可变因素，在其比例协调的情况下，含量与作物产量呈正相关，即养分含量高，作物产量也高，反之则低。

金乡县土肥站按照农业部制定的《测土配方施肥技术规范》，以常规测试方法为主，对土壤样品的理化指标进行了测定，根据不同区域、土壤类型、种植制度、作物种类、施肥情况等因素，结合第二次土壤普查结果，对各项测试数据进行汇总、分析和评价，明确了全县土壤养分状况及其变化情况。

本次耕地地力调查时，在金乡县耕地中选取1169个有代表性的点，对其有机质、pH、大中微量元素进行了系统检测，结果如表5-1所示。通过系统汇总，充分掌握了全县土壤的养分状况、分布范围、面积和变化趋势，可有效地指导全县农业生产，找出了高产土壤适宜的氮、磷、钾配比及低产土壤在养分方面的限制因素，为金乡县合理施肥，夺取当季、全年高产及用地养地、培肥土壤等方面提供了科学依据。

表5-1　测土配方施肥化验数据汇总

项　目	总计数	平均值(众数)	最　小	最　大
全氮(g/kg)	800	0.84	0.26	1.25
碱解氮(mg/kg)	1169	65	49	138
有效磷(mg/kg)	1169	36	17.2	69.9
速效钾(mg/kg)	1169	188	53	326
缓效钾(mg/kg)	800	1032	323	1797
pH(众数)	1169	8.1	7	8.7
有机质(g/kg)	1169	12.4	6.6	22.4
有效铜(mg/kg)	800	2	0.49	3.45
有效锰(mg/kg)	800	7.87	2.09	14.52
有效铁(mg/kg)	800	14.01	2.24	23.64
有效锌(mg/kg)	800	0.9	0.43	1.48
有效硼(mg/kg)	800	0.68	0.24	1.62
交换性钙(mg/kg)	800	18360	7600	27860
交换性镁(mg/kg)	800	830	400	1330

续表

项　目	总计数	平均值(众数)	最　小	最　大
有效钼(mg/kg)	800	0.14	0.01	0.59
有效硫(mg/kg)	800	63.9	18.4	120.3

金乡县土壤各种养分含量的变幅较大，氮、磷含量中等，钾含量较高，有机质含量中等，土壤养分相对比较丰富，土壤 pH 呈弱碱性，微量元素含量差异悬殊，且缺素面积大，对满足作物生长发育的需要及促进平衡增产是极不利的，必须根据这次测试结果对全县的肥料施用作统一规划，找出不同区域、不同作物、不同土壤的最小养分率。根据最小养分率及对产量要求合理施用化学肥料，真正做到低成本、高效益。金乡县土壤表层地可分为沙壤、轻壤、中壤、重壤、黏土五类，但是农民群众在实际生产中通常按照耕作层质地分为沙土、壤土、黏土三类。在以下的土壤养分状况分析中，按照沙土、壤土、黏土三种类型进行分析。

金乡县大蒜配方施肥如表 5-2 所示。

表 5-2　　金乡县大蒜配方施肥检索表

碱解氮(mg/kg)	＜30	30～45		45～60		60～75		75～90		90～105		＞105
养分评价	很低	低		较低		中		较高		高		很高
大蒜配方(纯 N kg)	24	23		22		21		20		19		18
有效磷(mg/kg)	＜10	10～15	15～20	20～25	25～30	30～35	35～40	40～45	45～50	50～55	55～60	＞60
养分评价	很低	低		较低		中		较高		高		很高
大蒜配方(P_2O_5 kg)	20	19	18	17	16	15	14	13	12	11	10	9
速效钾(mg/kg)	＜90	90～105	105～120	120～135	135～150	150～165	165～180	180～195	195～210	210～225	225～240	＞240
养分评价	很低	低		较低		中		较高		高		很高
大蒜配方(K_2O kg)	25	24	23	22	21	20	19	18	17	16	15	14

第一节　土壤酸碱状况

土壤的酸碱度是土壤形成过程中综合因子作用的结果。土壤酸碱度参与土壤的许多化学反应，是土壤肥力的重要指标之一。土壤的酸碱度对土壤养分的转化，特别是对磷和微量元素的有效性有很大影响。在酸性土壤或石灰性土壤中，磷常被铁、铝和钙固定为无效态。土壤过酸和过碱均不利于有益微生物的活动，从而影响到土壤中氮素和部分磷素养分的释放。

金乡县土肥站对本次耕地地力调查中选取的1169个有代表性的点，测试pH并进行统计分析(见表5-3)。全县土壤pH众数为8.1，变幅为7～8.7，标准差为0.19。按照山东省土壤养分含量分级标准，金乡县耕地土壤pH分级如表5-4所示，含量在Ⅱ级(7.5～8.5)水平的耕地面积占土地总面积的99.44%，全县土壤普遍属弱碱性。金乡县土壤是石灰性土壤，石灰性土壤是含有游离碳酸钙土壤的总称。$CaCO_3$的缓冲作用使土壤pH绝大部分维持在7.5～8.5。pH大小与土壤质地关系不大，没有明显的规律。

表5-3　土壤pH含量统计表

土　质	众　数	标准差	样品个数	最大数	最小数
沙土	8.1	0.16	50	8.5	7
壤土	8	0.19	692	8.5	7.1
黏土	8.1	1.18	58	8.7	7.1

表5-4　耕层土壤pH分级及面积

分级标准	Ⅰ	Ⅱ	Ⅲ
含量范围	>8.5	7.5～8.5	6.5～7.5
等级面积(hm^2)	443.17	88271.77	52.06
占土地总面积比例(%)	0.5	99.44	0.06

一、影响土壤酸碱度的因素

土壤酸化是指土壤内部产生和外部输入的氢离子引起土壤pH和盐基饱和度降低的过程，是一个速度非常缓慢的自然过程。但是，最近几十年来，由于人为活动的影响，土壤的酸化进程大大加快。引起土壤酸化的因素主要有成土母质、气候、生物、植被、施肥、灌溉和酸沉降等。

二、土壤酸碱性对土壤养分有效性的影响

土壤酸碱性通过影响矿质盐分的溶解度而影响养分的有效性，土壤中大中微量元素的有效性均随土壤溶液的酸碱度的不同而发生着明显变化。同时，土壤酸碱性还制约微

生物的活动，对有机质的矿化过程也有一定的影响。有机质在酸性条件下分解较慢，以中性和微碱性最适宜。固氮根瘤菌在 pH 降至 6 以下时，固氮能力明显下降。土壤酸碱性对磷酸盐的形态和有效性影响较大。土壤 pH 低于 5.5 时，磷酸根与铁、铝结合，形成闭蓄态磷酸铁、磷酸铝而失去有效性。土壤 pH 为 5.6～7 时，磷酸盐的有效性最大。土壤酸碱性也影响着钾的吸附量，酸性土和盐基饱和度低的土壤其交换性钾含量低于中性土和盐基饱和度高的土壤。土壤酸碱性对土壤微量元素的有效性影响非常明显，钼的有效性随土壤 pH 的降低而降低，硼的有效性在 pH 的一定范围内随 pH 的升高而升高，铁、锰、锌的有效性随 pH 的降低而升高。

第二节　土壤有机质状况

土壤有机质是土壤的重要组成部分，与土壤的发生演变、肥力水平和许多属性都有密切的关系。土壤有机质中含有作物生长所需的各种养分，可直接或间接地为作物生长提供氮、磷、钾、钙、镁、硫和各种微量元素。有机质具有改善土壤理化性状，影响和制约土壤结构形成及通气性、渗透性、缓冲性、交换性能和保水、保肥性能，是评价耕地地力的重要指标。对耕作土壤来说，培肥的中心环节就是增施各种有机肥、实行秸秆还田、保持和提高土壤有机质含量。

土壤有机质含量的多少是土壤肥力高低的重要指标，是除化肥以外土壤中氮素的唯一来源，也是磷、硫等养分的重要来源，直接影响到土壤容重、结构等一系列物理性状，所以，对土壤的肥沃度、生产率影响极大。本次耕地地力评价中，有机质选取 1169 个有代表性的点进行化验。金乡县土壤有机质变幅为 8.6～23.2g/kg，平均值为 12.4g/kg，比第二次土壤普查时的 10.8g/kg 提高 1.6g/kg，属于中等偏低水平。据近几年农田施肥状况调查，有机肥的施用量有所增加，农民对有机肥的应用越来越重视。

按照山东省土壤养分含量分级标准，耕地土壤有机质含量如表 5-5 和表 5-6 所示，含量在Ⅲ级（12～15g/kg）、Ⅳ级（10～12g/kg）水平的耕地面积分别占土地总面积的 70.04%、25.86%，说明金乡县土壤有机质含量普遍属中等水平。有机质含量：黏土＞壤土＞沙土，含量随土壤质地的加重而增加。

表 5-5　　土壤有机质含量统计表

土　质	平均数(g/kg)	标准差	样品个数	最大数(g/kg)	最小数(g/kg)
沙土	12.2	5.2	265	18.2	8.6
壤土	12.4	6.1	692	23.2	11
黏土	12.7	5.5	212	22.7	11.2

表 5-6 耕层土壤有机质含量分级及面积

级 别	Ⅰ	Ⅱ	Ⅲ	Ⅳ	Ⅴ
含量范围(g/kg)	>20	15～20	12～15	10～12	8～10
等级面积(hm^2)	28.67	2686.94	62170.76	22958.53	822.1
占土地总面积比例(%)	0.03	3.03	70.04	25.86	1.04

土壤有机质的含量取决于年合成量和年矿化量的相对大小。当合成量大于矿化量时，有机质含量会逐步增加，反之将会逐步减少。土壤有机质矿化量主要受土壤温度、湿度、通气状况、有机质含量等因素影响。一般来说，土壤温度低、通气性差、湿度大时，土壤有机质矿化量较低；相反，土壤温度高、通气性好、湿度适中则有利于土壤有机质的矿化。农业生产中应注意创造条件，减少土壤有机质矿化量。保护地栽培条件下，土壤长期处于高温多湿条件，有机质易矿化，含量提高缓慢，这是有机质含量偏低的一个主要原因，适时通风降温，减少盖膜时间，将有利于土壤有机质的积累。

土壤有机质泛指土壤中以各种形式存在的含碳有机化合物。对高产田来说，由于有机质不断分解，也需要不断补充有机质。对低产田来说，通过下列途径可以增加有机质含量，以培肥地力。

(1)增施有机粪肥。堆肥、沤肥、饼肥、人畜粪肥、河湖泥、沼肥等都是良好的有机肥。

(2)提倡秸秆还田。研究表明，秸秆直接还田比施用等量的沤肥效果更好。

(3)粮肥轮作、间作，用地、养地相结合。随着农业生产的发展，复种指数越来越高，致使许多土壤有机质含量降低，肥力下降。实行粮肥轮作、间作制度，不仅可以保持和提高有机质含量，还可以改善土壤有机质的品质，活化已经老化了的腐殖质。

(4)栽培绿肥。栽培绿肥可为土壤提供丰富的有机质和氮素，改善农业生态环境及土壤的理化性状，主要品种有苜蓿、绿豆等。

第三节 土壤大量元素状况

金乡县土壤大量元素含量普遍较高，这不光与成土母质有关，还与种植过程中的大量施肥有关，但不同地块也有较大的差异。全氮和速效钾含量随质地的加重而提高，特别是速效钾。而碱解氮、有效磷含量与土壤质地的关系不大，没有明显的规律，如碱解氮、速效磷，虽然也是沙土含量最低，但是壤土却超过了黏土(见表 5-7)。

表 5-7　　大田土壤大量元素含量情况表

项　目	土　质	平均数	标准差	样品个数	最大数	最小数
全氮(g/kg)	沙土	0.82	0.2	50	1.22	0.26
	壤土	0.85	0.2	692	1.25	0.28
	黏土	0.86	0.2	58	1.23	0.29
碱解氮(mg/kg)	沙土	62	11.1	265	127	49
	壤土	69	12.6	692	133	57
	黏土	64	12.1	212	138	54
有效磷(mg/kg)	沙土	35.5	23.5	265	65.3	17.2
	壤土	36.4	22.1	692	68.2	18.2
	黏土	36.1	21.3	212	69.9	19.6
缓效钾(mg/kg)	沙土	1017	90	50	1765	323
	壤土	1032	97	692	1781	342
	黏土	1047	99	58	1797	355
速效钾(mg/kg)	沙土	178	55	265	302	53
	壤土	184	57	692	307	65
	黏土	202	58	212	326	66

一、土壤氮素

（一）耕层土壤全氮含量

对 800 个大田耕层样品进行化验，金乡县土壤全氮变幅为 0.26～1.25g/kg，耕层土壤全氮含量平均为 0.84g/kg，比第二次土壤普查提高了 0.09g/kg，标准差为 0.21。

按照山东省土壤养分含量分级标准，耕地土壤全氮含量如表 5-8 所示，含量在Ⅳ级(0.75～1g/kg)、Ⅴ级(0.5～0.75g/kg)水平的耕地面积分别占土地总面积的 70.32%、18.62%，说明金乡县土壤全氮含量属中等水平。

表 5-8　　耕层土壤全氮含量分级及面积

级　别	Ⅰ	Ⅱ	Ⅲ	Ⅳ	Ⅴ	Ⅵ	Ⅶ
含量范围(g/kg)	>1.5	1.2～1.5	1～1.2	0.75～1	0.5～0.75	0.3～0.5	<0.3
等级面积(hm^2)	0	0	8817.05	62416.96	16529.77	891.48	111.74
占土地总面积比例(%)	0	0	9.93	70.32	18.62	1	0.13

(二)耕层土壤碱解氮含量

土壤中的氮素主要以有机态存在,约占土壤全氮量的 90%,而这些含量的土壤氮素主要以大分子化合物的形式存在于土壤有机质中,作物很难吸收利用,属迟效性氮。其余部分则以小分子有机态或铵态、硝态和亚硝态等形式的无机态存在,一般占土壤全氮含量的 10%以下,可以被作物直接吸收利用。

土壤中铵态氮和硝态氮是被作物直接吸收的无机态氮,也称为“速效氮”,通常用碱解法测定其含量,故又称为“碱解氮”。它的含量水平常作为衡量土壤供氮水平的指标。耕地土壤碱解氮含量与全氮含量呈显著的正相关,但受人为施肥的影响较大。

土壤碱解氮的含量水平常作为衡量土壤供氮水平的指标,碱解氮含量与全氮量呈明显的正相关。对 1169 个土壤样品进行化验统计分析,检测结果表明,全县土壤碱解氮变幅为 49～138mg/kg,平均含量为 65mg/kg。

按照山东省土壤养分含量分级标准,耕地土壤碱解氮含量如表 5-9 所示,含量在Ⅴ级(60～75mg/kg)、Ⅵ级(45～60mg/kg)水平的耕地面积分别占土地总面积的 52.88%、39.84%,说明金乡县土壤碱解氮含量属中等偏低水平。

表 5-9　　农田土壤碱解氮分级及面积

级　别	Ⅰ	Ⅱ	Ⅲ	Ⅳ	Ⅴ	Ⅵ
含量范围(mg/kg)	>150	120～150	90～120	75～90	60～75	45～60
等级面积(hm^2)	0	0	1070.06	5392.32	46936.59	35368.03
占土地总面积比例(%)	0	0	1.21	6.07	52.88	39.84

二、土壤有效磷

耕层土壤中的磷一般以无机磷和有机磷两种形态存在,通常有机磷占全磷量的 20%～50%,无机磷占 50%～80%。无机形态的磷中,易溶性磷酸盐及土壤胶体吸附的磷酸根离子和有机形态磷中易矿化的部分被称为“土壤有效磷”,占土壤总磷量的 10%左右。土壤有效磷含量是衡量土壤养分容量和强度水平的重要指标。

1982 年土壤普查时,金乡县速效磷平均含量为 9.7mg/kg。经过二十多年的耕作,特别是大量磷肥(过磷酸钙、磷酸二铵)的施用,导致大量磷素得以积累,极大地提升了土壤有效磷的含量,当前农田有效磷的含量是 1982 年土壤普查时的 3.7 倍,磷不再是作物高产的限制因素。

与其他养分相比,金乡县土壤磷素含量有一个显著的特点:全磷含量极为稳定,不仅各乡镇之间平均含量很接近,就是地块与地块之间差异也很小;而速效磷含量极不均衡,部分地块之间悬殊甚大,高低相差几倍甚至几十倍。从 20 世纪 80 年代开始,金乡县重视磷肥的施用。针对本县特有的种植模式(蒜棉套种),多年来存在着的大量施肥、过量施肥现象,但金乡县土壤为石灰性土壤,对磷有强烈的固定作用,因而土壤溶液中的磷浓度很低,且移动性很小。磷的移动性与土壤含水量有密切关系。磷向根表的扩散和根系的生长都因土壤含水量偏低而削弱。

对1169个土壤样品进行化验统计分析,检测结果表明,全县土壤有效磷变化范围为17.2～69.9mg/kg,平均含量为36mg/kg,标准差为23.5。按照山东省土壤养分含量分级标准,耕地土壤有效磷含量如表5-10所示,含量在Ⅳ级(30～50mg/kg)水平的耕地面积占土地总面积的90.71%,说明金乡县土壤有效磷含量属中等水平。

表 5-10 耕层土壤有效磷含量分级及面积

级 别	Ⅰ	Ⅱ	Ⅲ	Ⅳ	Ⅴ	Ⅵ
含量范围(mg/kg)	>120	80～120	50～80	30～50	20～30	15～20
等级面积(hm^2)	0	0	2229.51	80522.17	5962.47	52.84
占土地总面积比例(%)	0	0	2.51	90.71	6.72	0.06

三、土壤钾素

土壤速效钾含量是衡量土壤供钾水平的重要指标。土壤速效钾含量受人为耕作的影响较大,不同土壤类型间差异比较明显。金乡县地势平坦,耕层质地适宜,有良好的水浇条件,与氮、磷相比,土壤中的钾素较为丰富。土壤中的钾素供应水平主要取决于速效钾含量,与全钾量关系不大。土壤钾素含量高不仅与施肥有关。在20世纪80年代之前,金乡县历年钾肥施用量很小,但土壤速效钾含量仍然比较丰富,表明土壤母质中富含钾,这与种植模式有关。金乡县规模化种植大蒜已经有几十年(基本上是亩施基肥三袋,年后冲肥),大蒜是喜钾作物,需肥量大,这造成了土壤中钾素的累积。在现阶段,钾还不是施肥要素中的主要问题,但是对于测试含量低的地块,适当补施钾肥,可起到良好的增产效果。

(一)耕层土壤缓效钾含量

与1982年相比,全县耕层土壤缓效钾含量呈上升趋势。对800个土壤样品进行化验统计分析,检测结果表明,缓效钾含量范围为323～1797mg/kg,平均为1032mg/kg,标准差为97。按照山东省土壤养分含量分级标准,耕地土壤缓效钾含量如表5-11所示,含量在Ⅱ级(900～1200mg/kg)、Ⅲ级(750～900mg/kg)水平的耕地面积占土地总面积的71.06%、20.15%,说明金乡县土壤缓效钾含量属较丰富水平。

表 5-11　　耕层土壤缓效钾含量分级及面积

级　别	Ⅰ	Ⅱ	Ⅲ	Ⅳ
含量范围(mg/kg)	＞1200	900～1200	750～900	500～750
等级面积(hm^2)	6540.81	63078.11	17889.66	1258.42
占土地总面积比例(%)	7.37	71.06	20.15	1.42

（二）耕层土壤速效钾含量

与1982年相比，全县耕层土壤速效钾含量呈上升趋势。对1169个土壤样品进行化验统计分析，检测结果表明，速效钾含量范围为53～326mg/kg，平均为188mg/kg，标准差为57。按照山东省土壤养分含量分级标准，耕地土壤速效钾含量如表5-12所示，含量在Ⅱ级（200～300mg/kg）、Ⅲ级（150～200mg/kg）水平的耕地面积占土地总面积的38.94%、54.38%，说明金乡县土壤速效钾含量属较丰富水平。

表 5-12　　耕层土壤速效钾含量分级及面积

级　别	Ⅰ	Ⅱ	Ⅲ	Ⅳ	Ⅴ
含量范围(mg/kg)	＞300	200～300	150～200	120～150	100～120
等级面积(hm^2)	204.25	24567.09	48268.54	5665.16	61.97
占土地总面积比例(%)	0.23	38.94	54.38	6.38	0.07

第四节　土壤中微量元素状况

一、中量元素

中量元素是作物生长过程中需要量次于氮、磷、钾而高于微量元素的营养元素，占作物体干物重的0.1%～0.5%，通常指钙、镁、硫三种元素。此次耕地地力评价测定的是耕地土壤中交换性钙、交换性镁、有效硫的含量。大田土壤中量元素含量情况如表5-13所示。

表 5-13　　大田土壤中量元素含量情况表

项　目	土　质	平均数(mg/kg)	标准差	样品个数	最大数(mg/kg)	最小数(mg/kg)
交换性钙	砂土	18020	5233	50	26980	7600
	壤土	18400	5426	692	27250	7720
	黏土	18660	5455	58	27860	7813

续表

项 目	土 质	平均数(mg/kg)	标准差	样品个数	最大数(mg/kg)	最小数(mg/kg)
交换性镁	砂土	795	341	50	1230	400
	壤土	835	355	692	1270	425
	黏土	860	362	58	1300	438
有效硫	砂土	61.1	25.7	50	111.3	18.4
	壤土	63.7	26.5	692	117.4	19.2
	黏土	66.9	26.9	58	120.3	19.6

(一)土壤交换性钙

土壤中的钙以多种形态存在,主要以碳酸盐形式为主,其含量高低与土壤的酸碱性、盐基饱和度、土壤结构、土壤交换性能、各种养分的有效性有密切关系,是划分土壤类型的重要指标之一,在生产实际中有重要作用。通常用交换性钙作为土壤钙有效性的划分标准。钙是作物生长必需的营养元素之一。从金乡县土壤交换性钙含量看,不存在缺钙土壤。

土壤交换性钙对磷素和微量元素的有效性以及存在形态有很大影响。在石灰性土壤上,磷以磷酸钙盐为主,其含量一般占无机磷总量的50%以上,并且土壤交换性盐含量愈高,磷酸钙盐含量也高,无机磷总量也高。在富含交换性钙的土壤里,磷酸钙盐以磷酸三钙、磷酸八钙、磷酸十钙形式存在,磷素养分被固定量也愈大。所以,在富含交换性钙的土壤上,应采取穴施或沟施磷肥,以减少磷素养分的固定。土壤交换性钙含量的增加可使土壤 pH 提高,除了可以提高钼的有效性,其他微量元素都降低了有效性。另外,交换性盐含量增加,土壤中的铁、锰、锌、铜都可以和交换性钙结合,生成难溶性的交换性盐,降低了它们的有效性。钙对硼的影响,除了生成溶解度很小的含钙硼酸盐,更重要的是钙的存在促进了其他元素对硼的固定。

金乡县土质属于石灰性土壤,石灰性土壤又称为"碱性土壤",是土壤剖面中含有碳酸钙或碳酸氢钙等石灰性物质的土壤的总称。通过对800个土壤样品进行分析测试,全县耕层土壤交换性钙含量平均为18360mg/kg,变幅为7600～27860mg/kg,标准差为5426。

按照山东省土壤养分含量分级标准,耕地土壤交换性钙含量如表5-14所示,含量属于Ⅰ级(>6000mg/kg)水平的耕地面积占土地总面积的100%,说明金乡县耕地土壤交换性钙含量属较丰富水平。

表 5-14 耕层土壤交换性钙含量分级及面积

级 别	Ⅰ
含量范围(mg/kg)	>6000
等级面积(hm^2)	88767
占土地总面积比例(%)	100

（二）土壤交换性镁

对金乡县2006～2010年的800个土样进行化验统计分析，检测结果表明，全县土壤交换性镁含量平均为830mg/kg，变幅为400～1330mg/kg，标准差为350。

按照山东省耕层土壤交换性镁含量的分级标准，金乡县土壤交换性镁含量分级与面积如表5-15所示。属Ⅰ级（>600mg/kg）水平的面积最大，为80158.93hm²，占土地总面积的90.3%，属Ⅱ级（400～600mg/kg）水平的占土地总面积的9.7%，说明全县土壤交换性镁含量属较丰富水平。

表5-15　　耕层土壤交换性镁含量分级及面积

级　别	Ⅰ	Ⅱ
含量范围（mg/kg）	>600	400～600
等级面积（hm²）	80158.93	8608.07
占土地总面积比例（%）	90.3	9.7

（三）土壤有效硫

对800个土壤样品进行化验统计分析，检测结果表明，全县耕地土壤有效硫含量平均为63.9mg/kg，变幅为18.4～120.3mg/kg，标准差为26.7。

按照山东省耕层土壤有效硫含量的分级标准，金乡县土壤有效硫含量分级与面积如表5-16所示。土壤有效硫含量在Ⅲ级（60～75mg/kg）、Ⅳ级（45～60mg/kg）水平的最多，分别占土地总面积的37.44%、36%，Ⅱ级（75～100mg/kg）水平的占土地总面积的19.77%，这三者占耕地总面积的93.21%，说明全县耕地土壤有效硫含量属中等水平。

表5-16　　耕层土壤有效硫含量分级及面积

级　别	Ⅰ	Ⅱ	Ⅲ	Ⅳ	Ⅴ	Ⅵ
含量范围（mg/kg）	>100	75～100	60～75	45～60	30～45	15～30
等级面积（hm²）	319.76	17553.2	33230.65	31953.09	5433.92	276.38
占土地总面积比例（%）	0.36	19.77	37.44	36	6.12	0.31

二、微量元素

大田土壤微量元素含量情况如表5-17所示。

表 5-17　　大田土壤微量元素含量情况表

项　目	土　质	平均数	标准差	样品个数	最大数	最小数
有效铁(mg/kg)	沙土	13.26	2.59	50	22.11	2.24
	壤土	14	2.57	692	23.24	2.31
	黏土	14.76	2.61	58	23.64	2.42
有效锰(mg/kg)	沙土	7.56	1.70	50	13.21	2.09
	壤土	7.8	1.72	692	13.98	2.14
	黏土	8.25	1.74	58	14.52	2.32
有效铜(mg/kg)	沙土	1.84	0.33	50	3.89	0.49
	壤土	2.06	0.34	692	3.93	0.54
	黏土	2.1	0.36	58	4.02	0.59
有效锌(mg/kg)	沙土	0.87	0.31	50	1.35	0.43
	壤土	0.91	0.32	692	1.44	0.45
	黏土	0.92	0.3	58	1.48	0.47
有效硼(mg/kg)	沙土	0.62	0.28	50	3.21	0.24
	壤土	0.66	0.27	692	3.34	0.26
	黏土	0.74	0.28	58	3.48	0.27
有效钼(mg/kg)	沙土	0.13	0.06	50	0.57	0.01
	壤土	0.14	0.06	692	0.59	0.03
	黏土	0.15	0.05	58	0.58	0.08

(一)有效铁

铁是土壤中含量较高的元素之一。通过 800 个土壤样品进行化验统计分析，检测结果表明，全县农田耕层土壤有效铁含量平均为 14.01mg/kg，变幅为 2.24～23.64mg/kg，标准差为 2.59。

按照山东省耕层土壤有效铁含量的分级标准，金乡县土壤有效铁含量分级与面积如表 5-18 所示。土壤有效铁含量在Ⅱ级（10～20mg/kg）水平的最多，占土地总面积的 89.06%，说明全县耕地土壤有效铁含量属中等偏高水平。

表 5-18　　耕地土壤有效铁含量分级及面积

级　别	Ⅰ	Ⅱ	Ⅲ	Ⅳ
含量范围(mg/kg)	>20	10～20	4.5～10	2.5～4.5
等级面积(hm^2)	2237.02	79057.97	6941.81	530.2
占土地总面积比例(%)	2.52	89.06	7.82	0.6

(二)有效锰

通过对800个土壤样品进行分析测试统计分析,检测结果表明,农田耕层土壤有效锰含量平均为7.87mg/kg,变幅为2.09～14.52mg/kg,标准差为1.72。

按照山东省耕层土壤有效锰含量的分级标准,金乡县土壤有效锰含量分级与面积如表5-19所示。土壤有效锰含量在Ⅲ级(5～15mg/kg)水平的最多,占土地总面积的95.99%,全县耕地土壤有效锰含量属中等偏低水平。

表5-19　耕地土壤有效锰含量分级及面积

级　别	Ⅰ	Ⅱ	Ⅲ	Ⅳ
含量范围(mg/kg)	>30	15～30	5～15	1～5
等级面积(hm^2)	0	0	85206.5	3560.5
占土地总面积比例(%)	0	0	95.99	4.01

(三)有效铜

通过对800个土壤样品进行分析测试,检测结果表明,农田耕层土壤有效铜含量平均为2.05mg/kg,变幅为0.49～4.52mg/kg,标准差为0.33。

按照山东省耕层土壤有效铜含量的分级标准,金乡县土壤有效铜含量分级与面积如表5-20所示。土壤有效铜含量在Ⅰ级(>1.8mg/kg)水平的最多,占土地总面积的81.67%,说明全县耕地土壤有效铜含量属较丰富水平。

表5-20　耕地土壤有效铜含量分级及面积

级　别	Ⅰ	Ⅱ	Ⅲ
含量范围(mg/kg)	>1.8	1～1.8	0.2～1
等级面积(hm^2)	72492.4	16028.65	245.95
占土地总面积比例(%)	81.67	18.05	0.28

(四)有效硼

通过对800个土壤样品进行分析测试,检测结果表明,农田耕层土壤有效硼含量平均为0.68mg/kg,变幅为0.24～3.48mg/kg,标准差为0.28。

按照山东省耕层土壤有效硼含量的分级标准,金乡县土壤有效硼含量分级与面积如表5-21所示。土壤有效硼含量在Ⅲ级(0.5～1mg/kg)水平的最多,占土地总面积的83.4%,说明全县耕地土壤有效硼含量属中等偏低水平。

表5-21　耕地土壤有效硼含量分级及面积

级　别	Ⅰ	Ⅱ	Ⅲ	Ⅳ
含量范围(mg/kg)	>2	1～2	0.5～1	0.2～0.5
等级面积(hm^2)	0	3432.57	74033.78	11300.64
占土地总面积比例(%)	0	3.87	83.4	12.73

(五)有效锌

通过对 1000 个土壤样品进行分析测试,检测结果表明,农田耕层土壤有效锌含量平均为 0.9mg/kg,变幅为 0.43～1.48mg/kg,标准差为 0.31。

按照山东省耕层土壤有效锌含量的分级标准,金乡县土壤有效锌含量分级与面积如表 5-22 所示。土壤有效锌含量在Ⅲ级(0.5～1mg/kg)水平的最多,占总耕地总面积的 83.22%,说明全县耕地土壤有效锌含量属中等偏低水平。

表 5-22　耕地土壤有效锌含量分级及面积

级　别	Ⅰ	Ⅱ	Ⅲ	Ⅳ
含量范围(mg/kg)	>3	1～3	0.5～1	0.3～0.5
等级面积(hm^2)	0	14827.9	73874.66	64.44
占土地总面积比例(%)	0	16.7	83.22	0.07

(六)有效钼

通过对 800 个土壤样品进行分析测试,检测结果表明,农田耕层土壤有效钼含量平均为 0.14mg/kg,变幅为 0.01～0.59mg/kg,标准差为 0.06。

按照山东省耕层土壤有效钼含量的分级标准,金乡县土壤有效钼含量分级与面积如表 5-23 所示。土壤有效钼含量在Ⅲ级(0.15～0.2mg/kg)、Ⅳ级(0.1～0.15mg/kg)、Ⅴ级(<0.1mg/kg)水平的耕地面积分别占土地总面积的 21.46%、37.28%、26.47%,这三者占耕地总面积的 85.21%,说明全县耕地土壤有效钼含量普遍属较低水平。

表 5-23　耕地土壤有钼含量分级及面积

级　别	Ⅰ	Ⅱ	Ⅲ	Ⅳ	Ⅴ
含量范围(mg/kg)	>0.3	0.2～0.3	0.15～0.2	0.1～0.15	<0.1
等级面积(hm^2)	2261.79	10864.65	19050.3	33092.12	23498.14
占土地总面积比例(%)	2.55	12.24	21.46	37.28	26.47

第五节　土壤物理性状分析

土壤的物理性状直接影响土壤的水、肥、气、热,是决定耕地地力的重要因素,主要包括土壤质地、耕层厚度、土体构型、土壤容重、总孔隙度、田间持水量等方面。此次调查分析了土壤容重、毛管孔隙度等项目。

一、按表层质地分

不同土壤类型(按表层质地分)土壤面积及比例如表 5-24 所示。

表 5-24　　不同土壤类型(按表层质地分)土壤面积及比例

质地类型	沙壤	轻壤	中壤	重壤	黏土
面积(hm^2)	14380.12	19588.66	6196.57	5664.81	6802.26
比例(%)	27.3	37.2	11.8	10.8	12.9

(一)沙　壤

面积为 14380.11hm^2,占耕地总面积的 27.3%,分布于马庙镇周围,羊山镇东北部,鸡黍镇东部,兴隆乡西部、东部,王丕镇西南部,司马镇周围,肖云镇西南部,化雨乡西部。

(二)轻　壤

面积为 19588.66hm^2,占耕地总面积的 37.2%,主要分布在金乡县中部。

(三)中　壤

面积为 6196.57hm^2,占耕地总面积的 11.8%,主要分布在鱼山镇西部、金乡镇的北部和东北部、羊山镇东南部、化雨乡北部和王丕镇东北部。

(四)重　壤

面积为 5664.81hm^2,占耕地总面积的 10.8%,主要分布在羊山、马庙、鱼山 3 个乡镇的沿万福河一带,金乡镇北部,化雨乡东北部。

(五)黏　土

面积为 6802.26hm^2,占耕地总面积的 12.9%,主要分布在高河、卜集、胡集 3 个乡镇的洼地。

二、按土体构型分

土体构型是土壤分类的重要指标,影响土壤的通透性和保肥、保水能力。金乡县耕地土壤按土体构型分为壤均质、壤质砂体、壤质黏心、壤质砂底、壤质黏底、壤质黏体、壤质砂心黏底、壤质黏心砂底六种。金乡县土壤物理性状较好,土层深厚,其中壤均质和壤质砂体构型面积最大,分别占总耕地利用面积的 27.27%和 34.1%(见表 5-25)。

表 5-25　　不同土壤类型(按土体构型分)土壤面积及比例

质地类型	壤均质	壤质砂体	壤质黏心	壤质砂底	壤质黏底	壤质黏体	壤质砂心黏底	壤质黏心砂底
面积(hm^2)	14354.03	17950.21	7232.84	1358.84	5901.95	490.18	4675.2	669.14
比例(%)	27.27	34.1	13.74	2.58	11.23	0.93	8.88	1.27

三、土壤容重

土壤容重是土壤松紧程度和耕性好坏的标志之一。2010 年,对金乡县大田土壤监测点同时进行了土壤不同层次容重测定。据测定分析,0～20cm 耕层土壤容重平均为 1.28g/cm^3,变幅为 1.2～1.4g/cm^3;20～40cm 耕层土壤容重平均为 1.39g/cm^3,变幅为 1.31～1.54

g/cm³。一般来说，容重与土壤质地关系密切，沙壤土较低，重壤土较高。同一地块土壤容重也受其他外部因素，如降水、灌水、施肥、秸秆还田量等的影响而经常变化。同一地块不同层次也受土壤质地、犁底层、浇水、深耕等影响。不同土壤类型耕层容重如表 5-26 所示，大田监测点土壤不同层次的容重如表 5-27 所示。

表 5-26　不同土壤类型耕层容重状况

土　类	容重(g/cm³)		
	平均	范围	标准差
褐土	1.22	1.2～1.32	0.19
潮土	1.27	1.2～1.37	0.11
水稻土	1.31	1.27～1.4	0.16

表 5-27　金乡县大田监测点土壤不同层次容重

乡　镇	村　庄	户　名	土壤类型	0～20cm 容重 (g/cm³)	20～40cm 容重 (g/cm³)
胡集镇	东张庄村	王恩社	潮土	1.34	1.45
胡集镇	方庙村	安崇秋	潮土	1.3	1.4
胡集镇	关帝村	李玉检	潮土	1.29	1.38
胡集镇	河东王村	王宝建	潮土	1.31	1.41
胡集镇	张堂村	张元祥	潮土	1.32	1.42
胡集镇	三皇庙村	张颂喜	水稻土	1.36	1.44
化雨乡	北张庄村	刘青英	潮土	1.25	1.36
化雨乡	曹庙村	孔庆国	潮土	1.22	1.39
化雨乡	淳集村	李秀英	潮土	1.26	1.38
化雨乡	大周集村	杭扩军	潮土	1.24	1.39
化雨乡	东孟村	孟现忠	潮土	1.25	1.4
鸡黍镇	褚庄村	庆丹	潮土	1.2	1.37
鸡黍镇	大李庄村	李登鲁	潮土	1.32	1.48
鸡黍镇	大徐庄村	芮东升	潮土	1.26	1.37
鸡黍镇	单海村	单长庚	潮土	1.24	1.35
鸡黍镇	丁庙村	李小文	潮土	1.24	1.36
鸡黍镇	东风村	刘广峰	潮土	1.26	1.38
金乡镇	霍固寺村	李中具	潮土	1.27	1.39
金乡镇	孔楼村	刘进福	潮土	1.29	1.41

续表

乡 镇	村 庄	户 名	土壤类型	0～20cm 容重 (g/cm³)	20～40cm 容重 (g/cm³)
金乡镇	十里铺村	张代军	潮土	1.29	1.4
金乡镇	苏楼村	苏爱峰	潮土	1.25	1.36
金乡镇	周庄村	周忠年	潮土	1.31	1.42
马庙镇	北周楼村	周成林	潮土	1.29	1.4
马庙镇	陈楼村	刘光磊	潮土	1.27	1.39
马庙镇	程李庄村	程福军	潮土	1.26	1.38
马庙镇	黄庄村	张永刚	潮土	1.25	1.37
马庙镇	江楼村	江新军	潮土	1.23	1.35
司马镇	唐庄村	孙新荣	潮土	1.22	1.37
司马镇	田庙村	李保华	潮土	1.24	1.36
司马镇	南徐庄村	徐成勇	潮土	1.23	1.35
司马镇	前李村	李福宽	潮土	1.29	1.45
司马镇	魏庄村	孟召东	潮土	1.31	1.43
司马镇	西张洼村	张永	潮土	1.3	1.47
王丕镇	郭楼村	郭建鲁	潮土	1.22	1.52
王丕镇	胡井村	郝念德	潮土	1.25	1.54
王丕镇	李阁村	张念国	潮土	1.29	1.48
王丕镇	李故楼村	李新科	潮土	1.27	1.46
王丕镇	李楼寨村	李崇银	潮土	1.28	1.37
王丕镇	马楼村	马乐田	潮土	1.29	1.34
肖云镇	柏树园村	杨明真	潮土	1.27	1.31
肖云镇	鲍楼村	鲍怀曾	潮土	1.3	1.38
肖云镇	晁庄村	李全启	潮土	1.35	1.33
肖云镇	程庄村	韩来金	潮土	1.33	1.48
兴隆乡	二郎庙村	李登亮	潮土	1.32	1.5
兴隆乡	郭店村	郭新硕	潮土	1.29	1.44
兴隆乡	后杜庙村	李本凯	潮土	1.28	1.32
兴隆乡	孔店村	李常民	潮土	1.27	1.34
兴隆乡	李菜园村	李玉全	潮土	1.27	1.35
羊山镇	白衣堂村	王华轩	潮土	1.31	1.37

续表

乡镇	村庄	户名	土壤类型	0～20cm 容重（g/cm³）	20～40cm 容重（g/cm³）
羊山镇	北胡村	杜宗峰	潮土	1.32	1.32
羊山镇	北薛庄村	薛金伦	潮土	1.24	1.33
羊山镇	仇庄村	王相增	潮土	1.26	1.37
羊山镇	杜庄村	李春华	潮土	1.25	1.36
羊山镇	葛山后村	郝广印	潮土	1.23	1.47
鱼山镇	炳公庙村	赵春寒	潮土	1.27	1.42
鱼山镇	高堂村	高登军	潮土	1.29	1.36
鱼山镇	何楼村	何军民	潮土	1.31	1.37
鱼山镇	桑园村	侯建国	潮土	1.34	1.38
鱼山镇	王堂村	王卫华	潮土	1.25	1.35
卜集乡	刘油坊村	皮树军	水稻土	1.27	1.34
卜集乡	姜庄村	姜新文	水稻土	1.36	1.35
卜集乡	黄堰村	朱国强	水稻土	1.38	1.34
卜集乡	杨集村	常洪英	水稻土	1.39	1.36
卜集乡	李连安村	李代思	水稻土	1.4	1.45
高河乡	官庄村	张利	潮土	1.34	1.47
高河乡	张黄村	方敏	潮土	1.29	1.32
高河乡	周大庙村	周建国	潮土	1.27	1.36
鸡黍镇	东李村	李存印	潮土	1.28	1.43
鸡黍镇	郭庄村	赵志彬	潮土	1.27	1.48
		平均值		1.28	1.39
		最大值		1.4	1.54
		最小值		1.2	1.31

四、土壤孔隙度

土壤的通透性能主要通过土壤孔隙度来衡量。土壤孔隙度取决于质地、结构、有机质含量。对作物生长来讲，较适宜的土壤总孔隙度一般为50%～55%。根据孔隙大小和性能，土壤孔隙可分为两类。

（一）毛管孔隙

直径小于0.1mm，具有明显的毛管作用，具有储水性能。毛管孔隙占土壤体积的百分比称为“毛管孔隙度”。

（二）非毛管孔隙

直径大于0.1mm的孔隙，不具有持水能力，具有透水性。非毛管孔隙占土壤体积的百分比称为“非毛管孔隙度”，取决于团聚体的大小，团聚体越大，非毛管孔隙越大。

毛管孔隙度随土壤分散度或结构破坏程度的增加而增加。土壤中毛管孔隙与非毛管孔隙所占的比例对水、肥、气、热和耕性有很大影响，水气协调的土壤应各占50%。

总孔隙度包括非毛管孔隙和毛管孔隙度。这次调查共测定样点100个，耕层土壤总孔隙度平均为51.7%，变幅为49.8%～58.1%。测定结果表明，较为适宜的占61.2%，其余的占38.8%。毛管孔隙度平均为38.6%，变幅为32.9%～46.4%。非毛管孔隙度平均为12.4%，变幅为4.1%～17.9%。土壤孔隙状况与土壤质地关系密切，从沙壤到黏土，随着质地变黏总孔隙度和毛管孔隙度依次变大。黏质土孔隙度大，孔径较均一，以毛管孔隙和非活性孔隙为主。沙质土孔隙度小，孔径也较均一，以通气孔隙为主。壤质土孔隙度居中，大小孔径比例分配适中，既有通气孔隙，又有毛管孔隙（见表5-28）。

表5-28　主要质地土壤通气性

土壤质地	总孔隙度（%）		毛管孔隙度（%）		非毛管孔隙度（%）	
	平均	范围	平均	范围	平均	范围
沙壤	49.9	45.8～53.6	37.1	33.2～41.4	12.8	6.8～16.3
轻壤	51.7	44.8～56.1	37.7	34.1～43.2	12.5	6.1～15.9
中壤	53.5	47.2～58.2	38.6	35.2～45.8	12.1	6～15.2
重壤	57.8	50.3～62.4	40.2	35.9～47.2	11.8	5.7～14.9
黏土	62.4	53.7～64.1	40.6	36.4～48.6	11.4	5.2～14.3

第六章　耕地地力评价

耕地是土地的精华，是农业生产中不可替代的重要生产资料，是保持社会和国民经济可持续发展的重要资源。保护耕地是我国的基本国策之一。因此，及时掌握耕地资源的数量、质量及其变化，对于合理规划和利用耕地、切实保护耕地有十分重要的意义。在全面的野外调查和室内化验分析，获取大量耕地地力相关信息的基础上，进行了金乡县耕地地力的综合评价，摸清了全县耕地地力的现状及问题，为耕地资源的高效和可持续利用提供了重要的科学依据。

第一节　耕地地力评价方法

一、评价的原则、依据

(一)评价的原则

耕地地力就是耕地的生产能力，是在一定区域内、一定的土壤类型上耕地的土壤理化性状、所处自然环境条件、农田基础设施及耕作施肥管理水平等因素的总和。根据评价的目的要求，在金乡县耕地地力评价中，遵循的基本原则有四条。

1. 综合因素研究与主导因素分析相结合原则

土地是一个自然经济综合体，是人们利用的对象，对土地质量的鉴定涉及自然和社会经济多个方面，耕地地力也是各类要素的综合体现。所谓综合因素研究，是指对地形、地貌、土壤理化性状、相关社会经济因素之总体进行全面的研究、分析与评价，以全面地了解耕地地力状况。主导因素是指对耕地地力起决定作用的、相对稳定的因子，在评价中要着重对其进行研究分析。因此，把综合因素与主导因素结合起来进行评价，可以对耕地地力作出科学准确的评定。

2. 共性评价与专题研究相结合原则

金乡县耕地利用存在水浇地、旱地等多种类型，土壤理化性状、环境条件、管理水平等不一，因此，耕地地力水平有较大的差异。考虑区域内耕地地力的系统性、可比性，针对不同的耕地利用等状况，应选用统一的共同的评价指标和标准，即耕地地力的评价不针对某一特定的利用类型。另外，为了解不同利用类型的耕地地力状况及其内部的差异情况，对有代表性的主要类型进行专题的深入研究。这样，共性评价与专题研究相结合，使整个的评价和研究具有更大的应用价值。

3. 定量和定性相结合原则

土地系统是一个复杂的灰色系统，定量和定性要素共存，相互作用，相互影响。因此，为了保证评价结果的客观合理，宜采用定量和定性评价相结合的方法。在总体上，为了保证评价结果的客观合理，尽量采用定量评价方法，对可定量化的评价因子如有机质等养分含量、土层厚度等按其数值参与计算，对非数量化的定性因子如土壤表层质地、土体构型等则进行量化处理，确定其相应的指数，并建立评价数据库，以计算机进行运算和处理，尽量避免人为随意性因素的影响。在评价因素筛选、权重确定、评价标准、等级确定等评价过程中，尽量采用定量化的数学模型，在此基础上充分运用人工智能和专家知识，对评价的中间过程和评价结果进行必要的定性调整。定量与定性相结合，从而保证了评价结果的准确合理。

4. 采用 GIS 支持的自动化评价方法原则

自动化、定量化的土地评价技术方法是当前土地评价的重要方向之一。近年来，随着计算机技术，特别是 GIS 技术在土地评价中的不断应用和发展，基于 GIS 的自动化评价方法已不断成熟，使土地评价的精度和效率大大提高。本次耕地地力评价工作通过数据库建立、评价模型及其与 GIS 空间叠加等分析模型的结合，实现了全数字化、自动化的评价流程，在一定的程度上代表了当前土地评价的最新技术方法。

（二）评价的依据

耕地地力是耕地本身的生产能力，因此，耕地地力的评价依据与此相关的各类自然和社会经济要素，具体包括三个方面。

(1)耕地地力的自然环境要素包括耕地所处的地形地貌条件、水文地质条件、成土母质条件以及土地利用状况等。

(2)耕地地力的土壤理化要素包括土壤剖面与土体构型、耕层厚度、质地、容重等物理性状，有机质、N、P、K、微量元素、pH、交换量等化学性状。

(3)耕地地力的农田基础设施条件包括耕地的灌排条件、水土保持工程建设、培肥管理条件等。

二、评价的流程

整个评价可分为三个方面的主要内容，按先后的次序分别为：

(1)资料工具准备及数据库建立：即根据评价的目的、任务、范围、方法，收集准备与评价有关的各类自然及社会经济资料，进行资料的分析处理。选择适宜的计算机硬件和 GIS 等分析软件，建立耕地地力评价基础数据库。

(2)耕地地力评价：划分评价单元，提取影响地力的关键因素并确定权重，选择相应评价方法，制定评价标准，确定耕地地力等级。

(3)评价结果分析：依据评价结果，量算各等级耕地面积，编制耕地地力分布图，分析耕地地力问题，提出耕地资源可持续利用的措施建议。

评价的工作流程如图 6-1 所示。

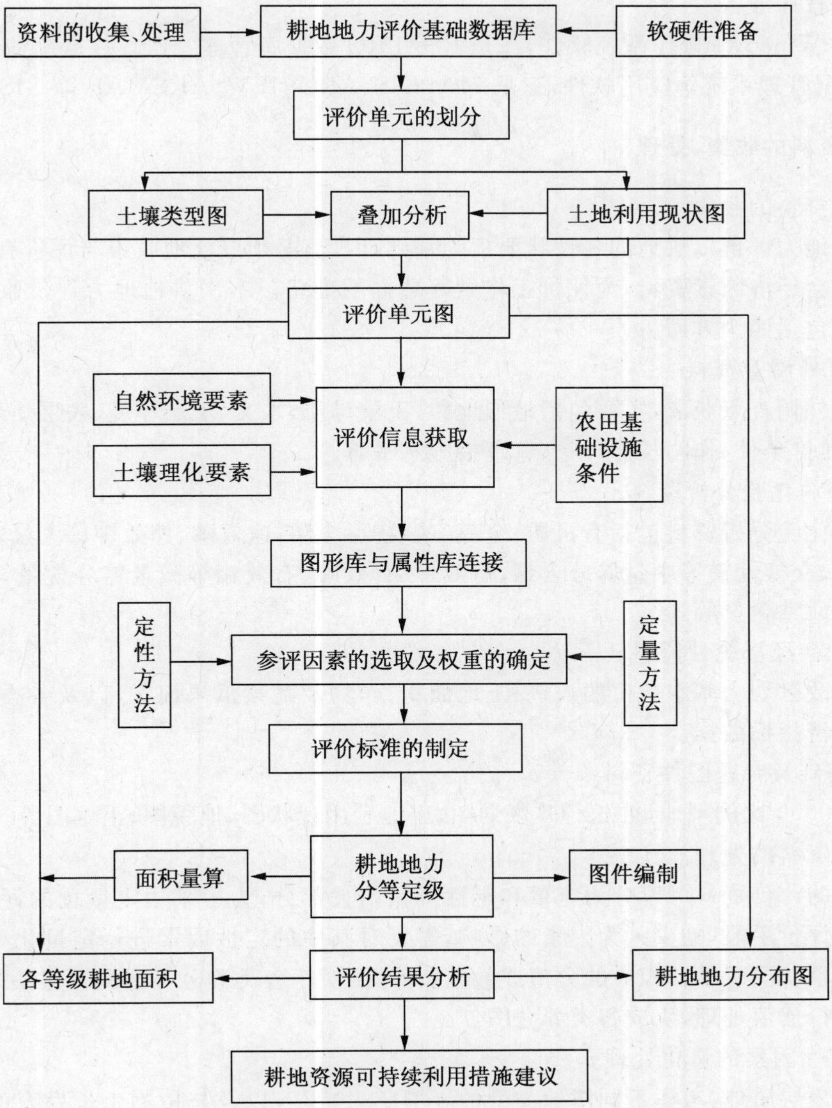

图 6-1　金乡县耕地地力评价流程图

三、软硬件准备

(一)硬件准备

硬件主要包括高档计算机、A0 幅面数字化仪、A0 幅面扫描仪、喷墨绘图仪等。计算机主要用于数据和图件的处理分析,数字化仪、扫描仪用于图件的输入,喷墨绘图仪用于成果图的输出。

（二）软件准备

一是 Windows 操作系统软件，二是 FOXPRO 数据库管理、SPSS 数据统计分析/ACCESS 数据管理系统等应用软件，三是 MAPGIS、ARCVIEW、ARCMAP 等 GIS 软件。

四、资料的收集、处理

（一）资料的收集

耕地地力评价以耕地的各性状要素为基础，因此，必须广泛地收集与评价有关的各类自然和社会经济因素资料，为评价工作做好数据的准备。本次耕地地力评价收集获取的资料主要包括四个方面。

1. 野外调查资料

按野外调查点获取，主要包括地形地貌、土壤母质、水文、土层厚度、表层质地、耕地利用现状、灌排条件、作物长势产量、管理措施水平等。

2. 室内化验分析资料

室内化验分析资料包括有机质、全氮、速效氮、全磷、速效磷、速效钾等大量养分含量，交换性钙、交换性镁等中量养分含量，有效锌、有效硼、有效钼等微量养分含量，以及 pH、土壤污染元素含量等。

3. 社会经济统计资料

以行政区划为基本单位的人口、土地面积、作物及蔬菜瓜果面积，以及各类投入产出等社会经济指标数据。

4. 基础及专题图件资料

1∶50000 比例尺地形图、行政区划图、土地利用现状图、地貌图、土壤图等。

（二）资料的处理

获取的评价资料可以分为定量和定性资料两大部分，为了采用定量化的评价方法和自动化的评价手段，减少人为因素的影响，需要对其中的定性因素进行定量化处理，根据因素的级别状况赋予其相应的分值或数值。除此，对于各类养分等按调查点获取的数据，则需要进行插值处理，生成各类养分图。

1. 定性因素的量化处理

土壤表层质地：考虑不同质地类型的土壤肥力特征，以及与植物生长发育的关系，赋予不同质地类别以相应的分值（见表 6-1）。

表 6-1　土壤表层质地的量化处理

质地类别	中壤	轻壤	重壤	沙壤	沙土
分值	100	95	80	70	55

土体构型：首先以土层质地类别和其在土体中的部位对各类土体构型进行归纳，根据不同的土体构型对植物生长发育的影响，赋予不同土体构型以相应的分值（见表 6-2）。

表 6-2 土体构型的量化处理

土体构型	壤均质	壤质黏心	黏质壤心	砂质壤心	黏均质	砂质黏心	壤质砂心	砂均质
分值	100	90	87	80	77	70	65	58

地貌类型：根据不同的地貌类型对耕地地力及作物生长的影响，赋予其相应的分值(见表 6-3)。

表 6-3 地貌类型的量化处理

地貌类型	缓平坡地	湖沼平原	岗地	洼地	滨海平地
分值	100	89	80	78	70

矿化度：根据不同的矿化度程度对耕地地力及作物生长的影响，赋予其相应的分值(见表 6-4)。

表 6-4 矿化度的量化处理

矿化度	＜0.5	0.5～2	2～5	＞5
分值	100	90	65	40

盐渍化程度：考虑到金乡县的土壤中存在不同的盐渍化程度，将其盐渍化程度划分为不同的等级，并据其对耕地地力的影响程度进行量化处理(见表 6-5)。

表 6-5 土壤盐渍化程度的量化处理

盐渍化程度	无	轻度	中度	重度	盐土
分值	100	85	70	50	30

2. 各类养分专题图层的生成

对于土壤有机质、氮、磷、钾、锌、硼、钼等养分数据，首先按照野外实际调查点进行整理，建立了以各养分为字段、以调查点为记录的数据库。然后进行土壤采样样点图与分析数据库的连接，在此基础上插值生成各养分专题图层。

对比了分别在 MAPGIS 和 ARCVIEW 环境中的插值结果，发现 ARCVIEW 环境中的插值结果线条更为自然圆滑，更符合实际。因此，本研究中所有养分采样点数据均在 ARCVIEW 环境下操作，利用其空间分析模块功能对各养分数据进行自动的插值处理，经编辑处理，自动生成各土壤养分专题栅格图层。后续的耕地地力评价也以栅格形式进行，与矢量形式相比，能够将各评价要素信息精确到栅格(像元)水平，保证了评价结果的准确。图 6-2 和图 6-3 为在 ARCVIEW 下插值生成的金乡县土壤有机质、碱解氮含量分布栅格图。

图 6-2 金乡县土壤有机质含量栅格图

图 6-3 金乡县土壤碱解氮含量栅格图

五、基础数据库的建立

（一）基础属性数据库的建立

为更好地对数据进行管理和为后续工作提供方便，将采样点基本情况信息、农业生产情况信息、土壤理化性状化验分析数据、土壤污染元素化验分析数据等信息以调查点为基本数据库记录进行属性数据库的建立，作为后续耕地地力评价工作的基础。

（二）基础专题图图形库的建立

将扫描矢量化及插值等处理生成的各类专题图件，在 ARCVIEW 和 MAPGIS 软件的支持下，分别以栅格形式和点、线、区文件的形式进行存储和管理，同时将所有图件统一转换到相同的地理坐标系统下，以进行图件的叠加等空间操作，各专题图图斑属性信息通过键盘交互式输入或通过与属性库挂接读取，构成基本专题图图形数据库。图形库与基础属性库之间通过调查点相互连接。

六、评价单元的划分

评价单元是由对土地质量具有关键影响的各土地要素组成的空间实体，是土地评价的最基本单位、对象和基础图斑。同一评价单元内的土地自然基本条件、土地的个体属性和经济属性基本一致。不同土地评价单元之间，既有差异性，又有可比性。耕地地力评价就是要通过对每个评价单元的评价，确定其地力级别，把评价结果落实到实地和编绘的土地资源图上。因此，土地评价单元划分的合理与否，直接关系到土地评价的结果以及工作量的大小。

目前，对土地评价单元的划分尚无统一的方法，有以土壤类型、以土地利用类型、以行政区划单位、以方里网等多种方法。本次金乡县耕地地力评价土地评价单元的划分采用土壤图、土地利用现状图的叠置划分法，相同土壤单元及土地利用现状类型的地块组成一个评价单元，即“土地利用现状类型—土壤类型”的格式。其中，土壤类型划分到土种，土地利用现状类型划分到二级利用类型，制图区界以金乡县最新土地利用现状图为准。为了保证土地利用现状的现实性，基于野外的实地调查对耕地利用现状进行了修正。同一评价单元内的土壤类型相同，利用方式相同，交通、水利、经营管理方式等基本一致，用这种方法划分评价单元可以反映单元之间的空间差异性，既使土地利用类型有了土壤基本性质的均一性，又使土壤类型有了确定的地域边界线，使评价结果更具综合性、客观性，可以较容易地将评价结果落实到实地。

通过图件的叠置和检索，将金乡县耕地地力划分为3828个评价单元。

七、评价信息的提取

影响耕地地力的因子非常多，并且它们在计算机中的存储方式也不相同。因此，如何准确地获取各评价单元评价信息是评价中的重要一环。鉴于此，舍弃直接从键盘输入参评因子值的传统方式，采取将评价单元与各专题图件叠加采集各参评因素的信息。具体的做法是：①按唯一标识原则为评价单元编号；②在ARCVIEW环境下生成评价信息空间库和属性数据库；③在ARCMAP环境下从图形库中调出各化学性状评价因子的专题图，与评价单元图进行叠加计算出各因子的均值；④保持评价单元几何形状不变，在耕地资源管理信息系统中直接对叠加后形成的图形的属性库进行“属性提取”操作，以评价单元为基本统计单位，按面积加权平均汇总法评价单元立地条件评价因子的分值。

由此，得到图形与属性相连的、以评价单元为基本单位的评价信息，为后续耕地地力的评价奠定了基础。

第二节　参评因素的选取及其权重确定

正确地进行参评因素的选取并确定其权重，是科学地评价耕地地力的前提，直接关系到评价结果的正确性、科学性和社会可接受性。

一、参评因素的选取

参评因素是指参与评定耕地地力等级的耕地的诸属性。影响耕地地力的因素很多，在本次金乡县耕地地力评价中，根据金乡县的区域特点，遵循主导因素原则、差异性原则、稳定性原则、敏感性原则，采用定量和定性方法结合，进行参评因素的选取。

（一）系统聚类方法

系统聚类方法用于筛选影响耕地地力的理化性状等定量指标，通过聚类将类似的指标进行归并，辅助选取相对独立的主导因子。利用SPSS统计软件进行了土壤养分等化学性状的系统聚类，结果如图6-4所示。

可以看出，氯离子、全盐、硝态氮、全氮、交换性钙、有效硅、交换性镁、有效硼、有效钼、有效铁、有效锰、有效锌、有效铜、有效硫聚为一组，有效磷、速效钾、碱解氮、缓效钾聚为一组，有机质为一组，pH为一组。

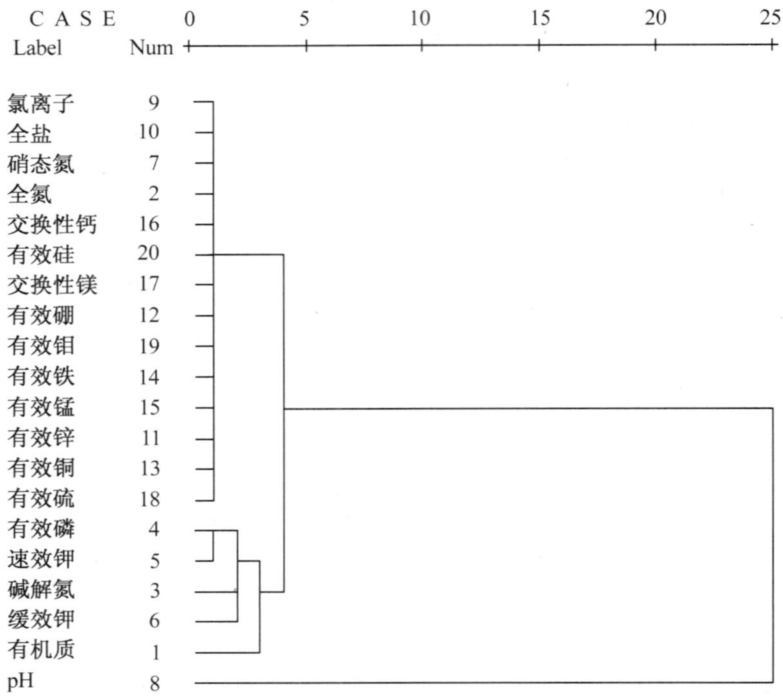

图 6-4 土壤养分等化学性状的聚类分析

（二）DELPHI 法

用 DELPHI 法进行影响耕地地力的立地条件、物理性状等定性指标的筛选。确定了由土壤农业化学学者、专家及金乡县土肥站业务人员组成的专家组，首先对指标进行分类，在此基础上进行指标的选取，并讨论确定最终的选择方案。

综合以上两种方法，在定量因素中根据各因素对耕地地力影响的稳定性以及营养元素的全面性，在聚类分析第一组中选取有效磷、有效锌为参评因素，第二组中选取有效硼为参评因素，第三组中选取速效钾为参评因素，第四组中选取有机质为参评因素。结合专家组选择结果，最后确定灌溉保证率、矿化度、地貌类型、耕层质地、土体构型、盐渍化程度、有机质、大量元素（速效钾、有效磷）、微量元素（有效锌、有效硼）等 11 项因素作为耕地地力评价的参评指标。

二、权重的确定

在耕地地力评价中，需要根据各参评因素对耕地地力的贡献确定权重。确定权重的方法很多，本评价中采用层次分析法（AHP）来确定各参评因素的权重。

层次分析法是在定性方法基础上发展起来的定量确定参评因素权重的一种系统分析方法，这种方法可将人们的经验思维数量化，用以检验决策者判断的一致性，有利于实现定量化评价。层次分析法确定参评因素的步骤如下：

建立层次结构：耕地地力为目标层（G 层），影响耕地地力的立地条件、物理性状、化学性状为准则层(C 层),再把影响准则层中各元素的项目作为指标层(A 层),其结构关系如图 6-5 所示。

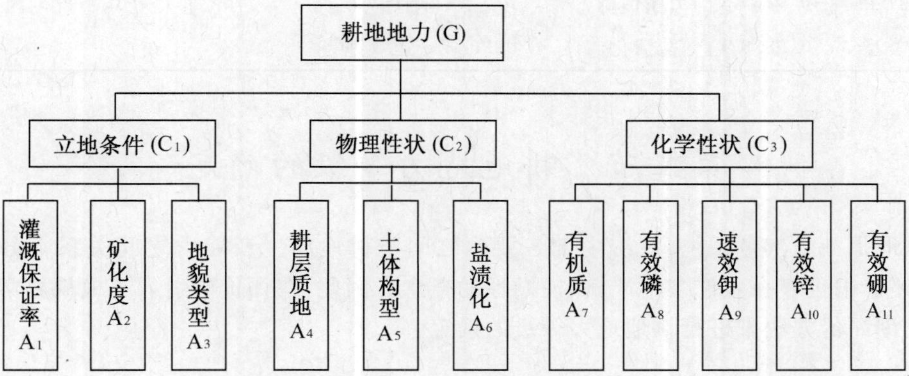

图 6-5 耕地地力影响因素层次结构

构造判断矩阵:根据专家经验,确定 C 层对 G 层以及 A 层对 C 层的相对重要程度,构成 A、C_1、C_2、C_3 共 4 个判断矩阵。如耕层质地、土体构型、盐渍化程度对耕地物理性状的判断矩阵可以表示为:

$$C_2=\begin{pmatrix} a_{11} & a_{12} & a_{13} \\ a_{21} & a_{22} & a_{23} \\ a_{31} & a_{32} & a_{33} \end{pmatrix}=\begin{pmatrix} 1 & 5 & 3 \\ 0.2 & 1 & 0.33 \\ 0.33 & 3 & 1 \end{pmatrix}$$

其中,a_{ij}(i 为矩阵的行号,j 为矩阵的列号)表示对 C_2 而言,a_i 对 a_j 的相对重要性的数值。

层次单排序及一致性检验:即求取 A 层对 C 层的权数值,可归结为计算判断矩阵的最大特征根对应的特征向量。利用 SPSS 等统计软件,得到的各权数值及一致性检验的结果如表 6-6 所示。

表 6-6 权数值及一致性检验结果

矩 阵	特征向量					C_I	C_R
矩阵 A		0.3202	0.1226	0.5571		0.009148	0.01577204<0.1
矩阵 C_1		0.6329	0.1058	0.2613		0.020017	0.03451165<0.1
矩阵 C_2		0.6333	0.1061	0.2606		0.01941	0.03346558<0.1
矩阵 C_3	0.5036	0.2307	0.1526	0.0638	0.0492	0.044324	0.03957510<0.1

可以看出,$C_R<0.1$,具有很好的一致性。

层次总排序及一致性检验:经层次总排序并进行一致性检验,结果为 $C_I=0$,$C_R=0$,具有满意的一致性,最后计算 A 层对 G 层的组合权数值,得到各因子的权重如表 6-7 所示。

表 6-7　　各因子的权重

因子	权重	因子	权重	因子	权重	因子	权重
灌溉保证率	0.2027	耕层质地	0.0777	有机质	0.2806	有效锌	0.0355
矿化度	0.0339	土体构型	0.013	有效磷	0.1286	有效硼	0.0274
地貌类型	0.0836	盐渍化	0.032	速效钾	0.085		

第三节　耕地地力等级的确定

土地是一个灰色系统，系统内部各要素之间与耕地的生产能力之间关系十分复杂。此外，评价中也存在着许多不严格、模糊性的概念。因此，在评价中引入了模糊数学方法，采用模糊评价方法来进行耕地地力等级的确定。

一、参评因素隶属函数的建立

用 DELPHI 法根据一组分布均匀的实测值评估出对应的一组隶属度，然后在计算机中绘制出这两组数值的散点图，再根据散点图进行曲线模拟，寻求参评因素实际值与隶属度关系方程从而建立起隶属函数。各参评因素的分级及其相应的专家赋值和隶属度如表 6-8 所示。

表 6-8　　参评因素的分级及其分值

地貌类型	缓平坡地	湖沼平原	岗地	洼地	滨海平地						
分值	100	89	80	78	70						
隶属度	1.00	0.89	0.80	0.78	0.70						
灌溉保证率	80	70	60	50	30	10	0				
分值	100	90	80	65	40	10	0				
隶属度	1.00	0.90	0.80	0.65	0.40	0.10	0.00				
矿化度	<0.5	0.5～2	2～5	>5							
分值	100	90	65	40							
隶属度	1.00	0.90	0.65	0.40							
有机质	2.0	1.8	1.6	1.4	1.2	1.0	0.8	0.6			
分值	100	98	95	90	84	78	65	50			
隶属度	1.00	0.98	0.95	0.90	0.84	0.78	0.65	0.50			
有效磷	400	300	200	110	80	60	40	30	20	15	10	5
分值	70	80	90	100	98	96	92	90	85	80	60	40
隶属度	0.70	0.80	0.90	1.00	0.98	0.96	0.92	0.90	0.85	0.80	0.60	0.40
速效钾	400	320	240	160	120	100	80	60				

续表

分值	100	98	93	85	82	78	70	50	
隶属度	1.00	0.98	0.93	0.85	0.82	0.78	0.70	0.50	
有效锌	2.0	1.5	1.2	1.0	0.8	0.5	0.3		
分值	100	92	87	85	80	70	55		
隶属度	1.00	0.92	0.87	0.85	0.80	0.70	0.55		
有效硼	1.8	1.5	1.2	1.0	0.8	0.5	0.2		
分值	100	95	87	85	80	70	55		
隶属度	1.00	0.95	0.87	0.85	0.80	0.70	0.55		
耕层质地	中壤	轻壤	重壤	沙壤	砂土				
分值	100	95	80	70	55				
隶属度	1.00	0.95	0.80	0.70	0.55				
土体构型	壤均质	壤质黏心	黏质壤心	砂质壤心	黏均质	砂质黏心	壤质砂心	黏质砂心	砂均质
分值	100	90	87	80	77	70	65	63	58
隶属度	1.00	0.90	0.87	0.80	0.77	0.70	0.65	0.63	0.58
盐渍化	无	轻度	中度	重度	盐土				
分值	100	85	70	50	30				
隶属度	1.00	0.85	0.70	0.50	0.30				

通过模拟共得到正直线型、戒上型、戒下型三种类型的隶属函数，其中有机质、速效钾等属于戒上型隶属函数，土体构型、耕层质地、盐渍化、矿化度等属于正直线型隶属函数，然后根据隶属函数计算各参评因素的单因素评价评语。以有机质为例绘制的散点图和模拟曲线如图 6-6 和图 6-7 所示。

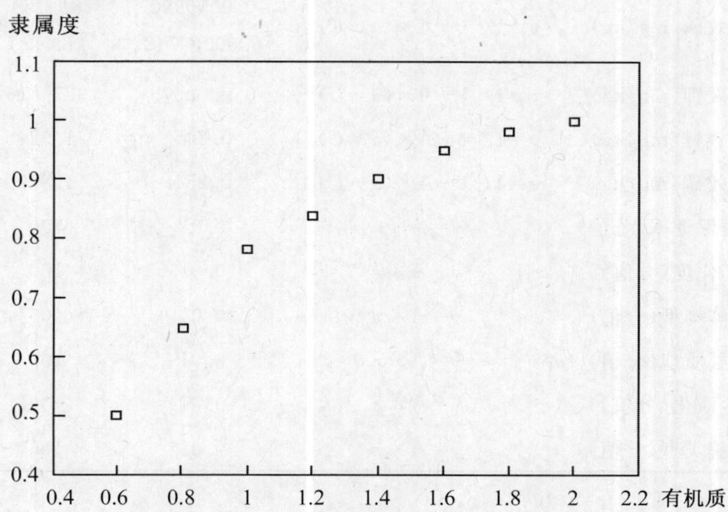

图 6-6 有机质与隶属度关系散点图

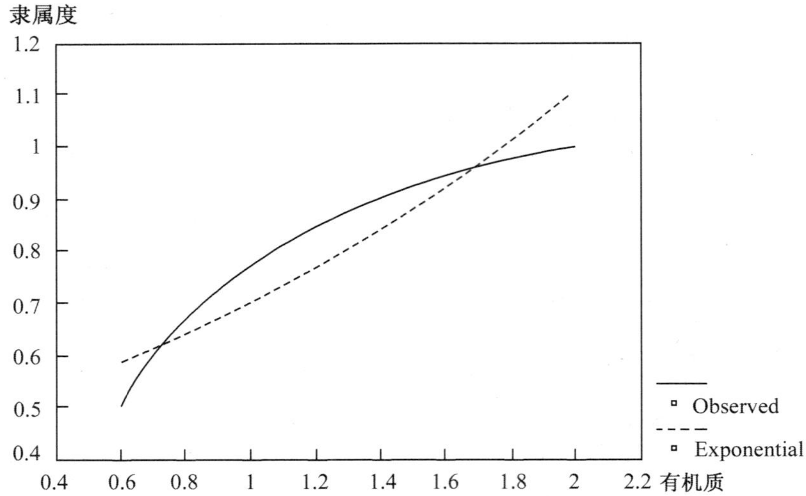

图 6-7　有机质与隶属度关系曲线

其隶属函数为戒上型，形式为：

$$y=\begin{cases}0 & (x\leqslant x_t)\\ 1/[1+A\times(x-C)^2] & (x_t<x<C)\\ 1 & (C\leqslant x)\end{cases}$$

各参评因素类型及其隶属函数如表 6-9 所示。

表 6-9　参评因素类型及其隶属函数

函数类型	参评因素	隶属函数	A	C	U_t
戒上型	有机质(g/kg)	$y=1/[1+A\times(x-C)^2]$	0.543	1.822	0.35
戒上型<110 戒下型>110	有效磷(mg/kg)	$y=1/[1+A\times(x-C)^2]$	0.0000992 0.00000742	80.159 111.967	3 450
戒上型	速效钾(mg/kg)	$y=1/[1+A\times(x-C)^2]$	0.0000076	327.836	15
戒上型	有效锌(mg/kg)	$y=1/[1+A\times(x-C)^2]$	0.245	1.924	0.1
戒上型	有效硼(mg/kg)	$y=1/[1+A\times(x-C)^2]$	0.251	1.879	0.1
正直线型	灌溉保证率(分值)	$y=A\times x$	0.01	100	0
正直线型	矿化度(分值)	$y=A\times x$	0.01	100	0
正直线型	土体构型(分值)	$y=A\times x$	0.01	100	0
正直线型	耕层质地(分值)	$y=A\times x$	0.01	100	0
正直线型	盐渍化(分值)	$y=A\times x$	0.01	100	0
正直线型	地貌类型(分值)	$y=A\times x$	0.01	100	0

二、耕地地力等级的确定

(一)计算耕地地力综合指数

用指数和法来确定耕地的综合指数,公式为:

$$\mathrm{IFI} = \sum F_i \times C_i$$

其中,IFI(Integrated Fertility Index)代表耕地地力综合指数,F_i 代表第 i 个因素的评语,C_i 代表第 i 个因素的组合权重。

具体操作过程:在县域耕地资源管理信息系统中,在"专题评价"模块中编辑立地条件、物理性状和化学性状的层次分析模型以及各评价因子的隶属函数模型,然后选择"耕地生产潜力评价"功能进行耕地地力综合指数的计算。

(二)确定最佳的耕地地力等级数目

计算耕地地力综合指数之后,在耕地资源管理信息系统中选择累积曲线分级法进行评价,根据曲线斜率的突变点(拐点)来确定等级的数目和划分综合指数的临界点,将金乡县耕地地力共划分为6个级别,各等级耕地地力综合指数如表6-10所示,综合指数分布如图6-8所示。

表 6-10　　金乡县耕地地力等级综合指数

IFI	>0.9	0.89～0.9	0.87～0.89	0.86～0.87	0.84～0.86	<0.84
耕地地力等级	一级地	二级地	三级地	四级地	五级地	六级地

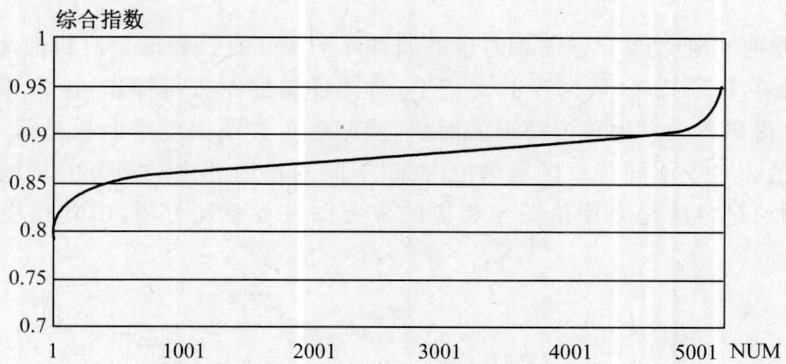

图 6-8　金乡县综合指数分布图

三、图件的编制

为了提高制图的效率和准确性,在地理管理信息系统软件 MAPGIS 的支持下,进行金乡县耕地地力评价图及相关图件的自动编绘处理,其步骤大致分以下几步:扫描矢量化各基础图件→编辑点、线→点、线校正处理→统一坐标系→区编辑并对其赋属性→根据属性赋颜色→根据属性加注记→图幅整饰输出。此外还充分利用了 ARCVIEW 和 ARCGIS 强大的空间分析功能,将评价图与其他图件进行叠加,从而生成其他专题图件;将评价图与行政区划图叠加，进而计算出各行政区划单位内的耕地地力等级面积等。

（一）专题图地理要素底图的编制

专题地图的地理要素内容是专题图的重要组成部分，用于反映专题内容的地理分布，并作为图幅叠加处理等的分析依据。地理要素的选择应与专题内容相协调，考虑图面的负载量和清晰度，应选择基本的、主要的地理要素。

以金乡县最新的土地利用现状图为基础，对此图进行制图综合处理，选取主要的居民点、交通道路、水系、境界线等及其相应的注记，进而编辑生成1∶50000各专题图地理要素底图。

（二）耕地地力评价图的编制

以耕地地力评价单元为基础，根据各单元的耕地地力评价等级结果，对相同等级的相邻评价单元进行归并处理，得到各耕地地力等级图斑。在此基础上，分两个层次进行图面耕地地力等级的表示：一是颜色表示，即赋予不同耕地地力等级以相应的颜色。二是代号表示，用罗马数字Ⅰ、Ⅱ、Ⅲ、Ⅳ、Ⅴ、Ⅵ表示不同的耕地地力等级，并在评价图相应的耕地地力图斑上注明。将评价专题图与以上的地理要素图复合，整饰得出金乡县1∶50000耕地地力评价图。

（三）其他专题图的编制

对于有机质含量、速效钾、有效磷、有效锌等其他专题要素地图，则按照各要素的分级分别赋予相应的颜色，同时标注相应的代号，生成专题图层。之后与地理要素图复合，编辑处理生成专题图件，并进行图幅的整饰处理。

四、面积的量算

面积的量算可通过与专题图相对应的属性库的操作直接完成。对耕地地力等级面积的量算，则可在FOXPRO数据库的支持下，对图件属性库进行操作，检索相同等级的面积，然后汇总得出各类耕地地力等级的面积，根据金乡县图幅理论面积进行平差，得到准确的面积数值。对于不同行政区划单位内部、不同的耕地利用类型等的耕地地力等级面积的统计，则通过耕地地力评价图与相应的专题图进行叠加分析，由其相应属性库统计获得。

第七章　耕地地力分析

本次耕地地力分析按照农业部耕地质量调查和评价的规程及相关标准，结合当地实际情况，选取了对耕地地力影响较大、区域内变异明显、在时间序列上具有相对稳定性、与农业生产有密切关系的11个因素建立评价指标体系。以土壤图与土地利用现状图叠加形成评价单元，应用模糊综合评判方法，通过综合分析，将全区耕地共划分为6个等级，根据评价结果进行耕地地力的系统分析。

第一节　耕地地力等级与分布

一、耕地地力等级面积统计

利用MAPGIS软件，对评价图属性库进行操作，检索统计耕地各等级的面积和图幅总面积。以2008年金乡县耕地总面积为基准，按面积比例进行平差，统计得出各耕地地力等级面积。

金乡县耕地总面积为52632.4hm²，各等级耕地比例相对均衡，以二级地、三级地和四级地为主，各等级占耕地总面积的比例都超过20%，三者面积之和占到了耕地总面积的72.4%。五级地和一级地分别占耕地总面积的14.6%和10.04%。六级地面积较少，占总面积的2.96%(见表7-1)。

表7-1　金乡县耕地地力评价结果面积统计

等　级	一级地	二级地	三级地	四级地	五级地	六级地
面积(hm²)	5283.56	12101.91	14406.73	11600.77	7685.43	1554.01
百分比(%)	10.04	22.99	27.37	22.04	14.6	2.96

全县耕地地貌类型的主体是倾斜平地和浅平洼地，分别占耕地总面积的77.5%和17%。倾斜平地地貌类型中，一级地、二级地和三级地面积占耕地总面积的比例为64.79%；浅平洼地地貌类型中，耕地等级以三级地、四级地为主，其面积占耕地总面积的比例为62.72%(见表7-2)。

表 7-2 不同地貌耕地地力等级分布

地貌类型		一级地	二级地	三级地	四级地	五级地	六级地	合计
倾斜平地	面积(hm^2)	4580.34	10590.86	11252.63	7841.55	5363.73	1155.77	40784.88
	百分比(%)	11.23	25.97	27.59	19.23	13.15	2.83	
浅平洼地	面积(hm^2)	692.64	1346.38	2542.26	3072	1202.98	94.55	8950.81
	百分比(%)	7.74	15.04	28.4	34.32	13.44	1.06	
缓岗	面积(hm^2)	0	0	88.05	199.01	0	0	287.05
	百分比(%)	0	0	30.67	69.33	0	0	
岗坡	面积(hm^2)	0	83.58	212.03	418.24	1090	303.69	2107.55
	百分比(%)	0	3.97	10.06	19.84	51.72	14.41	
洼坡	面积(hm^2)	10.57	59.41	279.12	69.97	0	0	419.07
	百分比(%)	2.52	14.18	66.6	16.7	0	0	
背河槽状洼地	面积(hm^2)	0	21.68	32.65	0	28.71	0	83.04
	百分比(%)	0	26.11	39.32	0	34.57	0	
合　计								52632.4

二、耕地地力空间分布分析

(一)耕地地力等级分布

金乡县属黄泛平原,地形地貌受黄河泛滥决口的影响,岗、坡、洼相间,相对平坦低洼,南北方向长,东西方向短。总的地势是西高东低,呈西南东北倾斜。境内以平原为主,地形相对平坦。土壤有三个大类,分别为褐土类、潮土类和水稻土类。耕层为轻壤、中壤、重壤、沙壤和黏壤,无明显的障碍层次,农田基础设施配套良好,灌排能力较好。总体上看,金乡县耕地地力较好,前三等级面积之和占到了耕地总面积的 60.4%。一级地和二级地主要分布于金乡县中部地区,该区农业基础设施配套成型,测土配方施肥工程也首先在这一区域展开。三级地、四级地和五级地分布比较分散,属于只要加大资金投入,完善基础设施,改善生产条件,产量就能大幅提高的中产田类型,有一定的改良利用潜力。六级地面积较小,这部分耕地耕层以沙壤为主,肥力较低,属于低产田类型。

(二)耕地地力等级的行政区域划分

将耕地地力等级分布图与金乡县行政区划图进行叠加分析,从耕地地力等级行政区域分布数据库中,按权属字段检索出各等级的记录,统计出各级地在各乡镇的分布状况(见表 7-3)。

表 7-3 金乡县耕地地力等级行政区域分布

乡 镇		一级地	二级地	三级地	四级地	五级地	六级地	合 计
胡集镇	面积(hm^2)	1120.96	1170.96	1366.51	1269.9	874.01	9.38	5811.72
	百分比(%)	19.29	20.15	23.51	21.85	15.04	0.16	100
羊山镇	面积(hm^2)	171.19	656.58	828.66	1084.83	1247.66	743.29	4732.21
	百分比(%)	3.62	13.87	17.51	22.92	26.37	15.71	100
卜集乡	面积(hm^2)	74.85	814.32	1881.35	1780.55	198	36	4785.06
	百分比(%)	1.56	17.02	39.32	37.21	4.14	0.75	100
金乡镇	面积(hm^2)	436.63	1178.42	964.63	600.86	125.55	66.13	3372.21
	百分比(%)	12.95	34.95	28.61	17.82	3.72	1.96	100
高河乡	面积(hm^2)	513.82	892.57	764.27	692.17	233.24	22.14	3118.21
	百分比(%)	16.48	28.62	24.51	22.2	7.48	0.71	100
鱼山镇	面积(hm^2)	391.08	1047.78	772.41	394.95	123.84	15.37	2745.42
	百分比(%)	14.24	38.16	28.13	14.39	4.51	0.56	100
马庙镇	面积(hm^2)	1441.68	1211.45	1070.62	1102.07	750.59	67.09	5643.5
	百分比(%)	25.55	21.47	18.97	19.53	13.3	1.19	100
化雨乡	面积(hm^2)	331.44	1662.68	2264.37	662.27	158.27	7.31	5086.34
	百分比(%)	6.52	32.69	44.52	13.02	3.11	0.14	100
王丕镇	面积(hm^2)	14.77	784.89	901.08	336.87	141.85	6.92	2186.38
	百分比(%)	0.68	35.9	41.21	15.41	6.49	0.32	100
鸡黍镇	面积(hm^2)	102.71	358.4	722.8	1311.51	2346.16	359.48	5201.08
	百分比(%)	1.97	6.89	13.9	25.22	45.11	6.91	100
兴隆乡	面积(hm^2)	434.84	839.3	649.78	684.42	400.69	5.26	3014.28
	百分比(%)	14.43	27.84	21.56	22.71	13.29	0.17	100
霄云镇	面积(hm^2)	222.58	1247.11	1739.29	864.52	328.54	23.66	4425.7
	百分比(%)	5.03	28.18	39.3	19.53	7.42	0.53	100
司马镇	面积(hm^2)	27.02	237.45	480.98	815.85	757.01	191.97	2510.28
	百分比(%)	1.08	9.46	19.16	32.5	30.16	7.65	100

可以看出，一级地、二级地所占比例较高的为马庙镇、胡集镇、化雨乡、金乡镇、霄云镇、鱼山镇、高河乡等乡镇；三级地、四级地所占比例较高的为卜集乡、化雨乡、胡集镇、霄云镇、马庙镇、鸡黍镇、羊山镇、金乡镇等乡镇；五级地、六级地所占比例较高的主要为鸡黍镇、羊山镇、司马镇、胡集镇等乡镇。

第二节　耕地地力等级分述

一、一级地

（一）面积与分布

一级地综合评级指数高于0.9，耕地面积为5283.56hm²，占耕地总面积的10.04%。全部为水浇地（见表7-4）。

表7-4　一级地各土地利用类型面积

利用类型	评价单元(个)	面积(hm²)	占耕地总面积(%)	占一级地面积(%)
水浇地	551	5283.56	10.04	100
总计	551	5283.56	10.04	100

一级地主要分布于马庙镇、胡集镇、高河乡、金乡镇、兴隆乡，其中以马庙镇分布面积最大，为1441.68hm²，占该镇耕地面积的25.55%。此外，鱼山镇、化雨乡、霄云镇、羊山镇、鸡黍镇等乡镇也有少量或零星分布。

一级地所处位置地貌绝大多数为倾斜平地，面积为4580.34hm²，占一级地总面积的86.69%，占倾斜平地面积的11.23%；浅平洼地地貌类型中，一级地面积为692.64hm²，占一级地总面积的13.1%，占浅平洼地面积的7.74%；洼坡地貌类型中，一级地面积为10.57hm²，占一级地总面积的0.21%，占洼坡面积的2.52%。

一级地所处的灌溉分区为五水区和十二水区。五水区中，一级地的面积为5264.17hm²，占五水区总面积的10.01%，占一级地总面积的99.63%；十二水区中，一级地的面积为19.39hm²，占十二水区总面积的41.55%，占一级地总面积的0.37%。

（二）主要属性

一级地土壤类型以潮土和水稻土为主，兼有少量盐化潮土。土壤表层质地为轻壤、中壤和重壤，土体构型以壤均质、壤质黏心为主，无明显障碍层次。微地貌以倾斜平地和浅平洼地为主，土层深厚，土壤理化性状良好，基本无盐渍化现象，可耕性强。土壤容重为1.26～1.36g/cm³。地下水主要是矿化度为0.5～2g/L的弱矿化度水，农田水利设施较为完善，灌排条件好，灌溉保证率达到100%。土壤养分含量较高，如表7-5所示。

表7-5　一级地养分含量

项　目	平均值	范围值	含量水平
有机质(g/kg)	14.2	11.9～25.4	中等偏高
碱解氮(mg/kg)	78	51～117	中等
有效磷(mg/kg)	43.1	26.1～81.6	中等
速效钾(mg/kg)	234	125～361	中等偏高

续表

项　目	平均值	范围值	含量水平
全氮(g/kg)	0.93	0.38～1.25	中等
pH(众数)	8	7.74～8.5	
交换性钙(mg/kg)	18950	11940～27640	较高
交换性镁(mg/kg)	890	470～1330	较高
有效硫(mg/kg)	71.9	25.1～100.1	中等
有效铜(mg/kg)	2.32	1.03～3.45	较高
有效锰(mg/kg)	10.12	2.09～12.14	中等
有效锌(mg/kg)	1.12	0.59～1.45	中等
有效铁(mg/kg)	15.69	2.24～23.26	中等偏高
有效硼(mg/kg)	0.82	0.27～1.24	中等
有效钼(mg/kg)	0.16	0.02～0.59	中等

(三)存在问题

一是该地区属全县经济较好地区,人们历来注重二、三产业,农业投入比例低于二、三产业投入;二是土壤肥力与高产、高效农业的需求还有一定差距;三是施肥、用药种类与比例不合理;四是灌溉农田时存在大水漫灌现象,造成水资源的浪费以及土壤盐化现象的发生;五是该地区经济发达,工矿企业多,点源污染程度有所加重,影响耕地的质量和农产品的品质。如胡集镇的化工园区,工业生产难免会影响农业生产环境,希望相关部门做好环评监测工作,保护好农业生产环境。

金乡镇地处县城繁华地带,人口密集,企业较多,生活垃圾也较多,人地矛盾日益突出,这些必将对农业生产造成不利影响。在今后的农业生产发展过程中,必须充分考虑这些弊端,积极推进土地流转,发展农业产业化,结合当地实际,走有金乡特色的农村改革道路。

(四)改良利用

一级地是全县综合性能最好的耕地,各项评价指标均属良好型。土层厚,排灌性好,易于耕作,养分含量高,保肥、保水性好,适于各种作物生长。利用方向是发展高产、优质、高效农业,如有机蔬菜基地、日光温室等。为此,应搞好以下工作:

(1)加大农业投入,结合科技入户、配方施肥等工程,加大宣传力度,转变观念,提高认识,提升农业综合生产能力。

(2)增施有机肥,增加土壤有机质含量,实施平衡施肥,防止土壤污染,提高耕地质量。

(3)加大检测力度,确保农业灌溉、施肥、用药安全,搞好有机农产品、特色农产品生产。

(4)适量补充微肥,进一步提高作物产量。

对于全县当前最理想的土壤，应该坚持用地、养地相结合的方式，继续改良土壤结构，利用方向应科学规划，严格控制建设用地，加强保护，做到耕地的可持续利用。

二、二级地

（一）面积与分布

二级地综合评价指数为0.89～0.9，耕地面积为12101.91hm²，占全县耕地总面积的22.99%，二级地是除三级地之外占金乡县耕地面积最大的一级地。全部为水浇地（见表7-6）。

表7-6　二级地各土地利用类型面积

利用类型	评价单元（个）	面积（hm²）	占耕地总面积（%）	占二级地面积（%）
水浇地	1178	12101.91	22.99	100
总计	1178	12101.91	22.99	100

二级耕地主要分布在化雨乡、霄云镇、马庙镇、金乡镇、胡集镇、鱼山镇。其中以化雨乡分布面积最大，为1662.68hm²，占该镇耕地面积的32.69%。高河乡、兴隆乡、卜集乡、王丕镇、羊山镇、鸡黍镇、司马镇等乡镇也有少量或零星分布。

二级地所处位置地貌绝大多数为倾斜平地，面积为10590.86hm²，占二级地总面积的87.51%，占倾斜平地面积的25.97%；浅平洼地地貌类型中，二级地面积为1346.38hm²，占二级地总面积的11.12%，占浅平洼地面积的15.04%；岗坡地貌类型中，二级地面积为83.58hm²，占二级地总面积的0.69%。洼坡与背河槽状洼地地貌类型中的二级地面积更小，仅为59.41hm²和21.68hm²，分别占各自地貌类型总面积的14.18%、26.11%，占二级地总面积的0.49%、0.18%。

二级地所处的灌溉分区为五水区和十二水区。五水区中，二级地面积为12074.63hm²，占五水区总面积的22.96%，占二级地总面积的99.77%；十二水区中，二级地的面积为27.28hm²，占十二水区总面积的41.55%，占二级地总面积的0.23%。

（二）主要属性

二级地土壤类型以潮土和水稻土为主，兼有少量盐化潮土。土壤表层质地主要为轻壤和中壤，部分为重壤和黏壤。土体构型以壤均质、壤质黏心、壤质砂心为主，部分地区为壤质黏底。微地貌以倾斜平地和浅平洼地为主，含有少量背河槽状洼地和洼坡。土层深厚，土壤理化性状良好，基本无盐渍化现象，可耕性强。土壤容重为1.25～1.38g/cm³。地下水矿化度大部分为0.5～2g/L，是弱矿化度水，部分地区为中度矿化水，农田水利设施较为完善，灌排条件较好，灌溉保证率达到100%。土壤养分均比较理想（见表7-7）。

表7-7　二级地主要养分含量

项　目	平均	范围	含量水平
有机质(g/kg)	12.6	11.2～22.4	中等
碱解氮(mg/kg)	69	50～101	中等偏低

续表

项 目	平均	范围	含量水平
有效磷(mg/kg)	39.5	25.4～63.9	中等
速效钾(mg/kg)	208	99～329	中等偏高
全氮(g/kg)	0.88	0.30～1.18	中等
pH(众数)	8	7.7～8.4	
交换性钙(mg/kg)	18800	9790～27860	较高
交换性镁(mg/kg)	870	400～1320	较高
有效硫(mg/kg)	66.8	27.8～109.6	中等
有效铜(mg/kg)	2.11	1.03～3.48	较高
有效锰(mg/kg)	8.62	2.99～14.52	中等偏低
有效锌(mg/kg)	0.98	0.57～1.38	中等
有效铁(mg/kg)	14.74	3.74～23.55	中等偏高
有效硼(mg/kg)	0.74	0.27～1.62	中等偏低
有效钼(mg/kg)	0.15	0.01～0.48	中等

(三)存在问题

部分耕地环境质量欠佳,部分地区土体构型为夹砂或砂均质,存在漏水、漏肥情况。金乡镇、马庙镇、鱼山镇等乡镇地下水矿化度偏高,马庙镇、高河乡等乡镇有盐碱化威胁。

(四)改良利用

(1)增施有机肥料,实行秸秆直接还田或过腹还田。一方面可以培肥地力,另一方面可以改善土壤中偏砂的状况,改良土体构型。

(2)加强农田水利设施的建设。与农田基础建设相结合,兴修水利,尽量不利用矿化度较大的地下水灌溉农田,杜绝大水漫灌等不科学的灌溉方式,避免次生盐渍化的产生。

(3)改善种植结构,提高复种指数。合理配置粮食与经济作物、林业和牧业的配比,合理轮作,调剂养分,余缺互补,以提高产值和效益。

(4)适量补施微肥,进一步提高产量。

三、三级地

(一)面积与分布

三级地综合评价指数为0.87～0.89,耕地面积为14406.73m^2,占全县耕地总面积的27.38%,是全县耕地面积最大的一个等级。其中水浇地为14403.94hm^2,占三级地面积的99.98%;旱地为2.79hm^2,占三级地的0.02%(见表7-8)。

表 7-8　　三级地各土地利用类型面积

利用类型	评价单元(个)	面积(hm^2)	占耕地总面积(%)	占三级地面积(%)
水浇地	1466	14403.94	27.37	99.98
旱地	1	2.79	0.01	0.02
总计	1467	14406.73	27.38	100

三级耕地主要分布在化雨乡、卜集乡、霄云镇、胡集镇、马庙镇、金乡镇等乡镇，其中以化雨乡和卜集乡所占面积最大，分别为 2264.37hm^2 和 1881.35hm^2，共占三级地的 28.78%。王丕镇、羊山镇、鱼山镇、高河乡、鸡黍镇、兴隆乡等乡镇也有少量或零星分布。

三级地所处位置地貌绝大多数为倾斜平地，面积为 11252.63hm^2，占三级地总面积的 78.1%，占倾斜平地面积的 27.59%；浅平洼地地貌类型中，三级地面积为 2542.26hm^2，占三级地总面积的 17.65%，占浅平洼地面积的 28.4%；缓岗、岗坡、洼坡与背河槽状洼地地貌类型中，三级地的面积为 88.05hm^2、212.03hm^2、279.12hm^2 和 32.65hm^2，分别占各自地貌类型总面积的 30.67%、10.06%、66.6%、39.92%，分别占三级地总面积的 0.61%、1.47%、1.93%、0.22%

三级地所处的灌溉分区全部在五水区。

（二）主要属性

三级地土壤主要为潮土和水稻土，含有少量盐化潮土。耕层质地以轻壤和中壤为主，伴有少量的重壤、黏壤和沙壤。土体构型主要为壤均质、壤质黏心、壤质黏底、壤质砂心和壤质砂底。微地貌类型主要为倾斜平地和浅平洼地。土壤理化性质较好，农田基础设施良好，灌排能力较好，灌溉保证率达到 100%。土壤容重为 1.24～1.41g/cm^3。地下水矿化度多为 0.5～5g/L，有少量轻度和中度盐渍化现象。土壤养分含量较理想(见表 7-9)。

表 7-9　　三级地主要养分含量

项　目	平　均	范　围	含量水平
有机质(g/kg)	12.3	10.6～17.2	中等
碱解氮(mg/kg)	66	49～138	中等偏低
有效磷(mg/kg)	37.2	24.7～62.3	中等
速效钾(mg/kg)	198	90～283	中等偏高
全氮(g/kg)	0.85	0.37～1.23	中等
pH(众数)	8.1	7.7～8.71	
交换性钙(mg/kg)	18400	9920～27330	较高
交换性镁(mg/kg)	840	420～1300	较高
有效硫(mg/kg)	64.1	25.6～120.3	中等
有效铜(mg/kg)	1.98	0.49～3.31	较高

续表

项　目	平　均	范　围	含量水平
有效锰(mg/kg)	7.63	2.53～14.24	中等偏低
有效锌(mg/kg)	0.89	0.47～1.48	中等
有效铁(mg/kg)	14.21	2.96～23.1	中等偏高
有效硼(mg/kg)	0.65	0.18～1.45	中等偏低
有效钼(mg/kg)	0.14	0.01～0.52	中等偏低

(三)存在问题

部分耕层质地为沙壤,容易造成养分的流失,同时少部分耕地土壤偏黏,透水、透气性差,不利于作物的生长,部分乡镇地下水矿化度偏高,有盐碱化威胁,影响作物的正常生长。

(四)改良利用

(1)增施有机肥料。实行秸秆直接还田或过腹还田,结合平田整地、深翻改土,一方面可以培肥地力,另一方面可以改善土壤中偏砂的状况,改良土体构型,提高土壤环境质量,培肥地力。

(2)加强农田水利设施的建设。与农田基础建设相结合,杜绝大水漫灌等不科学的灌溉方式,避免次生盐渍化的产生。大力推广节水灌溉,提高灌溉保证率,逐步消除土壤盐渍化,保障作物的正常生长。

(3)增施或补施微肥,进一步提高作物产量。

(4)改善种植结构。合理配置粮食与经济作物、林业和牧业的配比,合理轮作,调剂养分,余缺互补,以提高产值和效益。

四、四级地

(一)面积与分布

四级地综合评价指数为0.86～0.87,耕地面积为11600.77hm^2,占全县耕地总面积的22.04%。全部为水浇地(见表7-10)。

表7-10　四级地各土地利用类型面积

利用类型	评价单元(个)	面积(hm^2)	占耕地总面积(%)	占四级地面积(%)
水浇地	1128	11600.77	22.04	100
总计	1128	11600.77	22.04	100

四级地主要分布在卜集乡、鸡黍镇、胡集镇、马庙镇、羊山镇,其中以卜集乡分布面积最大,为1780.55hm^2,占该镇耕地面积的37.21%。霄云镇、司马镇、高河乡、兴隆乡、化雨乡、金乡镇等乡镇有少量或零星分布。

四级地所处位置地貌绝大多数为倾斜平地,面积为7841.55hm^2,占四级地总面积的67.59%,占倾斜平地面积的19.23%;浅平洼地地貌类型中,四级地面积为3072hm^2,占四级地总面积的26.48%，占浅平洼地面积的34.32%；缓岗、岗坡与洼坡地貌类型中，四级地的面积为199.01hm^2、418.24hm^2、69.97hm^2，分别占各自地貌类型总面积的69.33%、19.84%、16.7%，分别占四级地总面积的1.71%、3.6%、0.6%。

四级地所处的灌溉分区全部在五水区。

（二）主要属性

四级地土壤以潮土和水稻土为主，表层质地以轻壤、沙壤、重壤为主，含有少量的黏壤。土体构型主要有壤均质、壤质黏心、壤质黏腰、壤质砂心和壤质砂底，土体构型中夹砂层次比较明显。微地貌类型主要为倾斜平地和浅平洼地。土壤容重为1.24～1.43g/cm^3。土壤中明显存在轻度和中度盐渍化现象，地下水矿化度主要为0.5～2g/L，并有部分为2～5g/L的中矿化度水。农田基础设施较好，灌排能力良好，灌溉保证率达到100%。土壤养分含量较为理想，与二级地、三级地相比差别不大（见表7-11）。

表7-11 四级地主要养分含量

项目	平均	范围	含量水平
有机质(g/kg)	12.2	10.1～16	中等偏低
碱解氮(mg/kg)	61	49～89	中等偏低
有效磷(mg/kg)	32.5	21.5～60	中等
速效钾(mg/kg)	168	100～298	中等
全氮(g/kg)	0.82	0.26～1.22	中等
pH(众数)	8.1	7.4～8.6	
交换性钙(mg/kg)	18450	10730～26980	较高
交换性镁(mg/kg)	820	430～1320	较高
有效硫(mg/kg)	61.9	18.4～107.4	中等
有效铜(mg/kg)	1.92	0.84～3.45	较高
有效锰(mg/kg)	7.22	2.49～13.71	中等偏低
有效锌(mg/kg)	0.84	0.49～1.46	中等
有效铁(mg/kg)	13.81	2.94～21.94	中等偏高
有效硼(mg/kg)	0.64	0.29～1.2	中等偏低
有效钼(mg/kg)	0.13	0.02～0.52	中等偏低

（三）存在问题

该级地土体构型中有较多的壤质砂心和砂均质，对土壤保水、保肥有一定影响，同时还有少量的壤质黏腰或壤质黏心，土壤通透性较差，对作物生长不利。土壤轻度盐化较为明显，影响作物的生长，灌溉保证率有待提高，土壤养分含量基本处于全县平均含量水平。

（四）改良利用

（1）增施有机肥，深耕土壤。改良土壤表层质地和土体构型，提高土壤的物理化学性能，培肥地力。

(2)利用弱矿化水、淡水资源。采用管灌等方式合理灌溉，避免大水漫灌，加剧土壤盐渍化的程度。

(3)加强农田基础设施的完善和维护管理。大力推广节水灌溉，提高灌溉保证率。

(4)增施或补施微肥，进一步提高作物产量。

五、五级地

(一)面积与分布

五级地综合评价指数为0.84～0.86，耕地面积为7685.43hm²，占全县耕地总面积的14.6%。全部为水浇地(见表7-12)。

表7-12 五级地各土地利用类型面积

利用类型	评价单元(个)	面积(hm²)	占耕地总面积(%)	占五级地面积(%)
水浇地	750	7685.43	14.6	100
总计	750	7685.43	14.6	100

五级地主要分布在鸡黍镇、羊山镇、胡集镇、司马镇、马庙镇，其中鸡黍镇分布面积最大，为2346.16hm²，占该镇耕地面积的45.11%。兴隆乡、霄云镇、高河乡、卜集乡、化雨乡等乡镇有少量或零星分布。

五级地所处位置地貌绝大多数为倾斜平地，面积为5363.73hm²，占五级地总面积的69.79%，占倾斜平地面积的13.15%；浅平洼地地貌类型中，五级地面积为1202.98hm²，占五级地总面积的15.65%，占浅平洼地面积的13.44%；岗坡与背河槽状洼地地貌类型中，五级地的面积为1090hm²、28.71hm²，分别占该地貌类型总面积的51.72%和34.57%，占五级地总面积的14.18%和0.37%。

五级地所处的灌溉分区全部在五水区。

(二)主要属性

五级地土壤类型主要为潮土和水稻土，少量为盐化潮土。土壤表层质地以沙壤为主。土体构型主要为壤均质、壤质黏心、壤质黏腰和壤质砂心，土壤中存在明显的夹砂层次。微地貌类型主要为倾斜平地、浅平洼地，伴有少量的岗坡。土壤容重为1.25～1.43g/cm³。灌溉保证率达到100%。地下水主要是矿化度为0.5～5g/L的弱度和中度矿化水，地表有不同程度的返盐现象。土壤养分有机质含量偏低(见表7-13)。

表7-13 五级地主要养分含量

项 目	平 均	范 围	含量水平
有机质(g/kg)	11.8	8.4～14.2	中等偏低
碱解氮(mg/kg)	56	51～126	较低
有效磷(mg/kg)	30.3	19～54.3	中等
速效钾(mg/kg)	146	103～274	中等偏低

续表

项　目	平　均	范　围	含量水平
全氮(g/kg)	0.75	0.28～1.2	中等偏低
pH(众数)	8.1	7.5～8.6	
交换性钙(mg/kg)	17300	10040～26720	较高
交换性镁(mg/kg)	760	430～1310	中等偏高
有效硫(mg/kg)	58.3	20.1～109	中等
有效铜(mg/kg)	1.81	1.03～3.31	较高
有效锰(mg/kg)	6.86	2.31～12.14	中等偏低
有效锌(mg/kg)	0.77	0.43～1.42	中等偏低
有效铁(mg/kg)	12.41	3.48～23.64	中等
有效硼(mg/kg)	0.61	0.28～1.22	中等偏低
有效钼(mg/kg)	0.12	0.01～0.47	中等偏低

(三)主要问题

一是土壤构型中存在夹砂层次或砂均质,理化性状不良,土壤保水、保肥能力差,影响作物生长;二是土壤盐渍化较为明显,地下水矿化度较高,对作物产量影响较大。

(四)改良利用

(1)增施有机肥,搞好过腹还田或秸秆还田,着重提高土壤肥力及保水、保肥能力。

(2)搞好农田基本建设,改善灌溉方式。大力发展节水灌溉工程,提高降水的利用率。

(3)在作物生长期增施各种主要养分,促进作物的稳产和增产。

(4)调整种植业结构,种植绿肥等,改善生态环境。

六、六级地

(一)面积与分布

六级地综合评价指数低于0.84,仅为1554.01hm²,占耕地总面积的2.96%。全部为水浇地(见表7-14)。

表7-14　六级地各土地利用类型面积

利用类型	评价单元(个)	面积(hm²)	占耕地总面积(%)	占六级地面积(%)
水浇地	141	1554.01	2.96	100
总计	141	1554.01	2.96	100

六级地主要分布在金乡县的羊山镇、鸡黍镇和司马镇。马庙镇、金乡镇等乡镇也有零星分布。

六级地所处位置地貌绝大多数为倾斜平地,面积为1155.77hm²,占六级地总面积的74.37%,占倾斜平地面积的2.83%;浅平洼地地貌类型中,六级地面积为94.55hm²,占六级地总面积的6.08%，占浅平洼地面积的1.06%；岗坡地貌类型中，六级地的面积为303.69hm²，占六级地总面积的19.54%。

六级地所处的灌溉分区全部在五水区。

（二）主要属性

六级地土壤类型主要是潮土，兼有少量盐化潮土。土壤表层质地以沙壤为主。土体构型主要为沙壤均质，含有少量壤质黏腰和壤质黏心。微地貌类型主要倾斜平地和岗坡。土壤容重为1.31～1.46g/cm³。地下水以矿化度为0.5～2g/L的弱矿化度水和2～5g/L的中度矿化度水为主，土壤盐碱化现象不明显。灌溉保证率达到100%。土壤养分中有机质和有效磷含量偏低（见表7-15）。

表7-15　六级地主要养分含量

项　目	平　均	范　围	含量水平
有机质(g/kg)	10.6	6.6～12.7	中等偏低
碱解氮(mg/kg)	53	49～118	较低
有效磷(mg/kg)	27.8	11.7～43.6	中等偏低
速效钾(mg/kg)	136	101～254	中等偏低
全氮(g/kg)	0.63	0.39～1.21	中等偏低
pH(众数)	8.1	7.5～8.5	
交换性钙(mg/kg)	17200	9750～23640	较高
交换性镁(mg/kg)	710	440～1230	中等偏高
有效硫(mg/kg)	55.5	20.8～106.5	中等
有效铜(mg/kg)	1.78	1.17～2.63	中等
有效锰(mg/kg)	6.51	2.37～12.2	中等偏低
有效锌(mg/kg)	0.72	0.58～1.2	中等偏低
有效铁(mg/kg)	10.19	2.46～21.64	中等
有效硼(mg/kg)	0.6	0.24～1.07	中等偏低
有效钼(mg/kg)	0.12	0.03～0.54	中等偏低

（三）主要问题

一是土壤以沙壤为主，保水、保肥能力较差，影响作物生长；二是地下水位较高，土壤存在盐碱化威胁；三是土壤部分养分含量偏低，制约作物的生长和发育。

（四）改良利用

（1）增大投入、培肥地力，改善土壤的理化性质，改善土壤贫瘠的情况。

（2）加强对农田基础设施的完善和维护管理。大力推广节水灌溉，利用地下水资源合理灌溉，避免盐分在土壤表层的大量积累，加剧土壤盐渍化。

（3）在作物生长期增施各种主要养分，促进作物的稳产和增产。

（4）调整种植业结构，种植绿肥等，改善生态环境。

第八章　耕地资源管理信息系统建设

第一节　耕地资源管理信息系统

一、项目来源及目的意义

金乡县耕地资源管理信息系统数据库建设工作，是农业部沃土工程“科学施用化肥”即测土配方施肥工作的重要组成部分，是国家实现农业科学种田，促进粮食稳定生产，实现农业科学施肥经常化、普及化的重要工作，是实现农业耕地地力评价成果资料统一化、标准化的重要计划，是实现综合农业信息资料共享的技术手段。金乡县耕地资源管理信息系统数据库建设工作是对最新的土地利用现状调查成果，第二次土壤普查的土壤、地貌、矿化度等，以及本次耕地地力评价工作中采集的土壤化学分析成果进行汇总，建立一个集空间数据库和属性数据库的存储、管理、查询、分析、显示为一体的数据库，为科学种田及施肥、农业的可持续发展、深化农业科学管理工作服务。

二、建库单位组成

为加快金乡县耕地地力评价及耕地资源管理信息系统数据库建设，依据农业部县域耕地资源管理信息系统数据库建设要求，由多年来一直从事农业测土施肥管理和研究、耕地地力评价、数据库建设等有一定经验的单位组成联合工作组。

山东省土壤肥料总站：负责耕地地力评价及建库工作组织、协调、标准制定、土壤图成果资料的归属核查处理等。

山东农业大学资源与环境学院：负责耕地地力评价图、土壤化学微量元素系列图及研究报告编制等。

山东天地亚太国土遥感有限公司：负责土地、土壤、矿化度、地貌、灌溉分区等图件扫描矢量化及几何校正处理等编图工作，耕地地力评价所有建库资料统一化、标准化处理，空间数据库和属性数据库建设，耕地地力评价成果图件修改编辑及图件输出，数据库建设报告编制等工作。

三、建库工作的软硬件环境

（一）主要硬件

计算机10台，HP5000和HP3500绘图仪各一台。

（二）软　件

MAPGIS 6.7软件10套，ARCGIS 9.2软件2套，县域耕地资源管理信息系统软件2套，ENVI 4.5遥感图像处理与分析软件1套。

第二节　建库内容及建库工作中主要问题的处理

一、建库内容

依据农业部耕地地力评价数据库建设的要求，金乡县耕地资源管理信息系统数据库包括空间数据库和属性数据库两部分内容。属性数据库依据县域耕地资源管理信息系统数据字典、建库县提供的有关资料、山东省第二次土壤普查土种归属表及土壤分类代码编制。空间数据库包括土地利用现状图、土壤图、矿化度图、灌溉分区图、地貌图、耕地地力调查点点位图、耕地地力评价等级图、土壤化学微量元素系列图等。

二、建库工作中的主要问题

金乡县耕地资源管理信息系统数据库建设工作由于涉及的内容多，加之部分资料为第二次土壤普查的资料，与县域耕地资源管理信息系统数据字典的要求对比存在以下问题：

（1）第二次土壤普查的土壤、地貌、矿化度等成果均为纸介质图，因图纸折叠和自然伸缩的影响，图件变形大，形成较大的误差。

（2）土地利用现状图为2008年以前的现状，近年来交通用地和蔬菜地出现较大的变化等。

（3）金乡县土壤图中的土种名称与山东省土种归属要求不一致。

（4）金乡县的地貌图为微地貌图，与县域耕地资源管理信息系统数据字典中地貌划分的名称不能一一对应。

（5）已有资料坐标系不统一问题，如第二次土壤普查图件为1954年北京坐标系，土地利用现状图或行政区划图为1980年西安坐标系等。

（6）已有成果资料专业内容和地名注释错漏等。

（7）没有统一的土壤分类与代码。

三、建库工作中有关问题的处理

（1）依据1∶50000标准分幅地形图，对所有建库的纸介质成果图全部进行几何校正处理，以消除纸介质成果图的误差。

（2）依据较新的航天卫星资料对近年来变化的公路、铁路等进行修改补充。

(3)为使金乡县土种的名称与省归属要求相对应，在耕地资源管理信息系统数据库建设前，首先对土壤图中所有图斑内容进行检查统计，对错漏注释及边界问题，交项目县进行修改补充及编制土种归属表，最后由省土肥站进行土种归属复查处理。为方便县域土壤图的利用和对比，建库后的图中仍保留了原县域土壤图的土种代号，编制了省标、县土壤名称及代码对比表。属性挂接为县域土种代码。

(4)由于县域耕地资源管理信息系统数据字典中划分的地貌名称少，其地貌名称不能一一对应，在建库时尽量选择与数据字典中相近的地貌名称进行编码。为方便地貌图的利用和对比，在地貌图中保留了原地貌图的名称和代码，图例中增加了建库数据字典中规定的地貌名称、代码与县原地貌名称、代码的对比表，属性挂接为数据字典中规定的地貌名称和代码。

(5)对已有资料坐标系不统一问题，依据数据库建设要求，所有成果全部统一到高斯—克吕格投影，6 度分带，1954 年北京坐标系中。

(6)对已有成果资料专业内容和地名注释错漏问题，全部打印成图件和文字交项目县进行全面检查和补充，依据项目县的检查稿逐条进行修改。

(7)对没有统一的土壤分类与代码问题，编制了全省统一的土类、亚类、土属代码及县域土种代码。

由于 20 世纪 80 年代山东省第二次土壤普查汇总时没有制定全省统一的县域土壤代码，无法满足目前全国开展的耕地地力评价及县域耕地资源管理信息系统建库工作统一化、标准化和科学实施测土施肥的需要，为了满足其建库和科学施肥工作的需要，依据县域耕地资源管理信息系统数据字典中土壤类型代码要求及山东省第二次土壤普查土种归属的要求，以满足本次建库工作的需要为基础，编制了山东省第二次土壤普查分类的土类、亚类、土属、土种的代码。其中，土类、亚类、土属的代码以山东省第二次土壤普查土种归属表为准，土种代码以每个县级为单元，按土种的顺序编制。

分类原则与方法：本次编码工作以山东省第二次土壤普查土种归属的要求为基础，以科学性、完整性、统一化、标准化、可扩展性等为原则，在山东省第二次土壤普查土种归属分类单元中仅对土类、亚类、土属的 3 个层级进行编码。土种编码为 4 个层级，每个县域为独立的单元编码。

代码结构与编码方法：代码结构，采用 4 个层次的编码方法对山东省第二次土壤普查县域成果进行编码，其代码结构为土类、亚类、土属、土种 4 个层次。编码方法，土类代码用第一层 2 位，用阿拉伯数字表示(每一个土类用 2 个阿拉伯数字表示，从“01”开始)。亚类代码用第二层 2 位阿拉伯数字表示，从“01”开始。土属代码用第三层 2 位阿拉伯数字表示，从“01”开始。土种代码用第四层 2 位阿拉伯数字表示，按每个县域的土种顺序从“01”开始。

裸岩是山东省第二次土壤普查土种归属表中未列的内容，但是山丘区的部分县土壤图中出现了裸岩图斑，由于中国土壤分类与代码国标中也没有裸岩内容，本次编码不分裸岩岩石类型，相当于增加一个土壤类型处理(土类、亚类、土属、土种)。

第三节 数据库标准化

一、标准引用

县域耕地资源管理信息系统数据字典中规定的国标及行业有关技术标准：

(1) GB/T 2260—2002 《中华人民共和国行政区划代码》
(2) NY/T 309—1996 《全国耕地类型区、耕地地力等级划分》
(3) NY/T 310—1996 《全国中低产田类型划分与改良技术规范》
(4) GB/T 17296—2000 《中国土壤分类与代码》
(5) 全国农业区划委员会 《土地利用现状调查技术规程》
(6) 国土资源部 《土地利用现状变更调查技术规程》
(7) GB/T 13989—1992 《国家基本比例尺地形图分幅与编号》
(8) GB/T 13923—1992 《国土基础信息数据分类与代码》
(9) GB/T 17798—1999 《地球空间数据交换格式》
(10) GB 3100—1993 《国际单位制及其应用》
(11) GB/T 16831—1997 《地理点位置的纬度、经度和高程的标准表示方法》
(12) GB/T 10113—2003 《分类与编码通用术语》
(13) GB/T 10114—2003 《县级以下行政区划代码编制规则》
(14) GB/T 9648—1988 《国际单位制代码》
(15) 农业部 《全国耕地地力调查与评价技术规程》
(16) 农业部 《测土配方施肥技术规范(试行)》(2008 年)
(17) 农业部 《测土配方施肥专家咨询系统编制规范(试行)》
(18) 山东省县域土种归属标准
(19) 山东省县域耕地地力评价标准
(20) 山东省第二次土壤普查土种归属及代码等

二、空间坐标系及建库平台

(一)空间数据坐标系

投影:高斯—克吕格,6 度分带。1954 年北京坐标系,1956 年黄海高程系。比例尺:1∶50000。

(二)数据库采集模板和数据库文件格式

为使所有建库资料达到统一化和标准化,以及满足所有成果图件的输出和耕地资源地力评价工作的需要,对建库资料的扫描矢量化和几何校正处理工作均采用 MAPGIS 平台,数据库的文件格式为 MAPGIS 的点、线、面文件。待数据库成果评审验收和修改后,将 MAPGIS 的点、线、面格式转换为 shape 格式,由 ARCGIS 平台进行数据库规范化处理,最后将数据库资料导入县域耕地资源管理信息系统。

第四节　数据库结构

一、空间数据库图层划分

空间数据库图层划分是严格按照县域耕地资源管理信息系统数据字典要求分层的，每层只反映属性相同的内容。金乡县耕地资源管理信息系统数据库建设包括土地利用现状图、第二次土壤普查成果和耕地地力评价等三部分内容，山东省空间数据库图层划分情况如表 8-1 所示。

表 8-1　耕地资源管理信息系统空间数据库分层表

序号	图层代码	图层名称	序号	图层代码	图层名称
1	AD101	行政区划图	18	SP103	耕层土壤有效磷等值线图
2	AD102	县乡村位置图	19	SP104	耕层土壤速效钾等值线图
3	AD103	行政界线图	20	SP105	耕层土壤缓效钾等值线图
4	AD201	辖区边界图	21	SP106	耕层土壤有效锌等值线图
5	AD202	装饰边界图	22	SP108	耕层土壤有效钼等值线图
6	GE103	面状水系图	23	SP109	耕层土壤有效铜等值线图
7	GE104	线状水系图	24	SP110	耕层土壤有效硅等值线图
8	GE105	道路图	25	SP111	耕层土壤有效锰等值线图
9	GE201	坡度图	26	SP112	耕层土壤有效铁等值线图
10	GE203	地貌类型分区图	27	SP_201	耕层土壤 pH 等值线图
11	LM102	灌溉分区图	28	SP113	耕层土壤交换性钙等值线图
12	LU101	土地利用现状图	29	SP114	耕层土壤交换性镁等值线图
13	SB101	土壤图	30		耕层土壤有效硫等值线图
14	SB203	地下水矿化度等值线图	31		耕层土壤水解性氮等值线图
15	SB302	耕地地力调查点点位图	32		耕地地力评价等级图
16	SP101	耕层土壤有机质等值线图	33		耕层土壤有效硼等值线图
17	SP102	耕层土壤全氮等值线图			

注：本表为山东省统一的分层情况，金乡县为部分图件。

二、属性数据库结构

属性数据结构内容严格按县域耕地资源管理信息系统数据字典及建库县提供的资料编制，属性数据库结构如表 8-2 所示。

表 8-2　　耕地资源管理信息系统属性数据库结构表

图　名	属性数据结构	字段类型
行政区划图	内部标识码:系统内部 ID 号	长整型,9
	实体类型:point,polyline,polygon	文本型,8
	实体面积:系统内部自带	双精度,19,2
	实体长度:系统内部自带	长整型,10
	县内行政码:根据国家统计局“统计上使用的县以下行政区划代码编制规则”编制	长整型,6
县乡村位置图	内部标识码:系统内部 ID 号	长整型,9
	实体类型:point,polyline,polygon	文本型,8
	X 坐标:无,Y 坐标:无	双精度,19,2
	县内行政码:根据国家统计局“统计上使用的县以下行政区划代码编制规则”编制	长整型,6
	标注类型:村标注,乡标注,县标注	字符串,6
行政界线图	内部标识码:系统内部 ID 号	长整型,9
	实体类型:point,polyline,polygon	文本型,8
	实体长度:系统内部自带	长整型,10
	界线类型:根据国家基础信息标准填写	文本型,40
辖区边界图	内部标识码:系统内部 ID 号	长整型,9
	实体类型:point,polyline,polygon	文本型,8
	实体面积:系统内部自带	双精度,19,2
	实体长度:系统内部自带	长整型,10
	要素代码:依据《国家基础地理信息数据分类与代码》编制要素代码	长整型,5
	要素名称:依据《国家基础地理信息数据分类与代码》编制要素名称	文本型,40
	行政单位名称:单位的实际名称填写	文本型,20
装饰边界图	内部标识码:系统内部 ID 号	长整型,9
面状水系图	内部标识码:系统内部 ID 号	长整型,9
	实体类型:point,polyline,polygon	文本型,8
	实体面积:系统内部自带	双精度,19,2
	实体长度:系统内部自带	长整型,10
	要素代码:依据《国家基础地理信息数据分类与代码》编制要素代码	长整型,5
	要素名称:依据《国家基础地理信息数据分类与代码》编制要素名称	文本型,40
	面状水系码:自定义编码	字符串,5
	面状水系名称:依据 2006 年 10 月版山东省地图册编制	字符串,20
	湖泊储水量:依据 1∶50000 地形图	字符串,8
线状水系图	内部标识码:系统内部 ID 号	长整型,9
	实体类型:point,polyline,polygon	文本型,8
	实体长度:系统内部自带	长整型,10
	要素代码:依据《国家基础地理信息数据分类与代码》编制要素代码	长整型,5
	要素名称:依据《国家基础地理信息数据分类与代码》编制要素名称	文本型,40
	线状水系码:自定义编码	长整型,4
	线状水系名称:依据 2006 年 10 月版山东省地图册编制	文本型,20
	河流流量:无	长整型,6

续表

图　名	属性数据结构	字段类型
道路图	内部标识码:系统内部 ID 号 实体类型:point,polyline,polygon 实体长度:系统内部自带 要素代码:依据《国家基础地理信息数据分类与代码》编制要素代码 要素名称:依据《国家基础地理信息数据分类与代码》编制要素名称 公路代码:根据国家标准《公路路线命名编号和编码规则命名与编号规则》编制 公路名称:根据国家标准《公路路线命名编号和编码规则命名与编号规则》编制	长整型,9 文本型,8 长整型,10 长整型,5 文本型,40 文本型,11 文本型 20
地貌类型分区图	内部标识码:系统内部 ID 号 实体类型:point,polyline,polygon 实体面积:系统内部自带 实体长度:系统内部自带 地貌类型:数据引用自"中国科学院生物多样性委员会　地貌类型代码库"(四类码)	长整型,9 文本型,8 双精度,19,2 长整型,10 文本型,18
灌溉分区图	内部标识码:系统内部 ID 号 实体类型:point,polyline,polygon 实体面积:系统内部自带 实体长度:系统内部自带 灌溉水源:县局提供数据 灌溉水质:无 灌溉方法:县局提供数据 年灌溉次数:县局提供数据 灌溉条件:无 灌溉保证率:无 灌溉模数:无 抗旱能力:无	长整型,9 文本型,8 双精度,19,2 长整型,10 文本型,10 文本型,4 文本型,18 文本型,2 文本型,4 长整型,3 双精度,5,2 长整型,3
土地利用现状图	内部标识码:系统内部 ID 号 实体类型:point,polyline,polygon 实体面积:系统内部自带 实体长度:系统内部自带 地类号:国土资源部发布的《全国土地分类》三级类编码 平差面积:无	长整型,9 文本型,8 双精度,19,2 长整型,10 长整型,3 双精度,7,2
土壤图	内部标识码:系统内部 ID 号 实体类型:point,polyline,polygon 实体面积:系统内部自带 实体长度:系统内部自带 土壤省标码:土壤类型省及县分类系统编码	长整型,9 文本型,8 双精度,19,2 长整型,10 长整型,8
地下水矿化度等值线图	内部标识码:系统内部 ID 号 实体类型:point,polyline,polygon 实体长度:系统内部自带 地下水矿化度:依据县级矿化度图实际数据填写	长整型,9 文本型,8 长整型,10 双精度,5,1

续表

图　名	属性数据结构	字段类型
耕地地力调查点点位图	内部标识码:系统内部 ID 号	长整型,9
	实体类型:point,polyline,polygon	文本型,8
	X 坐标:北京 54 坐标系	双精度,19,2
	Y 坐标:北京 54 坐标系	双精度,19,2
	点县内编号 AP310102:自定义编号	长整型,8
行政区基本情况数据表	县内行政码 SH110102:根据国家统计局“统计上使用的县以下行政区	
	划代码编制规则”编制	长整型,6
	省名称:山东省	字符串,6
	县名称:××市,××区,××县	字符串,8
	乡名称:××乡,××镇,××街道	字符串,18
	村名称:××村,××委员会	字符串,18
	行政单位名称:××市,××区,××县,××乡,××镇,××街道,×	字符串,20
	×村,××委员会	字符串,7
	总人口:无	字符串,7
	农业人口:无	字符串,7
	非农业人口:无	双精度,11,2
	国民生产总值 GNP:无	字符串,20
县级行政区划代码表	行政单位名称:××市,××区,××县,××乡××镇××街道××	
	村××委员会	长整型,6
	县内行政码 SH110102:根据国家统计局“统计上使用的县以下行政区	
	划代码编制规则”编制	长整型 9
土地利用现状地块数据表	内部标识码:系统内部 ID 号	长整型 9
	地类号:国土资源部发布的《全国土地分类》三级类编码	字符串,3
	地类名称:国土资源部发布的《全国土地分类》三级类名称	字符串,20
	计算面积:无	双精度,7,2
	地类面积:无	双精度,7,2
	平差面积:无	双精度,7,2
	报告日期:无	日期型,10
土壤类型代码表	土壤国标码:土壤类型国标分类系统编码	字符串,8
	土壤国标名:土壤类型国标分类系统名称	字符串,20
耕地地力调查点基本情况及化验结果数据表	灌溉水源:县提供数据	字符串,10
	灌溉方法:县提供数据	字符串,18
	调查点国内统一编号:自定义编号	字符串,14
	调查点县内编号:自定义编号	字符串,8
	调查点自定义编号 AP310103:自定义编号	字符串,40
	调查点类型:耕地地力调查点	字符串,20
	户主联系电话:区号-本地电话号码	字符串,13
	调查人联系电话:区号-本地电话号码	字符串,13
	调查人姓名:×××	字符串,8
	调查日期:采集当天日期	日期型,10
	≥0℃积温:无	字符串,5

续表

图　名	属性数据结构	字段类型
耕地地力调查点基本情况及化验结果数据表	≥10℃积温:无	字符串,5
	年降水量:县提供数据	字符串,4
	全年日照时数:无	字符串,4
	光能辐射总量:无	字符串,4
	无霜期:县提供数据	字符串,3
	干燥度 CW210107:无	双精度,4,2
	东经:县提供数据	双精度,9,5
	北纬:县提供数据	双精度,8,5
	坡度:地形坡度海拔:海拔高度	双精度,6,1
	坡向:缺少数据	双精度,4,1
	地形部位:数据引用自《全国耕地类型区、耕地地力等级划分》和《全国中低产田类型划分与改良技术规范》	字符串,4
	田面坡度:依据田面实际坡度	字符串,50
	灌溉保证率:无	双精度,4,1
	排涝能力:无	字符串,3
	梯田类型:无	字符串,2
	梯田熟化年限:无	字符串,10
	保护块面积:无	字符串,3
	土壤侵蚀类型:无	双精度,7,2
	土壤侵蚀程度:无明显侵蚀,轻度侵蚀	字符串,8
	污染源企业名称:无	字符串,20
	污染源企业地址:无	字符串,50
	液体污染物排放量:无	字符串,50
	粉尘污染物排放量:无	双精度,6,1
	污染面积 LE220105:无	双精度,6,1
	污染物类型:无	双精度,9,2
	污染范围:无	字符串,20
	污染造成的损害:无	字符串,40
	距污染源距离:无	字符串,30
	污染物形态:无	字符串,5
	污染造成的经济损失:无	字符串,4
	省名称:山东省	字符串,9
	县名称:××市,××区,××县	字符串,8
	乡名称:××乡,××镇,××街道	字符串,18
	村名称:××村,××委员会	字符串,18
	户主姓名:×××	字符串,8
	土壤类型代码(国标):根据县提供数据填写	字符串,8
	土类名称(县级):县提供数据	字符串,20
	亚类名称(县级):县提供数据	字符串,20
	土属名称(县级):县提供数据	字符串,20
	土种名称(县级):县提供数据	字符串,20
	剖面构型:土层符号代码表、土层后缀符号代码表、剖面构型数据编码	字符串,10
	表是根据《中国土种志》整理	字符串,8
	质地构型:无	字符串,2
	耕层厚度:县提供数据	字符串,10
	障碍层类型:无	字符串,3

续表

图　名	属性数据结构	字段类型
耕地地力调查点基本情况及化验结果数据表	障碍层出现位置:无	字符串,3
	障碍层厚度:无	字符串,30
	成土母质:数据引用于《土壤调查与制图》(第二版),农业出版社	字符串,6
	质地:中壤土,重壤土,沙壤土	双精度,4,2
	容重:县提供数据	字符串,2
	田间持水量:县提供数据	双精度,4,1
	pH:依据土壤化学分析 pH 耕地地力等级评价成果填写	双精度,4,1
	CEC:依据土壤化学分析 CEC 值耕地地力等级评价成果填写	双精度,5,1
	有机质:依据土壤化学分析有机质值耕地地力等级评价成果填写	双精度,6,3
	全氮:依据土壤化学分析全氮值耕地地力等级评价成果填写	字符串,5
	全磷:依据土壤化学分析全磷值耕地地力等级评价成果填写	双精度,5,1
	有效磷:依据土壤化学分析有效磷值耕地地力等级评价成果填写	字符串,4
	缓效钾:依据土壤化学分析缓效钾值耕地地力等级评价成果填写	字符串,3
	速效钾:依据土壤化学分析速效钾值耕地地力等级评价成果填写	双精度,5,2
	有效锌:依据土壤化学分析有效锌值耕地地力等级评价成果填写	双精度,4,2
	水溶态硼:依据土壤化学分析水溶态硼值耕地地力等级评价成果填写	双精度,6,2
	有效硅:依据土壤化学分析有效硅值耕地地力等级评价成果填写	双精度,4,2
	有效钼:依据土壤化学分析有效钼值耕地地力等级评价成果填写	双精度,5,2
	有效铜:依据土壤化学分析有效铜值耕地地力等级评价成果填写	双精度,5,1
	有效锰:依据土壤化学分析有效锰值耕地地力等级评价成果填写	双精度,6,1
	有效铁:依据土壤化学分析有效铁值耕地地力等级评价成果填写	双精度,6,1
	交换性钙:依据土壤化学分析交换性钙值耕地地力等级评价成果填写	双精度,5,1
	交换性镁:依据土壤化学分析交换性镁值耕地地力等级评价成果填写	双精度,5,1
	有效硫:依据土壤化学分析有效硫值耕地地力等级评价成果填写	双精度,5,1
	盐化类型:无	字符串,20
	1m 土层含盐量:无	双精度,5,1
	耕层土壤含盐量:无	双精度,5,1
	水解性氮:依据土壤化学分析水解性氮值耕地地力等级评价成果填写	双精度,5,3
	旱季地下水位:无	字符串,3
	采样深度:县提供数据	字符串,7
耕层土壤有机质等值线图	内部标识码:系统内部 ID 号	长整型,9
	实体类型:point,polyline,polygon	文本型,10
	实体长度:系统内部自带	长整型,10
	有机质:依据土壤化学分析有机质值耕地地力等级评价成果填写	双精度,5,1
耕层土壤全氮等值线图	内部标识码:系统内部 ID 号	长整型,9
	实体类型:point,polyline,polygon	文本型,10
	实体长度:系统内部自带	长整型,10
	全氮:依据土壤化学分析全氮值耕地地力等级评价成果填写	双精度,4,2

续表

图名	属性数据结构	字段类型
耕层土壤有效磷等值线图	内部标识码:系统内部 ID 号 实体类型:point,polyline,polygon 实体长度:系统内部自带 有效磷:依据土壤化学分析有效磷值耕地地力等级评价成果填写	长整型,9 文本型,10 长整型,10 双精度,5,1
耕层土壤速效钾等值线图	内部标识码:系统内部 ID 号 实体类型:point,polyline,polygon 实体长度:系统内部自带 速效钾:依据土壤化学分析速效钾值耕地地力等级评价成果填写	长整型,9 文本型,10 长整型,10 长整型,3
耕层土壤缓效钾等值线图	内部标识码:系统内部 ID 号 实体类型:point,polyline,polygon 实体长度:系统内部自带 缓效钾:依据土壤化学分析缓效钾值耕地地力等级评价成果填写	长整型,9 文本型,10 长整型,10 长整型,4
耕层土壤有效锌等值线图	内部标识码:系统内部 ID 号 实体类型:point,polyline,polygon 实体长度:系统内部自带 有效锌:依据土壤化学分析有效锌值耕地地力等级评价成果填写	长整型,9 文本型,10 长整型,10 双精度,5,2
耕层土壤有效钼等值线图	内部标识码:系统内部 ID 号 实体类型:point,polyline,polygon 实体长度:系统内部自带 有效钼:依据土壤化学分析有效钼值耕地地力等级评价成果填写	长整型,9 文本型,10 长整型,10 双精度,4,2
耕层土壤有效铜等值线图	内部标识码:系统内部 ID 号 实体类型:point,polyline,polygon 实体长度:系统内部自带 有效铜:依据土壤化学分析有效铜值耕地地力等级评价成果填写	长整型,9 文本型,10 长整型,10 双精度,5,2
耕层土壤有效硅等值线图	内部标识码:系统内部 ID 号 实体类型:point,polyline,polygon 实体长度:系统内部自带 有效硅:依据土壤化学分析有效硅值耕地地力等级评价成果填写	长整型,9 文本型,10 长整型,10 双精度,6,2
耕层土壤有效锰等值线图	内部标识码:系统内部 ID 号 实体类型:point,polyline,polygon 实体长度:系统内部自带 有效锰:依据土壤化学分析有效锰值耕地地力等级评价成果填写	长整型,9 文本型,10 长整型,10 双精度,5,1
耕层土壤有效铁等值线图	内部标识码:系统内部 ID 号 实体类型:point,polyline,polygon 实体长度:系统内部自带 有效铁:依据土壤化学分析有效铁值耕地地力等级评价成果填写	长整型,9 文本型,10 长整型,10 双精度,5,1

续表

图　名	属性数据结构	字段类型
耕层土壤pH等值线图	内部标识码:系统内部ID号 实体类型:point,polyline,polygon 实体长度:系统内部自带 pH:依据土壤化学分析pH耕地地力等级评价成果填写	长整型,9 文本型,10 长整型,10 双精度,4,1
耕层土壤交换性钙等值线图	内部标识码:系统内部ID号 实体类型:point,polyline,polygon 实体长度:系统内部自带 交换性钙:依据土壤化学分析交换性钙值耕地地力等级评价成果填写	长整型,9 文本型,10 长整型,10 双精度,6,1
耕层土壤交换性镁等值线图	内部标识码:系统内部ID号 实体类型:point,polyline,polygon 实体长度:系统内部自带 交换性镁:依据土壤化学分析交换性镁值耕地地力等级评价成果填写	长整型,9 文本型,10 长整型,10 双精度,5,1
耕层土壤有效硫等值线图	内部标识码:系统内部ID号 实体类型:point,polyline,polygon 实体长度:系统内部自带 有效硫:依据土壤化学分析有效硫值耕地地力等级评价成果填写	长整型,9 文本型,10 长整型,10 双精度,5,1
耕层土壤水解性氮等值线图	内部标识码:系统内部ID号 实体类型:point,polyline,polygon 实体长度:系统内部自带 水解性氮:依据土壤化学分析水解性氮值耕地地力等级评价成果填写	长整型,9 文本型,10 长整型,10 双精度,5,3
耕地地力评价等级图	内部标识码:系统内部ID号 实体类型:point,polyline,polygon 实体面积:系统内部自带 等级(县内):'120'	长整型,9 文本型,10 双精度,19,2 文本型,2
耕层土壤有效硼等值线图	内部标识码:系统内部ID号 实体类型:point,polyline,polygon 实体长度:系统内部自带 有效硼:依据土壤化学分析有效硼值耕地地力等级评价成果填写	长整型,9 文本型,10 长整型,10 双精度,4,2
土壤全盐含量分布图	内部标识码:系统内部ID号 实体类型:point,polyline,polygon 实体长度:系统内部自带 全盐:依据土壤化学分析全盐值耕地地力等级评价成果填写	长整型,9 文本型,10 长整型,10 双精度,4,1
耕层土壤有效镁等值线图	内部标识码:系统内部ID号 实体类型:point,polyline,polygon 实体长度:系统内部自带 有效镁:依据土壤化学分析有效镁值耕地地力等级评价成果填写	长整型,9 文本型,10 长整型,10 长整型,2
耕层土壤有效钙等值线图	内部标识码:系统内部ID号 实体类型:point,polyline,polygon 实体长度:系统内部自带 有效钙:依据土壤化学分析有效钙值耕地地力等级评价成果填写	长整型,9 文本型,10 长整型,10 长整型,2

第五节　建库工作方法

一、数据库质量控制

数据库质量涉及三个方面的工作：一要满足耕地地力评价工作的需要，二要满足耕地资源管理信息系统数据库建设的需要，三要满足建库所有成果图件输出的需要。为满足以上要求，在数据库建设工作开展前，首先在有关国标、部标和行业标准的基础上，制定了统一的工作平台、工作方法和流程，成果图件图名、图例和色彩编制要求，以及成果质量检查工作方法。对耕地地力评价基础性图件首先在建库单位初步检查后，交项目县进行全面检查和修改补充错漏内容，返回建库单位对所有成果图件安排专人进行全面检查和修改，从而保证了数据库的成果质量。

二、建库工作有关规定

为保证建库工作的按时及保质完成，成立了建库项目组。

（一）建库项目组

设立技术负责一人，全面负责建库工作有关规程的学习、日常建库工作安排、工作进度、质量检查、建库数据库资料汇总、MAPGIS 格式建库成果经 ARCGIS 规范化处理、导入县域耕地资源管理信息系统等工作。

（二）质量检查组

安排具有工作经验的人员成立检查组，负责所有建库资料的质量检查及修改工作。

（三）制定建库工作标准

在建库工作前，首先把建库图形子图的大小、线的粗细及线型、面的色彩搭配、图件分层、工作方法和流程下发到每一个建库工作人员手中，统一了建库图形扫描矢量化的技术要求。

（四）最终成果检查

所有成果图待评审验收后，依据专家意见，由建库组和耕地地力评价组依据专家和甲方意见进行成果图和数据库修改补充，最后输出成果图件和导入县域耕地资源管理信息系统。

三、建库资料精度及建库工作流程

（一）建库资料精度

为保证建库资料的数学精度，首先形成大于金乡县范围的 1∶50000 标准图幅理论图框，拼接形成县域 1∶50000 的理论图框，以 1∶50000 标准分幅地形图为基础，在地形图和县域土地利用现状图上选择同名地物点（主要为农村道路交叉点等）为几何校正点。为保证县域图件的精度，选择不少于 30 个几何校正点，每一个几何校正点选择地形图附近的 4 个公里网交叉点，将其校正到县域的理论图框上，形成满足 1∶50000 精度要求的县域地理底图。以该图为基础，将所有建库成果图件校正到县域地理底图上。

(二)建库工作流程

第一步:首先按照建库工作的基本要求对土地利用现状、土壤、矿化度、灌溉分区、地貌、采样点位等图件进行扫描矢量化和几何校正处理、建库组错漏自查和交甲方进行错漏检查、返回建库组修改及编辑、拓扑检查、属性挂接处理等。第二步:将以上成果交耕地地力评价组进行耕地地力评价工作。第三步:耕地地力评价组将其评价成果资料再返回建库组,由建库组按照县域耕地资源管理信息系统数据库建设要求,对所有建库成果资料进行全面的质量检查及编辑处理、拓扑处理、属性挂接,最后由 MAPGIS—ARCGIS—县域耕地资源管理信息系统及时输出成果图件。

(三)主要空间数据库说明

行政区划图(地理底图):以土地利用现状图为背景,分别提取乡镇、村庄、主要工矿企业建设用地和主要道路、河流、境界、行政区划等内容。参考地图或 1∶50000 地形图,对主要道路、双线河流等地物进行连接并加注地物注记。依据卫星影像等资料,对近年来增加的主要道路进行更新。

土壤图:依据土壤调查研究报告、土壤志、山东省土壤分类归属标准,编制土种归属对比表和省标与县级对比表图例。在土壤图上保留土壤图原始代码,属性挂接为新编的县域土种代码,可满足各级政府工作的需要。

地貌图:由于地貌图为微地貌图,为满足各级政府使用及建库工作的需要,在地貌图中保留了原地貌代码,其属性尽量对应到数据字典中的名称及代码,在图例中增加了对比表,可满足各项工作的需要。

(四)属性库编制方法

严格按照建库数据字典中的要求及建库单位提供的资料编制各种成果图属性代码。

第六节　建库成果

金乡县耕地资源管理信息系统数据库建设成果包括农业部规定格式的数据库和 MAPGIS 格式的成果,共计 23 幅图(见表 8-3)。

表 8-3　　金乡县耕地资源管理信息系统数据库建设成果表

序号	成果图名称	备注
1	金乡县土地利用现状图	
2	金乡县地貌图	
3	金乡县土壤图	
4	金乡县矿化度含量分布图	
5	金乡县耕地地力调查点点位图	
6	金乡县灌溉分区图	
7	金乡县土壤 pH 分布图	
8	金乡县耕地地力评价等级图	

续表

序号	成果图名称	备注
9	金乡县土壤缓效钾含量分布图	
10	金乡县土壤碱解氮含量分布图	
11	金乡县土壤交换性钙含量分布图	
12	金乡县土壤交换性镁含量分布图	
13	金乡县土壤全氮含量分布图	
14	金乡县土壤速效钾含量分布图	
15	金乡县土壤有机质含量分布图	
16	金乡县土壤有效磷含量分布图	
17	金乡县土壤有效硫含量分布图	
18	金乡县土壤有效锰含量分布图	
19	金乡县土壤有效钼含量分布图	
20	金乡县土壤有效硼含量分布图	
21	金乡县土壤有效铁含量分布图	
22	金乡县土壤有效铜含量分布图	
23	金乡县土壤有效锌含量分布图	

金乡县耕地资源管理信息系统数据库建设包括空间数据库和属性数据库两部分内容。空间数据库全部是按照县域耕地资源管理信息系统数据字典要求进行的。属性数据库由于部分资料难以收集到（如土地平差面积等），属性数据仅按照县域耕地资源管理信息系统数据字典要求编制了部分内容。还有一些特殊情况，如耕地地力评价土壤采样点位图，利用GPS坐标展绘到地理底图上的点与实际点位误差较大，达不到精度要求，所以，耕地地力评价土壤调查采样点位图是依据野外采样点位图经扫描矢量化后形成的，属性挂接为GPS定点的坐标。

第九章　金乡县耕地改良利用分区

耕地是农业生产和农业可持续发展的重要基础。耕地维持着作物生产力,影响着环境的质量和动植物甚至人类的健康。自 1979～1985 年第二次土壤普查以来,随着农村经营体制、耕作制度、作物品种、种植结构、产量水平和肥料施用等方面的显著变化,耕地利用状况也发生了明显改变。近年来,虽然对部分耕地实施了地力监测,但至今对区域内中低产耕地状况及其障碍因素等缺乏系统性、实用性的调查分析,使耕地利用与改良难以适应新形势下农业生产发展的要求。因此,开展区域耕地地力调查评价,摸清区域内中低产耕地状况及其障碍因素,有的放矢地开展中低产耕地的科学改良利用,挖掘区域耕地的生产潜力,对于金乡县耕地资源的可持续利用具有十分重要的意义。

第一节　耕地改良利用分区原则与分区系统

一、耕地改良利用分区原则

耕地改良利用区划的基本原则:从耕地自然条件出发,主导性、综合性、实用性和可操作性相结合,按照因地制宜、因土适用合理利用和配置耕地资源,充分发挥各类耕地的生产潜力,坚持用地与养地相结合,近期与长远相结合。以土壤组合类型、肥力水平、改良方向和主要改良措施的一致性为主要依据,同时考虑地貌、气候、水文和生态等条件以及植被类型,参照历史与现状等因素综合考虑进行分区。

二、耕地改良利用分区系统

根据耕地改良利用原则,将影响耕地利用的各类限制因素归纳为耕地自然环境要素、耕地土壤养分要素和耕地土壤物理要素,将全县耕地改良利用划分为三个改良利用类型区:耕地自然环境条件改良利用区、耕地土壤培肥改良利用区、耕地土体整治改良利用区,并分别用大写字母 E、N 和 P 表示。各改良利用类型区内,再根据相应的限制性主导因子续分为相应的改良利用亚类。

第二节　耕地改良利用分区方法

一、耕地改良利用分区因子的确定

耕地改良利用分区因子是指参与评定改良利用分区类型的耕地诸属性。由于影响的因素很多，根据耕地地力评价的要求，遵循主导因素原则、差异性原则、稳定性原则、敏感性原则，进行限制性主导因素的选取。考虑与耕地地力评价中评价因素的一致性，还有各土壤养分的丰缺状况及其相关要素的变异情况，选取耕地土壤有机质含量、耕地土壤有效磷含量、耕地土壤速效钾含量、耕地土壤有效锌含量和耕地土壤有效硼含量因素作为耕地土壤养分状况的限制性主导因子；选取灌溉保证率、盐渍化水平作为耕地自然环境状况的限制性主导因子；选取耕层质地条件和土体构型条件作为耕地土壤物理状况的限制性主导因子。

二、耕地改良利用分区标准

依据农业部《全国中低产田类型划分与改良技术规范》，根据山东省各县区耕地地力评价资料，综合分析目前全省各耕地改良利用因素的现状水平，同时针对影响金乡县耕地利用水平的主要因素，邀请具有土壤管理经验的相关专家进行分析，制定了耕地改良利用各主导因子的分区及其耕地改良利用类型的确定标准，具体分级标准如表9-1所示。

表 9-1　耕地改良利用主导因子分区标准

耕地改良利用区划	限制因子	代号	分区标准
耕地土壤培肥改良利用区(N)	有机质(o,g/kg)	No	＜12
	有效磷(p,mg/kg)	Np	＜15
	速效钾(k,mg/kg)	Nk	＜100
	有效锌(zn,mg/kg)	Nzn	＜0.5
	有效硼(b,mg/kg)	Nb	＜0.5
耕地自然环境条件改良利用区(E)	灌溉保证(i,%)	Ei	灌溉保障率低于50%
	盐渍化(s)	Es	盐渍化程度轻度以上
耕地土体整治改良利用区(P)	耕层质地(t)	Pt	沙土、沙壤、粗骨土
	土体构型(c)	Pc	土体中有障碍层次

三、耕地改良利用分区方法

在 GIS 支持下，利用耕地地力评价单元图，根据耕地改良利用各主导因子分区标准在其相应的属性库中进行检索分析，确定各单元相应的耕地改良利用类型，通过图面编辑生成耕地改良利用分区图，并统计各类型面积比例。

第三节　耕地改良利用分区专题图的生成

一、耕地土壤培肥改良利用分区图的生成

根据耕地土壤养分限制因素分区标准，把金乡县耕地有机质分为两类，即有机质改良利用区和有机质非改良利用区，有机质改良利用区用代号 No 标注；同样，有效磷改良利用区用代号 Np 标注，速效钾改良利用区用代号 Nk 标注，有效锌改良利用区用符号 Nzn 标注，有效硼改良利用区用代号 Nb 标注，编辑生成耕地土壤培肥改良利用分区图（见图 9-1）。

图 9-1　耕地土壤培肥改良利用分区图

二、耕地自然环境条件改良利用分区图的生成

根据耕地自然环境条件限制因素分区标准进行金乡县耕地改良利用分区。灌溉保证条件分为灌溉保证条件改良利用区和灌溉保证条件非改良利用区，改良利用区用代号 Ei 标注；盐渍化程度分为盐渍化改良利用区和盐渍化非改良利用区，盐渍化改良利用区用代号 Es 标注。在 GIS 下检索生成耕地自然环境条件改良利用分区图（见图 9-2）。

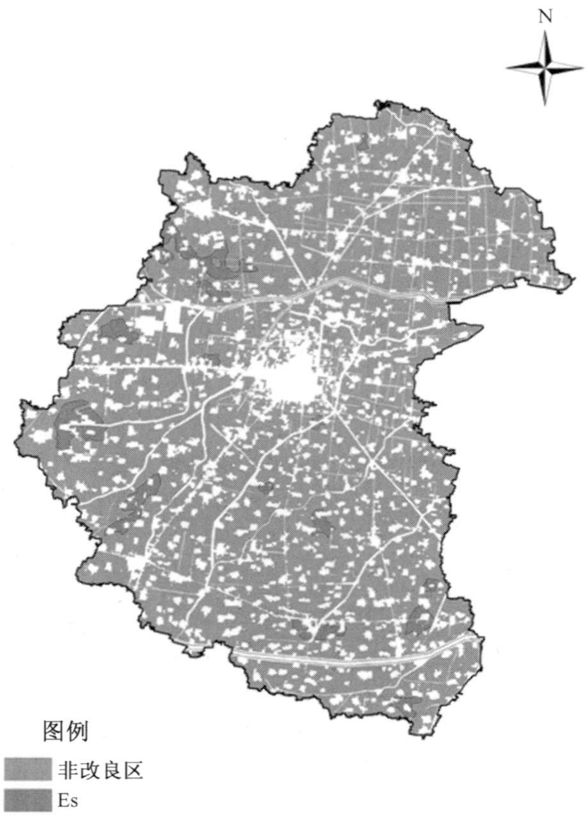

图 9-2 耕地自然环境条件改良利用分区图

三、耕地土体整治改良利用分区图的生成

根据耕地土地条件限制因素分区标准，耕层质地条件改良利用区用代号 Pt 标注，土体构型改良利用区用代号 Pc 标注。在 GIS 下检索生成耕地土体整治改良利用分区图（见图 9-3）。

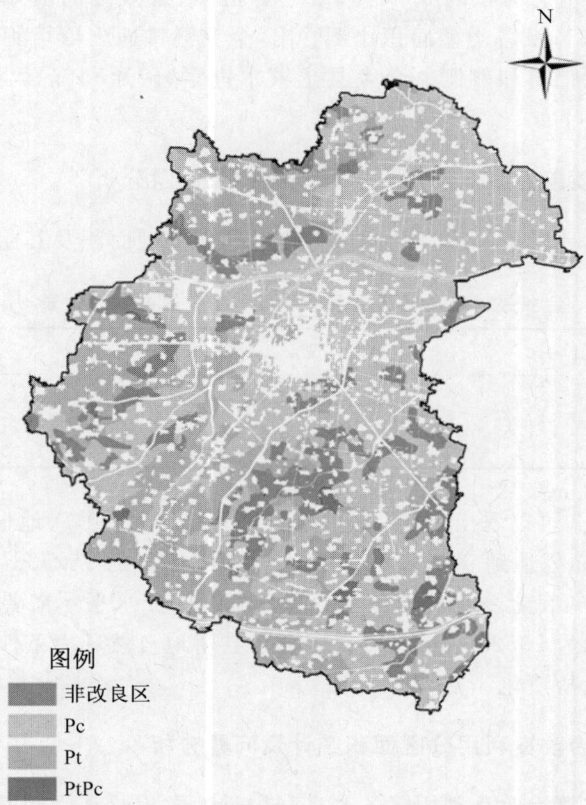

图 9-3　耕地土体整治改良利用分区图

第四节　耕地改良利用分区结果分析

一、耕地土壤培肥改良利用分区面积统计及问题分析

金乡县耕地土壤培肥改良利用区各改良利用类型面积及其比例如表 9-2 所示。

表 9-2　　金乡县耕地土壤培肥改良利用分区面积统计表

改良利用分区	No	Nb	NoNb	非改良区
面积(hm^2)	12010.77	4914.57	2246.57	33460.49
百分比(%)	22.82	9.34	4.27	63.57

由图 9-1 和表 9-2 可以看出，金乡县土壤养分状况较好，土壤养分不需培肥改良的耕地占耕地总面积的 63.57%，需要培肥改良的土地在市域内呈斑驳状集中分布。其中缺乏有机质的耕地面积为 12010.77hm^2，占耕地总面积的 22.82%；缺乏有效硼的耕地面积

为 4914.57hm²，占耕地总面积的 9.34%，缺乏有机质、有效硼的面颊为 2246.57hm²，占耕地总面积的 4.27%。从各类型面积比例看出，金乡县耕地土壤培肥改良的主要方向为有针对性地增施有机肥料和硼肥。金乡县土壤中钾素、磷素和锌素含量较高，不需培肥改良。

二、耕地自然环境条件改良利用分区面积统计及问题分析

金乡县耕地自然环境条件改良利用区各改良利用类型面积及其比例如表 9-3 所示。

表 9-3　　金乡县耕地自然环境条件改良利用分区面积统计表

改良利用分区	Es	非改良区
面积(hm^2)	2352.57	50279.83
百分比(%)	4.47	95.53

由图 9-2 和表 9-3 可以看出，金乡县耕地自然环境条件较好，地形平坦，灌溉条件较好，不需改良的耕地面积达到 50279.83hm²，占耕地总面积的 95.53%。需要改良的面积仅占总面积的 4.47%，在金乡县境内零星分布。灌溉保证水平不需要提高。土壤盐渍化需要治理的耕地面积为 2352.57hm²。可见，金乡县耕地自然环境条件改良利用的主要方向为防止土壤的次生盐渍化。

三、耕地土体整治改良利用分区面积统计及问题分析

金乡县耕地土体整治改良利用区各改良利用类型面积及其比例如表 9-4 所示。

表 9-4　　金乡县耕地土体整治改良利用分区面积统计表

改良利用分区	Pt	Pc	PtPc	非改良区
面积(hm^2)	13909.42	30546.89	470.68	7705.4
百分比(%)	26.43	58.04	0.89	14.64

由图 9-3 和表 9-4 可以看出，金乡县耕地土体结构一般，主要是金乡县地处河流下游，需要改良的耕地也主要集中在砂质土壤或土壤中含有夹砂层和浅黏层上。质地需要改良的耕地面积为 13909.42hm²，占耕地总面积的 26.43%。土体构型需要改良的面积占总面积的 58.04%。所以，金乡县土体整治的重点应是着力改善土壤偏砂和偏黏的特点，宜采取秸秆还田、增施有机肥料、深耕等措施，改良偏砂的土壤表层质地及不良的土体结构，这将是金乡县耕地土体整治改良的主要方向。

第五节　耕地改良利用对策及措施

金乡县土壤养分状况较好，需要培肥改良的土地在市域内呈斑驳状集中分布，耕地土壤培肥改良的主要方向为有针对性地增施有机肥料和硼肥；耕地自然环境条件较好，灌溉

保证水平不需要提高,自然环境条件改良利用的主要方向为防止土壤的次生盐渍化;耕地土体结构一般,应着力改善土壤偏砂和偏黏的特点。

一、耕地土壤改良原则

(一)增加经济投入,加大耕地保护力度

农业是既要承担自然风险又要承担市场风险的弱质产业,保护农业是国民经济发展中面临的重大问题。由于调控体制不健全,受比较利益驱使,各层次资金投入重点向非农业倾斜,资金投入不足已成为农业生产发展的主要制约因素。要达到农业增产的途径就要增加耕地投入,加强中低产田改造,不断提高耕地的质量,从而提高耕地利用的经济效益。金乡县宜进一步加强对耕地改良利用的投入,通过对耕地的改良,逐步消除制约耕地生产力的限制因素,培肥地力,改善农业生产条件和农田生态环境。

(二)平衡施肥,用养结合,增施有机肥料,培肥地力

长期以来,金乡县在耕地开发利用上重利用,轻培肥,重化肥,轻有机肥,虽然全县化肥的施用量逐年增加,但有机肥投入量却逐年减少,且投入的化肥以氮肥、磷肥为主,引起土壤养分特别是有机质含量的下降和矿质养分的失衡,导致耕地肥力下降。因此,要持续提高中低产耕地的基础地力,为农作物生长创造高产基础,必须将用土与养土妥善结合起来,广辟有机肥源,重视有机肥的施用,提倡冬种绿肥和施用有机、无机复混肥。同时应利用中低产耕地调查评价成果,科学指导化肥的调配,采用科学优化平衡施肥,重视合理增施有机肥、钾肥及微肥,不断培肥地力,实现中低产耕地资源的持续利用。

(三)加强水利建设,改善灌溉条件,注重盐碱地的改良

水是作物生长的必要条件,灌排条件与耕地的基础地力有着密切的关系,因而可以通过采取以下措施,实现自然降水的空间聚集,改善区域农田的土壤水分状况,推广节水灌溉技术,改善和扩大灌溉面积。

(1)健全灌溉工程,改善灌区输水、配水设备,加强灌溉作业管理,改进地面灌溉技术,采用增产、增值的节水灌溉方法和灌溉技术,加强水利建设,修筑田埂,防止水土冲刷,安排好水利规划,修好水渠,制止渗漏,加强管理,提高引灌水的利用率。

(2)人工富集天然降水,建造大、中、小型蓄水池、塘等蓄水体系,将集纳雨水、拦截径流和蓄水有效结合起来,在作物需水的关键时期进行灌溉,解决作物的需求和降水错位的矛盾,以充分发挥水分的增产效果。

(3)改善土壤结构,增加土壤的蓄水能力,通过对土壤增施有机物料(如施用有机肥、秸秆还田等)和应用土壤改良剂,改良土壤结构,增强土壤结构的稳定性,提高土壤对降水的入渗速率和持水量。

(四)采用农业措施改良土壤质地,改善土体结构

金乡县耕地土壤限制性因素主要为耕层土壤沙化,可以采用以肥改沙的方法,一方面可增加土壤中养分含量,另一方面可增加土壤中的有机胶体,对改良土壤砂化和提高土壤肥力有显著的作用。此外选择适宜性的作物种植,既能改善土壤性质又能获得较好的经济效益。因而,因地制宜地发展当地名优产品,是适应自然、提高经济效益的有效措施。

(五)集约化利用耕地资源,发展生态型可持续农业,改善生态环境

耕地生态环境质量的高低是保证农作物持续稳产、高产、优产、高效的重要前提。根据金乡县资源优势以及生态环境的特点,因地制宜地利用耕地资源,通过合理轮作、科学间套种等措施,提高复种指数,努力提高耕地资源的利用率;注重多物种、多层次、多时序、多级质能、多种产业的有机结合,农、林、牧、副、渔并举,建立生态型可持续农业系统,达到经济、生态和社会效益的高度统一。此外,应重新审视耕地承包到户政策所致的耕地经营权分散在新形势下出现的不利于耕地资源规模集约经营的缺点,努力探讨建立"公司+农户"或各种专业化合作组织等耕地规模集约经营模式,提高全县耕地资源的集约经营和经济效益。

二、耕地土壤改良具体措施

(一)耕地土壤培肥改良

耕地土壤通过增施有机粪肥,秸秆还田,粮肥轮作、间作,栽培绿肥等来提高土壤有机质含量,三年以上未施用微肥地块通过增施微肥(25kg/667m^2)来增加土壤中微量元素含量。

(二)耕地自然环境条件改良

自然环境条件改良利用的主要方向为防止土壤的次生盐渍化,改良次生盐渍化的措施要因地制宜,综合治理,以脱碱为本,以培肥为主,合理利用。

(1)健全排灌系统,控制地下水位上升。"盐随水来,盐随水去",地下水位上升是促进盐分向上运行、引起土壤积盐和地表返盐的重要因素。要从根本上防治盐碱,就必须解决好水的问题。而健全排灌措施、合理灌排,则可以加速水分运行,调节土壤盐分的运动,是改良盐碱和防止次生盐渍化的一项根本措施。

现代化排水系统:水平排水,主要以明沟、暗管的形式进行,既能降低地下水位,又能排出土壤中的盐分;垂直(竖井)排水,价格低,不占地,水量大,水质好,控制调节地下水位灵活,维修工作少,同时又可以和灌溉相结合,竖直设井以梅花形布井效果为最好。

(2)大力推广节水灌溉。田间实行节水灌溉,能有效地防止由大水漫灌造成的土壤次生盐碱化,缓解由地下水超采和大量引用河水带来的环境问题。

(3)利用生物防碱改碱。种植耐盐碱的树种,特别是能固氮的耐盐树种和草木(绿肥)植物或喜碱耐碱性杂粮、蔬菜,如刺槐、紫穗槐、簸箕柳、怪柳、小杂粮、菠菜等。既可以减少地表水分的蒸发,防止土壤表面积盐,又可以降低地下水位和盐分,改良土壤的物理性状,增加有机质和土壤微生物,降低土壤 pH,从而彻底改善周围的生态环境。

(4)整平土地。土地不平,微坡起伏,是盐碱斑形成的重要原因之一。整平土地对消除盐碱斑有一定的作用。

(5)增施有机肥料,实行有机改碱。增施有机肥料,可以补充营养物质,还可以改善土壤物理性状,加强淋盐作用,并减少蒸发,抑制返盐。有机肥料在分解过程中产生的腐殖酸可以中和碱性。因此,要广开肥源,增施有机肥,实行秸秆还田、过腹还田、种植绿肥、利用沼肥等。

（三）耕地土体整治改良

针对土壤偏砂和偏黏的特点，耕地土体改良时需注意六个方面。

（1）加深耕层，熟化土壤。加厚活土层是疏松土壤，加厚耕层，协调土壤水、肥、气、热状况，熟化土壤，改善土壤营养条件，提高土壤有效肥力的重要措施，还可以消除杂草，防除病虫害。深耕对增产能起到促进作用，但是在深耕时必须掌握：耕层逐步加深，不可操之过急，并同时增施有机肥料，缺乏有机肥料时，加深耕层往往会导致减产。

（2）合理灌溉，科学施肥。金乡县虽然灌溉条件较好，灌溉保证水平不需要提高，但是灌溉方式多采取大水漫灌，田间排水系统配套不全，不但浪费了水资源，而且破坏了土壤理化性状，跑水、跑肥，易旱、易涝。今后要狠抓田间配套工程建设，并大力推广节水灌溉技术，改大畦为小畦。对漏砂地要"少量多餐"，灌溉实行窄畦、短畦小水勤浇，提高水肥利用率。对黏土地及时进行旱浇涝排，确保旱涝不受害。

（3）增施有机肥料。增加各种有机肥料的施用，如农家肥、绿肥、饼肥、沼肥、精制有机肥和有机、无机复混肥等，增加土壤有机质含量，培肥地力。

（4）客土改良。砂地盖黏，淤地压砂，调解土壤砂黏比例。

（5）合理整地。对漏砂地整地时，严禁大扒皮，削高填洼，破坏表层，以免砂土裸露。对黏土地要进行冬灌，冻融熟化土壤，改变物理性状。对高位黏盘逐年深耕深翻，打破障碍层次。

（6）因土种植。砂地种植棉花、山药、红薯等作物，黏土地种植小麦、玉米、大豆等根深作物。

第十章　耕地资源合理利用与改良

第一节　耕地资源的现状

1990年《山东省金乡县土地资源调查报告》显示，按照山东省土地利用现状分类系统及其含义，金乡县土地共划分7个一级类，27个二级类，13个三级分类。金乡县总土地面积为88527.49hm²，其中耕地为60796.91hm²，占总土地面积的68.7%，园地为2752.74hm²，占总土地面积的3.1%，林地为1412.77hm²，占总土地面积的1.6%，居民点及工矿用地为12024.01hm²，占总土地面积的13.6%，交通用地为3492.94hm²，占总土地面积的3.9%，水域面积为7431.95hm²，占总土地面积的8.4%，未利用土地为616.17hm²，占总土地面积的0.7%。此后至2005年的15年间，金乡县的土地利用始终坚持耕地保护和开发复垦并举，坚持节约、集约用地，平均每年提供城镇建设用地25.17hm²、农村居民建设用地3.73hm²、工矿企业用地18.93hm²。截至2005年底，全县城镇建设用地面积达到978.39hm²，增加377.49hm²，工矿企业用地达到1383.97hm²，增加283.85hm²。

金乡县的土地资源得到合理的开发和利用，有力地促进了全县的城镇建设和工业企业发展，提高了工业化和城市化建设的速度和水平。

金乡县在加快土地资源合理充分利用的同时，始终把通过开发复垦、土地整理有效增加耕地面积、提高土地生产能力和节约、集约利用土地放在突出位置，在加强保护的基础上，合理有效利用。1991～1995年，金乡县把土地开发复垦的重点放在废弃窑厂、河滩荒地、坑塘、村头荒地上，编制了金乡县土地开发复垦规划，先后开发土地300hm²，其中耕地104hm²，坑塘养殖地129hm²，建设用地67hm²。随着土地开发复垦工作的不断开展，金乡县未利用土地少、可供开发的后备土地资源紧张的局面越来越凸显。1999年，金乡县委、县政府在《关于加强土地管理工作的决定》中就指出，金乡县的土地开发整理工作必须在认真抓好土地开发复垦整理、废弃窑厂开发复垦的同时，要重点抓好村庄整治，治理空心村，要把农村宅基地管理作为当前及今后一个时期农村工作的重点来抓。

2001年，金乡县开始着手编制《金乡县土地开发整理规划(2001～2010)》，2002年底，基本完成初稿。规划期内的土地开发整理项目类型主要确定为以耕地整理项目、居民点整理项目、塌陷地复垦项目、废弃窑厂复垦项目和土地开发项目为主。仅2001～2005年，金乡县先后申请完成各类土地开发复垦整理项目45个，其中整理项目17个，复垦项目

22个，开发项目6个，包括县级项目34个，市级项目8个，省级项目2个，国家级重点项目1个。共完成整理土地面积3106.8hm^2，批复投入各项申请整理资金6925.6万元，新增耕地面积1141.7hm^2。通过近些年大力度的土地开发复垦整理，有效地解决了金乡县快速发展的城乡建设和社会经济各项发展的用地需求，确保了金乡县耕地总量的动态平衡和市政府下达给金乡县的各项土地资源保护责任目标的实现，有力地促进了金乡县经济建设和社会事业的快速发展。

一、耕地资源利用中存在的问题

（一）耕地减少，后备资源不足

耕地日益减少且后备资源不足，农田重用轻养，土壤障碍严重等。在耕地面积大量减少的同时，人口却在急剧增长。2009年末，人均常用耕地占有资源仅为0.1hm^2。随着社会的发展，各项建设不可避免地仍要占用耕地，人地矛盾将更加突出。

（二）种植业结构尚需调整

农、林、牧、渔业发展不平衡，土地资源未能充分利用，种植业内部结构不尽合理，作物布局不够稳定，突出抓大蒜、棉花，忽视其他作物，瓜菜以季节菜为主，保护地蔬菜面积较小。

（三）土壤次生盐渍化加重

土壤盐分积累，造成土壤溶液浓度增加，使土壤的渗透势加大，作物根系的吸水、吸肥能力减弱。随着盐分浓度的升高，土壤微生物活动也受到抑制。

（四）土壤养分不均衡

据化验分析，金乡县土壤养分含量中，碱解氮为62mg/kg，变幅为49～138mg/kg，有效磷为37.9mg/kg，变幅为17.2～69.9mg/kg，速效钾为160mg/kg，变幅为83～326mg/kg。总的趋势是：北部高于中部，中部高于南部。

针对金乡县土壤质量的状况，选择了轻壤、中壤和重壤三大土壤基地作为试验基点，着重研究土壤的理化性状、退化原因及其改良效果。通过对土壤理化性状的分析，发现存在土壤板结、有机质含量低、养分不均衡、次生盐渍化加重等问题，已初步确定土壤质量下降的原因是以农业管理措施不当为主的结论。经过不同物料、不同措施改良效果的对比，得出土壤质量的改良需要针对不同的土壤质地及土壤的肥力状况来选择不同的改良措施。合理耕作、增施有机肥、测土配方施肥、合理灌溉是改良土壤的重要措施。

土壤质量是土壤的重要性质，它对土壤养分的有效性、微生物的活动、作物的生长及土壤的物理性质都有很大的影响，是影响农作物质量的源头。提升土壤质量是建设现代农业、保障农业持续发展、繁荣农村经济的基础性工作。提升土壤质量又是一项长期而艰巨的工作，只有经过多年的艰苦努力，才能见到成效。要充分认识加强土壤质量建设的长期性、艰巨性，只有坚持不懈努力，才能不断取得丰厚的回报。

二、耕地资源合理利用分析

（一）土壤容重

土壤容重综合反映了土壤颗粒和土壤空隙的性状。一般情况下，土壤容重小，表明土壤比较疏松，空隙多；反之则表明土体紧实，空隙少，土壤板结严重。本次调查测试发现，0～20cm 耕层土壤容重平均为 1.28g/cm^3，20～40cm 耕层土壤容重平均为 1.39g/cm^3。

土壤容重高的原因：常年旋耕，造成耕作层浅、犁底层厚且坚硬，土壤肥力的库容小，降低了土壤蓄水、保肥和抗旱的能力，限制了根系的活动范围。不施有机肥，过量施用化肥，再加上踩踏镇压和大水灌溉，导致了土壤团粒结构减少，呈分散状态的砂粒和粉砂粒沉降，造成土壤板结，土壤通气、透水性变差。对耕作土壤来说，具有不太厚犁底层对保持养分、保存水分还是非常有益的。但是犁底层过厚，对物质的转移和能量的传递，作物根系下伸，通气、透水都是非常不利的，这种情况必须采取深翻或深松办法，改造、消除犁底层。

（二）土壤有机质

有机物质含量高低决定了土壤的基本性质。经过对全县 1169 个大蒜田土壤样品分析，0～20cm 土层土壤有机质平均含量为 12.4g/kg，变幅为 8.6～17.2g/kg。据监测，全县土壤有机质分布态势为：南部沙壤土有机质含量低，中部中壤土中，北部重壤土高。土壤有机质低，说明土壤能源储备不足，活力不强，造成土壤微生物活动繁衍趋弱，土壤结构难以改善，保水、保肥性能降低，养分供给不及时。

土壤有机质低的原因：一是金乡县耕作方式多为蒜棉轮作，产量高，有机质消耗量大；二是非人为秸秆还田量少，采用蒜棉轮作，地上部分和地下部分都必须收获，残留在土壤中的作物残体量很少；三是人为有机肥施用量小。

（三）土壤养分

据化验分析得出，金乡县大量元素、中微量元素数值变幅较大，在各地区分布也不均衡。土壤是作物养分供给的源泉，土壤养分的丰缺直接影响作物的生长发育和产品质量。作物对土壤中矿质营养元素的需求种类及吸收的比例是有一定规律的。农作物长期连作，必然造成土壤中某一种或某几种营养元素的亏缺，在得不到及时补充的情况下便会出现“木桶效应”，也可能因某种元素过剩而影响其他元素的吸收，进而引发缺素症。

土壤养分不均衡的原因：长期过量施用大量元素化肥，不注重中微量元素肥料的施用，长期连作，只种不养。

（四）土壤次生盐渍化

土壤全盐量是盐碱土的一个重要指标，是限制农作物生长的障碍因素，达到一定程度时，就会危害作物生长。分析土壤全盐量，对于研究土壤次生盐渍化的发生、发展规律和拟定改良措施具有十分重要的意义。金乡县土壤耕层全盐量平均为 0.071%，变幅为 0.041%～0.182%。土壤盐分积累，造成土壤溶液浓度增加，使土壤的渗透势加大，大蒜根系的吸水、吸肥能力减弱。随着盐分浓度的升高，土壤微生物活动也受到抑制。

土壤次生盐渍化加重的原因：过量施用化肥，导致肥料中盐分在土壤聚集；不施有机肥，土壤板结，促使盐分上升聚集；大水漫灌，增加土壤盐分上移；土壤含盐量不断增加，加剧了土壤次生盐渍化。

第二节　耕地资源合理利用的对策

一、基本思路

改良和培肥土壤，必须针对土壤存在的问题，因地制宜，抓住主要矛盾，采取综合措施，着眼协调各肥力因素，建立一个良好的土壤生态系统，从而不断提高土壤质量，以充分发挥其生产潜力。

（一）建立长效机制，优化耕地土壤环境

采用多种科学手段，逐步构建肥沃、生态、协调、持续的耕地土壤环境。肥沃是指土壤结构合理，有机质丰富，土壤能源充足，全量养分丰富，速效养分供给及时；生态是指通过种植绿肥、秸秆还田、测土施肥、改土培肥，建设生态大田；协调是指土壤水、肥、气、热关系协调，大量元素与中微量元素供给协调；持续是指土壤质量要保障作物生产质量与效益的持续提高，土壤养分按照作物的需求持续不断供给，土壤质量逐步提高，土壤越种越好。

（二）按照“四化”原则，增加大田土壤投入

一是大田土壤环境生态化，通过增加投入，建设良好的作物根际区系和土壤环境。二是大田投入物无害化，施用的各种肥料，无论是农家肥还是化肥，必须达到国家标准要求。农家肥必须经过充分腐熟或无害化处理，杜绝一切有害物质或可能造成危害的生物质肥料、化学肥料、土壤调理剂、植物调节剂等进入大田土壤。三是肥料用量精准化，按照土壤容重和供肥性能，确立目标产量，计算养分投入量。有机肥施用应考虑有机物质的腐殖化系数和土壤矿化速率，基本做到土壤有机质的平衡与有效积累。四是施肥方法科学化，施肥时期、施肥深度、施肥范围等科学合理。

（三）实施“四个基础，四个结合”，提高土壤肥力

一是以有机培肥为基础，突出绿肥、秸秆培肥，有机肥与无机肥相结合。二是以土壤培肥与土壤施肥为基础，土壤培肥与各项营养调节技术相结合。三是以氮、磷、钾三要素为基础，稳氮、控磷、巧施钾、补施中微肥，大量元素与中微量元素相结合，实现土壤养分的动态平衡。四是以巧施肥为基础，土壤质量建设与其他关键技术的落实相结合，使土壤管理与技术推广融为一体。

（四）加强技术集成，提升技术效益

土壤质量建设是一项系统工程，应紧紧抓住土壤有机培肥与测土配方施肥两大技术体系，将生物质肥料应用、绿肥秸秆培肥、沼肥利用、测土培肥、调理剂与调节剂应用、土壤补水等各项土壤技术组装配套，充分发挥技术集成效应。通过增加大田投入、改良土壤加强、提高土壤回报率和肥料利用率、防止土壤退化和污染，加强土壤质量建设，促进金乡农业产业的发展。

二、对策与建议

(一)合理耕作

加厚活土层是改良土壤，增加土壤库容，促进养分释放，协调水、肥、气、热状况，熟化土壤，提高土壤肥力的重要措施。俗话说，“水是血，粪是粮，深翻土地建谷仓”“深耕加一寸，顶上一车粪”“深耕三寸，虫儿灭尽”。

深耕不仅能够加厚土壤耕作层，扩展根系的生长空间，改善土壤结构，协调土壤蓄水、保水、保肥、保温和透气的矛盾，而且有利于土壤微生物的活动，有利于根系下扎和鳞茎的膨大，并使土壤释放出更多的矿质元素，满足作物的需求。同时，深耕还可以掩埋病菌和杂草种子，起到减轻病害、抑制杂草的效果。

科学的耕作技术是旋耕(或深松)与深耕相结合，旋耕 2～3 年深耕一次，以保持熟土在上、生土在下，保证当年增产。耕翻深度一般为 20～25cm。

(二)增施有机肥

提升大田土壤有机质含量，是奠定作物优质、高产、高效和持续发展的良好基础。增施有机肥料，是增加土壤有机质、提高土壤肥力的有效措施，也是改良盐碱土壤的重要措施之一。因此，必须加大力度，广辟肥源，增施有机肥，提升大田土壤有机质含量。

有机肥料不仅可提高土壤有机质含量，改善土壤团粒结构，增强土壤通透性，提高土壤保水、保肥和供肥能力，而且能够调节作物根际微生物生态环境，促进微生物的繁殖和活动，加速土壤的脱盐、脱碱作用，增强作物根系活动能力，提高作物的抗逆性。

有机肥料开发的途径：一是大力发展畜牧业，提倡过腹还田，畜禽粪便经充分腐熟后进入大田；二是精制有机肥应用；三是秸秆直接还田；四是沼肥的综合利用。

施用量：一般亩施腐熟畜禽粪便 2000～3000kg，或饼肥 100～300kg，或精制有机肥 200～500kg。

(三)测土配方施肥

肥料是农作物增产的物质基础，合理施用肥料尤其是合理施用化学肥料是提高农作物产量和品质、降低环境污染的一项重要技术措施。农业的目标是高产、高效、可持续，为此，必须根据作物生长发育对养分的需求，针对土壤养分不协调的现状，全面推广测土配方施肥技术，通过科学施肥协调土壤养分，使土壤的供肥特点与作物优质高产生长发育的需求相一致，达到作物优质、高产、高效、安全和持续的目的。

测土配方施肥是综合运用现代农业科技成果，以土壤测试和田间试验为基础，根据作物需肥规律、土壤供肥性能和肥料效应，结合本县耕作模式的实际情况，在合理施用有机肥的基础上，提出氮、磷、钾及中微量元素等肥料的施用品种、数量、施用时期与施用方法，以及相应的施肥技术。

(四)节水灌溉

大水灌溉不仅浪费水利资源，提高灌溉成本，而且破坏了土壤理化性状，跑水、跑肥，易旱、易涝。整平土地，完善排灌系统，采用先进的栽培措施，是解决大水漫灌的重要措施。

节水措施：推广先进的节水技术，包括地膜覆盖、高畦栽培、小畦栽培，以提高水分的利用率，充分发挥肥水效益；争取项目资金，建成优质、高效大田灌溉系统。据试验，大蒜田灌出苗水时灌溉 $40m^3$，水肥耦合效应最好；灌溉量为 $30m^3$，水分利用系数最高。

合理灌溉（以大蒜为例）：出苗水，要适时浇水，并浇足浇透；壮苗水，此时地温尚低，要浇小水；催薹水，此时地温已高，大蒜正值旺盛生长期，浇水量可大些；催头水，此时正值蒜头膨大期，需要充足的水分和不太高的地温，故要浇大水。

（五）土壤监测

根据不同生态区域、不同土壤类型、不同土壤肥力，建立土壤质量监测点，摸清土壤肥力和环境质量动态，研究不同土壤类型土壤质量演变规律，建立不同区域土壤质量基础数据库，完善土壤质量动态监测与预警体系，逐步建立土壤质量评价体系。

第三篇　测土配方施肥指标体系

第十一章　测土配方施肥体系建立

第一节　田间试验与大田示范方案设计

一、测土配方施肥的核心技术是建立施肥指标体系

金乡县的测土配方施肥主要以野外调查资料和室内化验分析数据为基础，同时引用了统计、气象、水利、林业等有关单位的统计测定数据，阐述了金乡县土壤的发生、发展、分布规律、理化性状和存在问题，提出了因土种植、因土施肥、因土改良的建议，但是未能建立主要土壤类型和主栽作物的土壤养分丰缺指标及推荐施肥指标体系。二十多年来，随着生产条件的不断改变，农民施用的肥料品种、施肥方式都已发生了巨大变化，主要粮油作物的产量水平、栽培方式以及土壤肥力水平也都发生了变化。原有的技术措施已经远远不能适应目前生产的需要，不能正确指导农业生产，更不能精确指导科学施肥。因此，必须通过试验建立和完善测土配方施肥的技术指标体系，按照土壤肥力状况和作物产量水平，提出不同作物的推荐施肥指标体系。测土配方施肥的核心技术是按照土壤肥力状况和作物产量水平，提出不同作物的推荐施肥指标体系。

二、相关研究及校验研究的基本流程

（一）相关研究与校验研究的基本概念

相关研究是指采用某一土壤测试方法得到测试值与参比标准之间的相关性研究，实质上就是指测定方法的筛选。一般来说，相关研究可以用盆栽试验方法进行，但田间试验更能反映实际情况。

校验研究是指选定提取测定方法后再以作物产量反映为依据，确定测定值的高、中、低等各级指标。校验研究完全排除盆栽方法，依靠田间试验。

相关研究与校验研究是测土配方施肥的基础性工作，只有在当地土壤上针对具体作

物作好相关研究与校验研究，才可能确定适宜的测试方法，并对测试值进行解释。

(二)建立测土配方施肥指标体系的步骤

(1)事先调查与选点。试验范围内的土壤性质不能跨越太大，也不必分的太细。选点原则是拉开土壤肥力档次，一般要求20个点以上。

(2)土壤采样。一个分析样所代表的面积不应过大，一个田间试验采集一个土样，由多点采样混合而成。

(3)相关研究与土壤测试方法的筛选。

(4)校验研究与土壤测试丰缺指标的确定。

(5)在不同指标值的土壤上分别进行施肥量试验，以确定“建议施肥量”或“最佳施肥量”。

(三)相关研究与校验研究的方法与流程

1. 相关研究的目的

用若干个参比标准值来考核每一种土壤的有效养分，提取测定方法的结果，检验此法在这类土壤上是否可用。在相关研究中，最常用的参比标准是相对产量或增产百分率。

2. 校验研究的重要性

校验研究的目的是在土壤提取测定法已确定的前提下，把这种方法的提取测定值按某一指定作物的相对产量划分为高、中、低等指标等级。需要注意的是，土壤有效养分测定值是一个相对值，不同方法间相差数倍，因此，若不注明测定方法，测定值本身就失去了意义。只有通过校验研究确定指标等级，测定值才能用于指导生产。指标等级的划分必须针对具体土壤与具体作物。即使是同一类土壤，不同作物对养分的需求量也相差悬殊，因此，笼统的指标等级是有问题的，必须针对具体作物。

多级指标制定的具体步骤：多点田间试验，要求20个点以上，土壤肥力拉开；参比标准只能采取相对产量；国际尚无统一规定各级指标值的确定依据，一般来说，我国农田土壤大量元素养分提取测定值的划分级别可以采用：高于95%为高，75%～95%为中，50%～75%为低，低于50%为极低。

(四)不同指标值推荐施肥量的确定

选择不同肥力水平的点，进行多点的田间试验(可以与相关研究和校验研究合并进行)，应用肥料效应函数法得到不同肥力水平下的推荐施肥量，建立土壤测试值与推荐施肥量的数学关系，从而确定土壤有效养分某一测定方法在不同等级时的推荐施肥量。

三、利用“3414”试验建立测土配方施肥指标体系

(一)“3414”试验

金乡县测土配方施肥试验主要采用“3414”完全试验设计、“3414”不完全试验设计(肥效参数试验)以及肥效对比试验。

“3414”是指氮、磷、钾3个因素、4个水平、14个处理。该方案吸收了回归最优设计中处理少、效率高的优点，是目前国内外应用较为广泛的肥料效应田间试验方案，也是这次测土配方施肥推荐使用的田间试验方案。4个水平的含义：“0”水平指不施肥，“2”水平指当地最佳施肥量的近似值，“1”水平＝“2”水平×0.5，“3”水平＝“2”水平×1.5(该水平为过量施肥水平)，具体如表11-1所示。“3414”不完全试验是从“3414”完全试验方案中，选

择部分实施方案进行田间肥料效应试验。

表 11-1 "3414"试验方案处理

试验编号	处　理	N	P	K
1	$N_0P_0K_0$	0	0	0
2	$N_0P_2K_2$	0	2	2
3	$N_1P_2K_2$	1	2	2
4	$N_2P_0K_2$	2	0	2
5	$N_2P_1K_2$	2	1	2
6	$N_2P_2K_2$	2	2	2
7	$N_2P_3K_2$	2	3	2
8	$N_2P_2K_0$	2	2	0
9	$N_2P_2K_1$	2	2	1
10	$N_2P_2K_3$	2	2	3
11	$N_3P_2K_2$	3	2	2
12	$N_1P_1K_2$	1	1	2
13	$N_1P_2K_1$	1	2	1
14	$N_2P_1K_1$	2	1	1

"3414"方案可应用 14 个处理，进行氮、磷、钾三元二次效应方程的拟合。如进行氮、磷二元效应方程拟合时，可选用处理 2～7、11、12，可求得以 K_2 水平为基础的氮、磷二元二次效应方程；选用处理 2、3、6、11，可求得以 P_2K_2 水平为基础的氮肥效应方程；选用处理 4、5、6、7，可求得以 N_2K_2 水平为基础的磷肥效应方程；选用处理 6、8、9、10，可求得以 N_2P_2 水平为基础的钾肥效应方程。

试验氮、磷、钾某一个或某两个养分的效应，或因其他原因无法实施"3414"完全实施方案时，可在"3414"方案中选择相关处理，即"3414"的部分实施方案。这样既保持了测土配方施肥田间试验总体设计的完整性，又考虑到不同区域土壤养分特点和不同试验目的的要求，可满足不同层次的需要。如有些区域重点要试验氮、磷效果，可在 K_2 作底肥的基础上进行氮、磷二元肥料效应试验，但应设置 3 次重复。具体处理及其与"3414"方案处理编号对应列于表 11-2。

表 11-2 氮、磷二元二次肥料试验设计与"3414"方案处理编号对应表

试验编号	处　理	N	P	K
1	$N_0P_0K_0$	0	0	0
2	$N_0P_2K_2$	0	2	2

续表

试验编号	处 理	N	P	K
3	$N_1P_2K_2$	1	2	2
4	$N_2P_0K_2$	2	0	2
5	$N_2P_1K_2$	2	1	2
6	$N_2P_2K_2$	2	2	2
7	$N_2P_3K_2$	2	3	2
8	$N_3P_2K_2$	3	2	2
9	$N_1P_1K_2$	1	1	2

上述方案也可分别建立氮、磷一元效应方程。

在肥料试验中，为了取得土壤养分供应量、作物吸收养分量、土壤养分丰缺指标等参数，一般把试验设计为 5 个处理：空白对照（CK）、无氮区（PK）、无磷区（NK）、无钾区（NP）和氮磷钾区（NPK）。这 5 个处理分别是“3414”完全实施方案中的处理 1、2、4、8 和 6。如要获得有机肥料的效应，可增加有机肥处理区；试验某种中（微）量元素的效应，在 NPK 基础上，进行加与不加该中（微）量元素处理的比较。试验要求测试土壤养分和植株养分含量，进行考种和计产。试验设计中，氮、磷、钾、有机肥等用量应接近效应肥料函数计算的最高产量施肥量或用其他方法推荐的合理用量。常规 5 处理试验设计与“3414”方案处理编号对应情况如表 11-3 所示。

表 11-3 常规 5 处理试验设计与“3414”方案处理编号对应情况

试验组	“3414”方案处理编号	处 理	N	P	K
空白对照	1	$N_0P_0K_0$	0	0	0
无氮区	2	$N_0P_2K_2$	0	2	2
无磷区	4	$N_2P_0K_2$	2	0	2
无钾区	8	$N_2P_2K_0$	2	2	0
氮磷钾区	6	$N_2P_2K_2$	2	2	2

自项目实施以来，金乡县共完成了大蒜、棉花等主要作物的田间肥效小区试验 46 处。肥料校验示范 88 个，各类试验示范分作物实施情况如表 11-4 所示。

表 11-4 试验示范分作物完成情况统计表

作 物	试验示范类别	完成个数（个）	小区总数（个）
大蒜	“3414”完全实施	24	476
	大田校验	62	248
棉花	“3414”完全实施	12	168
	大田校验	22	88

续表

作　物	试验示范类别	完成个数(个)	小区总数(个)
小麦	“3414”部分实施	10	200
	大田校验	4	13

(二)“3414”试验设计与实施过程中需要注意的问题

1.“3414”试验中第二个水平(相对合理施肥量)的确立

采用“3414”试验,其第二个水平的确定非常重要,这是因为:如果第二个水平太低,则可能造成肥效效应方程出现外推的情况(最佳施肥量超出第三水平);如果第二个水平太高,又会造成施肥水平离最佳施肥量太远,不能准确捕捉到最佳施肥量。

原则上,应大量、系统地归纳和总结近几年来的田间试验结果,并根据试验田可能获得的目标产量,来设计第二个水平。

2. 氮肥基、追比例

大田作物上,磷肥、钾肥一般作为基肥施用,而氮肥要分期施用。传统习惯将大田作物的基、追肥比例各占 1/2、1/3 或 2/3 来进行分配。

提高氮肥利用效率的一个关键措施是同步作物的氮素需求与土壤肥料的氮素供应。近年来由于耕地的土壤肥力和栽培制度已经发生了较大的变化,所以,要使测土配方施肥试验能够指导大田生产,对传统的基肥和追肥比例进行修整是十分必要的。

3. 试验地设置

“3414”试验有 14 个处理,设置过多重复时,试验小区就会过多,将带来试验管理和实施的困难。从田间试验的要求来看,不一定需要在每一个试验点设置重复,可以通过多年(2～3 年)、多点(20～30 点)重复的办法。

4. 试验地选择

以往的经验是基层农技人员往往喜欢选择交通便利的试验点和科技水平相对较高的农户,但这对全面了解总体情况是不利的。因此,应特别强调在一定区域内选点的随机性和代表性,试验点应覆盖高、中、低不同肥力的土壤。当然,试验管理的可靠性也要得到保障。

5. 基础土样的采集、保存与测试

肥料试验的基础采样是试验成功的基础。为此,金乡县的所有试验都采用基础采样,每个试验点都抽取 3～5 个混合土壤样品,检验试验地块土壤养分含量,包括有机质、碱解氮、有效磷、速效钾等土壤理化性状,同时进行植株养分测定。为保证试验的完整和准确,对试验的基础采样都保留了副样,以备复查,如果采用新的测土方法,可以有足够的土样。

(三)应用“3414”试验建立养分丰缺指标

(1)利用 Excel 软件,绘制出氮、磷、钾不同土壤养分测定值与作物相对产量的散点图。

(2)以 Excel 软件的添加趋势线功能,获得相对产量与土壤养分测试值的数学关系,并汇出趋势线。

(3)以相对产量的50%、75%和95%为标准，获得土壤养分丰缺指标。

(四)应用"3414"试验建立不同土壤肥力的推荐施肥指标

在完成了校验研究、建立了土壤丰缺指标后，需要建立针对不同肥力水平的推荐施肥量。

一般步骤：将每个试验的产量与施肥量进行回归分析，建立肥料效应函数；通过边际分析，计算每个点的最佳施肥量；将多年、多点的结果按不同肥力水平汇总，计算不同肥力水平下的平均推荐施肥量和上下限。

第二节　土壤丰缺指标及参数和最佳施肥量的分析

一、试验结果的统计分析与应用

"3414"试验结果资料的统计分析主要内容包括回归分析、方差分析、施肥参数计算等。

回归分析：主要是通过建立产量与施肥量之间的二次回归方程，寻找某个养分的最佳施肥量。

方差分析：通过F检验与多重比较，判断回归模式的回归效果。

施肥参数计算：主要包括肥料利用率、土壤养分校正系数、作物养分需要量、土壤养分丰缺指标等施肥参数的计算，目的是为了获取构建区域性测土配方施肥管理信息系统需要的有关参数。

二、施肥参数计算

(一)丰缺指标的获取

(1)将某一较大的生态区域内的所有田间试验按土壤类型进行分类、汇总。

(2)计算各试验中缺氮、磷、钾的相对产量。根据缺素区产量，与试验设计中的最佳施肥水平下的产量相比较，计算相对产量。

(3)将每处试验的相对产量与土壤养分测定值配对。

(4)选择回归模型，对配对数据进行回归分析，建立两者的函数关系。常用模型为$y=a+b\ln x$或$y=x/(ax+b)$，模型选定通常以相关系数大小为依据。

(5)利用函数计算相对产量分别为50%、70%、90%、95%时对应的土壤养分值。

(6)建立土壤养分丰缺指标。"3414"试验相对产量表达土壤养分的分级评价标准如表11-5所示。

表11-5　"3414"试验相对产量表达土壤养分的分级评价标准

相对产量(%)	<50	50～70	70～90	90～95	>95
评价	极低	低	中	高	极高

(二)主要农作物施肥指标的确立

1. 土壤供肥能力的指标

(1)基础地力产量

基础地力产量＝空白区产量(既不施化肥也不施有机肥)

(2)基础地力贡献率

$$基础地力贡献率=\frac{空白区产量}{全肥区产量}\times 100\%$$

(3)相对产量

$$相对产量=\frac{缺肥区作物产量}{全肥区作物产量}\times 100\%$$

(4)土壤有效养分校正系数

土壤有效养分校正系数是通过在不同土壤肥力的土壤上布置多点田间试验,同时测定土壤中的养分含量。

$$土壤有效养分校正系数=\frac{缺素区作物地上部分吸收该元素量}{该元素土壤测定值\times 0.15}\times 100\%$$

(5)土壤供肥量

土壤供肥量可以通过测定基础产量、土壤有效养分校正系数两种方法估算。

①通过基础产量(处理1产量)估算,不施肥区作物所吸收的养分量作为土壤供肥量。

$$土壤供肥量=\frac{不施养分区农作物产量}{100}\times 百千克产量所需养分量$$

②通过土壤有效养分校正系数估算,将土壤有效养分测定值乘以一个校正系数,以表达土壤“真实”供肥量,该系数称为“土壤有效养分校正系数”。

$$土壤有效养分校正系数(\%)=\frac{缺素区作物地上部分吸收该元素量}{该元素土壤测定值\times 0.15}$$

$$土壤供肥量=土壤养分测定值\times 土壤有效养分校正系数\times 0.15$$

土壤养分测定值以mg/kg为单位,0.15为该养分在每亩按1.5×10^5kg表土中换算成kg/667m^2的系数。

(6)土壤养分利用系数

$$土壤养分利用系数=\frac{不施肥区农作物某养分吸收量}{土壤养分测定值}\times 0.15$$

2. 肥料贡献大小的指标

(1)肥料利用率

一般通过差减法来计算,利用施肥区作物吸收的养分量减去不施肥区农作物吸收的养分量,其差值视为肥料供应的养分量,再除以所用肥料养分量就是肥料利用率。

$$肥料利用率=\frac{施肥区农作物吸收养分量-缺素区农作物吸收养分量}{肥料施用量\times 肥料中养分含量}$$

(2)肥料的农学利用率

N肥的农学利用率＝

$$\frac{N_2P_2K_2区作物地上部分N吸收量-N_0P_2K_2区作物地上部分N吸收量}{N_2P_2K_2区肥料N投入量}\times 100\%$$

P 肥的农学利用率＝

$$\frac{N_2P_2K_2\text{ 区作物地上部分 P 吸收量}-N_2P_0K_2\text{ 区作物地上部分 P 吸收量}}{N_2P_2K_2\text{ 区肥料养分 P 投入量}}\times 100\%$$

K 肥的农学利用率＝

$$\frac{N_2P_2K_2\text{ 区作物地上部分 K 吸收量}-N_2P_2K_0\text{ 区作物地上部分 K 吸收量}}{N_2P_2K_2\text{ 区肥料养分 K 投入量}}\times 100\%$$

(3)肥料偏生产力

$$\text{肥料偏生产力}=\frac{\text{施肥区产量}}{\text{NPK 施肥量}}$$

(4)肥料增产率(肥料农学效率)

$$\text{肥料增产率}=\frac{\text{全肥区产量}-\text{缺素区产量}}{\text{NPK 施肥量}}$$

3. 作物需肥量的指标

(1)地上部分养分吸收量

需要计算无 N 区(处理 2)N 的吸收量、无 P 区(处理 4)P 的吸收量、无 K 区(处理 8)K 的吸收量和全肥区(处理 6)N、P、K 养分吸收量，即：

$$\begin{aligned}\text{N(P、K)吸收量}=&\text{籽粒产量}\times\text{籽粒全 N(P、K)含量}+\\&\text{秸秆产量}\times\text{秸秆全 N(P、K)含量}\end{aligned}$$

植株化验结果的磷、钾均为单质 P、K，而肥料中养分磷钾含量为 P_2O_5 和 K_2O，两者必须统一。

(2)单位产量养分吸收量

每百千克产量 N 的吸收量＝处理 6N 吸收量/(处理 6 产量/100)

每百千克产量 P_2O_5 的吸收量＝处理 6P_2O_5 吸收量/(处理 6 产量/100)

每百千克产量 K_2O 的吸收量＝处理 6K_2O 吸收量/(处理 6 产量/100)

(3)作物需肥量

通常用作物形成百千克经济产量所需养分量(养分系数)表示。该数值因作物不同，目标产量水平、气候条件、土壤类型和肥料种类会发生变化。通过对正常成熟的作物进行整株养分测试，测定各种作物百千克经济产量所需养分量即可获得作物需肥量。

$$\text{作物目标产量所需养分量}=\frac{\text{目标产量}}{100}\times\text{百千克产量所需养分量}$$

三、不同肥力条件下施肥量分析

(一)作物肥料施用量

作物肥料施用量主要计算一定肥力条件下作物最高产量施肥量和最佳经济施肥量。根据经济学原理，最后增加的那一个单位的肥料投入所能增加的作物产量叫作“边际产量”。当达到最高产量时，边际产量为零，就是说此时再增加施肥，作物产量不再增加，这个时候的产量就叫作“最高产量施肥量”。令边际产量方程为 0，则可求出最高产量时的施肥量。同样，最后增加的一个单位的肥料成本叫作“边际成本”，它所得到的收益叫作“边际收益”，两者之差叫作“边际利润”，当边际收益等于边际成本(边际利润为 0)，此时的产量称为“最佳经济产量”,其施肥量称为“最佳经济施肥量”。

目前,常用的作物施肥量计算方法大体有地力分区(级)法、养分平衡法、地力差减法(目标产量法)、氮磷钾比例法、磷钾养分丰缺指标法、函数法等。不同的施肥量计算法的精确度不同,对农业生产的指导意义显然不同,利用肥料“3414”试验结果资料进行函数方程的回归分析,计算不同生产条件下作物的最高产量施肥量和最佳经济施肥量是最常用的一种方法。

地力分区(级)法:地力分区(级)法是按土壤肥力高低将土壤分成若干等级,即把土壤肥力均等的地块作为一个配方区,利用土壤普查资料和田间试验结果,结合当地农民的施肥实践经验,估算出各类配方区内比较适宜的肥料品种及其施用量。

养分平衡法:根据作物目标产量需肥量与土壤供肥量之差估算施肥量,计算公式为:

$$\text{施肥量}=\frac{\text{目标产量所需养分总量}-\text{土壤供肥量}}{\text{肥料中养分含量}\times\text{肥料当季利用率}}$$

地力差减法:根据作物目标产量与基础产量之差来计算施肥量的一种方法,其计算公式为:

$$\text{施肥量}=\frac{(\text{目标产量}-\text{基础产量})\times\text{单位经济产量养分吸收量}}{\text{肥料中养分含量}\times\text{肥料利用率}}$$

氮磷钾比例法:通过分析整理一定区域的田间肥效试验,获得某一作物不同产量情况下各种养分之间的最佳比例,然后以其中一种关键养分的施肥量为基础,按各种养分之间的比例关系,决定其他养分的肥料施用量。如以氮定磷、定钾,以磷定氮,以钾定氮等。

磷钾养分丰缺指标法:利用测土配方施肥耕地资源管理信息系统中养分丰缺指标模型进行施肥量计算。

(二)肥料函数效应方程

利用肥料“3414”试验结果资料建立产量与施肥量之间的二次回归方程,然后通过方程确定最大施肥量与最佳施肥量,根据施肥量预测产量。

1. 三元二次肥料效应方程的建立

如果“3414”方案完全实施并没有发生某些处理数据缺损的现象,则可采用三元二次肥料效应模型进行拟合,得出最佳施肥配方。所采用的方程为:

$$y=b_0+b_1x_1+b_2x_2+b_3x_3+b_4x_1^2+b_5x_2^2+b_6x_3^2+b_7x_1x_2+b_8x_1x_3+b_9x_2x_3$$

最高施肥量自变量 $x_j(j=1,2,3\cdots)$ 的边际效应等于 0。

$$b_1+2b_4x_1+b_7x_2+b_8x_3=0$$

$$b_2+2b_5x_2+b_7x_1+b_9x_2=0$$

$$b_3+2b_6x_3^2+b_8x_1+b_9x_2=0$$

求解上述方程组,获取最高施肥量 $x_{1,2,3}$。

最佳施肥量自变量 $x_j(j=1,2,3\cdots)$ 的边际效应等于投入价格与产出价格比。

$$b_1+2b_4x_1+b_7x_2+b_8x_3=Px_1/Py$$

$$b_2+2b_5x_2+b_7x_1+b_9x_2=Px_2/Py$$

$$b_3+2b_6x_3^2+b_8x_1+b_9x_2=Px_3/Py$$

求解上述方程组,获取最佳施肥量 $x_{1,2,3}$。

本书试验数据统计分析计算采用现成的计算机软件来完成，包括利用网络工具进行运算和利用 Excel 进行计算。网络工具是中国肥料信息网的“3414”三元二次效应函数处理软件。

2. 一元二次肥料效应方程的建立(以磷、钾为例)

首先逐点计算每处试验条件下的适宜施肥量，利用方案中 $N_2P_0K_2$　$N_2P_1K_2$　$N_2P_2K_2$　$N_2P_3K_2$($N_2P_2K_0$　$N_2P_2K_1$　$N_2P_2K_2$　$N_2P_2K_3$)的 4 个处理，分析最佳施磷(钾)量。

步骤 1:通过散点图观察产量随施肥量的变化，如无规律，则暂时按该点不需施肥处理。

步骤 2:简单计算不同处理产量的差异。如不超过 5%，则视为该点不需施肥，最佳施肥量为零。如施肥处理与不施肥处理产量的差异超过 5%，但施肥处理间产量差异不超过 5%，则最佳施肥量为最低设计施肥水平。

步骤 3:如产量变化有规律，则进行一元回归分析。回归方法:一是 Excel 散点图添加趋势线法，二是 Excel 回归计算法。

步骤 4:用回归方程计算最佳施肥量。

利用极值原理，计算最大施肥量。

$$\frac{\partial y}{\partial n}=0,\frac{\partial y}{\partial P}=0,\frac{\partial y}{\partial k}=0$$

利用极值原理，计算最佳施肥量。

$$\frac{\partial y}{\partial n}=-\frac{P_n}{P_y},\frac{\partial y}{\partial P}=-\frac{P_P}{P_y},\frac{\partial y}{\partial k}=-\frac{P_k}{P_y}$$

以小麦为例，氮、钾水平下，回归方程为：$y=453.458894+5.707990X_1-0.179655X_{12}$。由此方程可计算出在氮、钾水平下，磷肥最大施肥量为 15.886kg/667m²，最佳施肥量为 8.163kg/667m²。

3. 不同生产条件下的适宜施肥量分析

(1)计算不同产量水平下的最佳施肥量。将试验点按高、中、低产量水平分类，统计计算每一产量水平所有试验点最佳施肥量的变幅和平均值。

(2)计算不同土壤养分等级情况下的最佳施肥量。将试验点按土壤养分等级分类，统计计算每一土壤养分等级内所有试验点最佳施肥量的变幅和平均值。

土壤养分等级分级标准:按某种作物的丰缺指标分析结果分级。

第三节　大蒜测土配方施肥指标体系

一、大蒜主要施肥参数的分析计算

(一)1000kg 大蒜养分吸收量

在不同产量水平下，每生产 1000kg 大蒜所需要不同的养分吸收量其对应的吸收养分量参数(见表 11-6)的获得主要结合试验田植株全量养分(全氮、全磷、全钾)分析进行。在各类试验示范田(“3414”部分实施试验、大田校验示范)中，共采集检验样品 102 个，进行植株样品全量化验，通过计算得到不同产量水平的氮、磷、钾吸收量。

表 11-6 大蒜所需养分量

产 量	元 素	N(kg)	P_2O_5(kg)	K_2O(kg)
1000kg/667m^2	吸收量	14.58	3.87	12.88
	比例(%)	3.77	1	3.32
1200kg/667m^2	吸收量	13.14	3.42	11.72
	比例(%)	3.84	1	3.43
1400kg/667m^2	吸收量	12.16	3.23	10.63
	比例(%)	3.76	1	3.29

(二)土壤有效养分利用系数的分析计算

通过对肥效小区试验的土壤养分利用系数的汇总分析，土壤有效养分利用系数计算分析结果为：土壤碱解氮平均利用系数为 73.93%，有效磷平均利用系数为 61.43%，速效钾平均利用系数为 66.81%(见表 11-7)。

表 11-7 大蒜土壤有效养分利用(校正)系数

产量分级	产量水平(kg/667m^2)	碱解氮(%)	有效磷(%)	速效钾(%)
高	>1300	88.35	71.62	80.32
中	1100～1300	73.01	63.77	66.33
低	<1100	60.52	48.91	53.8

(三)肥料利用率的分析计算

通过对肥效小区试验的肥料利用率的汇总分析，肥料利用率计算分析结果为：氮肥利用率平均为 32.3%，磷肥利用率平均为 18.5%，钾肥利用率平均为 42.5%(见表 11-8)。

表 11-8 大蒜不同产量水平肥料利用率

产量分级	产量水平(kg/667m^2)	氮素(%)	磷素(%)	钾素(%)
高	>1300	34.1	21.7	45.6
中	1100～1300	32.5	18.8	42.3
低	<1100	30.2	14.9	39.5

二、大蒜测土配方施肥丰缺指标

(一)土壤氮丰缺指标及氮肥推荐用量指标

蒜田氮含量等级按照农田养分的实际情况划分为 5 个等级，即极高、高、中、低、极低。土壤供氮等级越高，相对产量越高，氮肥推荐用量越低。如处于供氮极高等级的蒜田，相对产量高于95%,土壤碱解氮含量高于90mg/kg,氮肥推荐用量为26～27kg/667m²。处于供氮极低等级的蒜田,相对产量低于50%,土壤碱解氮含量低于45mg/kg,氮肥推荐用量为30～31kg/667m²。处于供氮中等级的蒜田,相对产量为75%～90%,土壤碱解氮含量为60～75mg/kg,氮肥推荐用量为28～29kg/667m²(见表11-9)。

表11-9 土壤碱解氮丰缺指标及氮肥推荐用量指标

肥力等级	相对产量(%)	碱解氮含量(mg/kg)	氮肥推荐用量(kg N/667m²)
极高	>95	>90	26～27
高	90～95	75～90	27～28
中	75～90	60～75	28～29
低	50～75	45～60	29～30
极低	<50	<45	30～31

(二)土壤磷丰缺指标及磷肥推荐用量指标

蒜田有效磷含量等级按照农田养分的实际情况划分为5个等级,即极高、高、中、低、极低。土壤供磷等级越高,相对产量越高,磷肥推荐用量越低。如处于供磷极高等级的蒜田,相对产量高于95%,土壤有效磷含量高于50mg/kg,磷肥推荐用量为10～11kg/667m²。处于供磷极低等级的蒜田,相对产量低于50%,土壤有效磷含量低于20mg/kg,磷肥推荐用量为17～18kg/667m²。处于供磷中等级的蒜田,相对产量为75%～90%,土壤有效磷含量为30～40mg/kg,磷肥推荐用量为13～15kg/667m²(见表11-10)。

表11-10 土壤有效磷丰缺指标及磷肥推荐用量指标

肥力等级	相对产量(%)	有效磷含量(mg/kg)	磷肥推荐用量(kg P_2O_5/667m²)
极高	>95	>50	10～11
高	90～95	40～50	11～13
中	75～90	30～40	13～15
低	50～75	20～30	15～17
极低	<50	<20	17～18

(三)土壤钾丰缺指标及钾肥推荐用量指标

蒜田速效钾含量等级按照农田养分的实际情况划分为5个等级,即极高、高、中、低、极低。土壤供钾等级越高,相对产量越高,钾肥推荐用量越低。如处于供钾极高等级的蒜田,相对产量高于95%,土壤速效钾含量高于210mg/kg,钾肥推荐用量为18～19kg/667m²。处于供钾极低等级的蒜田,相对产量低于50%,土壤速效钾含量低于120mg/kg,钾肥推荐用量为24～26kg/667m²。处于供钾中等级的蒜田,相对产量为75%～90%,土壤速效钾含量为150～180mg/kg,钾肥推荐用量为20～22kg/667m²(见表11-11)。

表 11-11 土壤速效钾丰缺指标及钾肥推荐用量指标

肥力等级	相对产量(%)	速效钾含量(mg/kg)	钾肥推荐用量(kg K_2O/667m^2)
极高	>95	>210	18～19
高	90～95	180～210	19～20
中	75～90	150～180	20～22
低	50～75	120～150	22～24
极低	<50	<120	24～26

(四)大蒜中微量元素分析

金乡县耕地土壤交换性钙、交换性镁含量处于较丰富水平,土壤有效硫含量处于中等水平,有效铁含量处于中等偏高水平,有效锰含量处于中等偏低水平,有效铜含量处于较高水平,有效硼、有效锌、有效钼含量处于中等偏低水平。中量元素含量水平总体较高,部分微量元素含量水平较低。生产实践中,在多年未施用微量元素肥料的地块施用微肥,增产效果明显。

三、大蒜施肥量分析

(一)大蒜氮施肥量分析

计算不同产量水平及不同供氮情况下的最佳施肥量(见表 11-12)。

表 11-12 不同产量水平及不同供氮情况下施肥量

计划产量(kg/667m^2)	土壤碱解氮测试值(mg/kg)		
	<60	60～90	>90
	需纯氮量(N)(kg/667m^2)		
<1100	27～29	25～27	23～25
1100～1300	28～30	27～29	25～27
>1300	29～31	28～30	27～29

(二)大蒜磷施肥量分析

计算不同产量水平及不同供磷情况下的最佳施肥量(见表 11-13)。

表 11-13 不同产量水平及不同供磷情况下施肥量

计划产量(kg/667m^2)	土壤有效磷测试值(mg/kg)		
	<30	30～50	>50
	需五氧化二磷量(P_2O_5)(kg/667m^2)		
<1100	13～15	12～14	9～11
1100～1300	15～17	14～16	10～12
>1300	17～19	16～18	19～20

（三）大蒜钾施肥量分析

计算不同产量水平及不同供钾情况下的最佳施肥量（见表 11-14）。

表 11-14　不同产量水平及不同供钾情况下施肥量

计划产量（$kg/667m^2$）	土壤速效钾测试值（mg/kg）		
	＜150	150～210	＞210
	需氧化钾量（K_2O）（$kg/667m^2$）		
＜1100	21～23	19～21	17～19
1100～1300	23～25	21～23	19～21
＞1300	25～27	23～25	21～23

第四节　棉花测土配方施肥指标体系

一、棉花主要施肥参数的分析计算

（一）100kg 棉花养分吸收量

棉花在不同产量水平下，需肥数量不同，其吸收氮、磷、钾的量随产量的提高而增加。一般每生产 100kg 皮棉，需吸收氮（N）11.8～17.8kg、磷（P_2O_5）3.9～6.9kg、钾（K_2O）11.8～15.5kg，且随着产量的提高，每生产 100kg 皮棉吸收的氮、磷、钾的数量呈减少趋势，如表 11-15 所示。

表 11-15　皮棉所需养分量

产　量	元　素	N(kg)	P_2O_5(kg)	K_2O(kg)
$50kg/667m^2$	吸收量	17.44	5.96	15.37
	比例(%)	2.93	1	2.58
$75kg/667m^2$	吸收量	14.08	4.97	14.08
	比例(%)	2.83	1	3.22
$100kg/667m^2$	吸收量	13.14	4.59	13.14
	比例(%)	2.86	1	2.86

（二）土壤有效养分利用系数的分析计算

通过对肥效小区试验的土壤养分利用系数的汇总分析，土壤有效养分利用系数计算分析结果为：土壤碱解氮平均利用系数为 55.6%，有效磷平均利用系数为 85.1%，速效钾平均利用系数为 51.9%（见表 11-16）。

表 11-16　　棉花土壤有效养分利用系数

产量分级	产量水平(kg/667m²)	碱解氮(%)	有效磷(%)	速效钾(%)
高	>100	38.43	73.34	42.48
中	60～100	54.88	83.21	52.14
低	<60	73.36	98.86	61.12

(三)肥料利用率的分析计算

通过对肥效小区试验的肥料利用率的汇总分析，肥料利用率计算分析结果为：氮肥平均利用率为 33.2%，磷肥平均利用率为 18.4%，钾肥平均利用率为 41.1%(见表 11-17)。

表 11-17　　棉花不同产量水平肥料利用率

产量分级	产量水平(kg/667m²)	氮素(%)	磷素(%)	钾素(%)
高	>100	35	20.7	44.4
中	60～100	33.8	18.4	42.3
低	<60	30.9	16.2	36.5

二、棉花测土配方施肥丰缺指标

(一)土壤氮丰缺指标及氮肥推荐用量指标

棉田氮含量等级按照农田养分的实际情况划分为 4 个等级，即极高、高、中、低。土壤供氮等级越高，相对产量越高，氮肥推荐用量越低。如处于供氮极高等级的棉田，相对产量高于 95%，土壤碱解氮含量高于 100mg/kg，氮肥推荐用量为 10kg/667m²。处于供氮低等级的棉田，相对产量低于 75%，土壤碱解氮含量低于 50mg/kg，氮肥推荐用量为 14～16kg/667m²。处于供氮中等级的棉田，相对产量为 75%～90%，土壤碱解氮含量为 50～75mg/kg，氮肥推荐用量为 12～14kg/667m²(见表 11-18)。

表 11-18　　土壤碱解氮丰缺指标及氮肥推荐用量指标

肥力等级	相对产量(%)	碱解氮含量(mg/kg)	氮肥推荐用量(kg/667m²)
极高	>95	>100	10
高	90～95	75～100	10～12
中	75～90	50～75	12～14
低	<75	<50	14～16

(二)土壤磷丰缺指标及磷肥推荐用量指标

棉田有效磷含量等级按照农田养分的实际情况划分为 4 个等级，即极高、高、中、低。土壤供磷等级越高，相对产量越高，磷肥推荐用量越低。如处于供磷极高等级的棉田，相对产量高于 95%，土壤有效磷含量高于 40mg/kg，磷肥推荐用量为 0kg/667m²。处于供磷低等级的麦田，相对产量低于75%，土壤有效磷含量低于20mg/kg，磷肥推荐用量为6～8kg/667m²。处于供磷中等级的麦田，相对产量为75%～90%，土壤有效磷含量为20～30mg/kg，磷肥推荐用量为4～6kg/667m²（见表11-19）。

表11-19　土壤有效磷丰缺指标及磷肥推荐用量指标

肥力等级	相对产量（%）	有效磷含量（mg/kg）	磷肥推荐用量（$kgP_2O_5/667m^2$）
极高	>95	>40	0
高	90～95	30～40	0～4
中	75～90	20～30	4～6
低	<75	<20	6～8

（三）土壤钾丰缺指标及钾肥推荐用量指标

棉田速效钾含量等级按照农田养分的实际情况划分为4个等级，即极高、高、中、低。土壤供钾等级越高，相对产量越高，钾肥推荐用量越低。如处于供钾极高等级的棉田，相对产量高于95%，土壤速效钾含量高于200mg/kg，钾肥推荐用量为6kg/667m²。处于供钾低等级的棉田，相对产量低于75%，土壤速效钾含量低于100mg/kg，钾肥推荐用量为10～12kg/667m²。处于供钾中等级的麦田，相对产量为75%～90%，土壤速效钾含量为100～150mg/kg，钾肥推荐用量为8～10kg/667m²（见表11-20）。

表11-20　土壤速效钾丰缺指标及钾肥推荐用量指标

肥力等级	相对产量（%）	速效钾含量（mg/kg）	钾肥推荐用量（$kg\ K_2O/667m^2$）
极高	>95	>200	6
高	90～95	150～200	6～8
中	75～90	100～150	8～10
低	<75	<100	10～12

三、棉花施肥量分析

（一）棉花氮施肥量分析

计算不同产量水平及不同供氮情况下的最佳施肥量（见表11-21）。

表11-21　不同产量水平及不同供氮情况下施肥量

计划产量（kg/667m²）	土壤碱解氮测试值（mg/kg）		
	<50	50～75	>75
	需纯氮量（N）（kg/667m²）		
>100	14～16	13～14	12～13
60～100	13～14	12～13	11～12
<60	12～13	11～12	10～11

（二）棉花磷施肥量分析

计算不同产量水平及不同供磷情况下的最佳施肥量（见表 11-22）。

表 11-22 不同产量水平及不同供磷情况下施肥量

计划产量（$kg/667m^2$）	土壤有效磷测试值（mg/kg）		
	<20	20～30	>30
	需五氧化二磷量（P_2O_5）（$kg/667m^2$）		
>100	7～8	6～7	4～5
60～100	6～7	5～6	3～4
<60	5～6	4～5	0

（三）棉花钾施肥量分析

计算不同产量水平及不同供钾情况下的最佳施肥量（见表 11-23）。

表 11-23 不同产量水平及不同供钾情况下施肥量

计划产量（$kg/667m^2$）	土壤速效钾测试值（mg/kg）		
	<100	100～150	>150
	需氧化钾量（K_2O）（$kg/667m^2$）		
>100	11～12	10～11	9～10
60～100	10～11	9～10	8～9
<60	8～10	7～9	7～8

第五节 小麦测土配方施肥指标体系

一、小麦主要施肥参数的分析计算

（一）100kg 小麦养分吸收量

小麦 100kg 籽粒吸氮量参数（见表 11-24）的获得主要结合试验田植株全量养分（全氮、全磷、全钾）的分析进行。在各类试验示范田（“3414”完全实施试验、“3414”部分实施试验、大田校验示范）中，共采集检验样品 68 个，进行植株样品全量化验，通过计算得出每生产 100kg 籽粒吸收养分的总量。

表 11-24 小麦所需养分量

产 量	元素	N(kg)	P_2O_5(kg)	K_2O(kg)
$350kg/667m^2$	吸收量	2.62	0.97	3.57
	比例(%)	2.7	1	3.92

续表

产量	元素	N(kg)	P_2O_5(kg)	K_2O(kg)
450kg/667m^2	吸收量	2.74	1.26	3.69
	比例(%)	2.17	1	2.93
550kg/667m^2	吸收量	3.25	1.12	3.73
	比例(%)	2.9	1	3.33

(二)土壤有效养分利用系数的分析计算

通过对肥效小区试验的土壤养分利用系数的汇总分析,土壤有效养分利用系数计算分析结果为:土壤碱解氮平均利用系数为73.26%,有效磷平均利用系数为53.31%,速效钾平均利用系数为58.84%(见表11-25)。

表11-25　小麦土壤有效养分利用系数

产量分级	产量水平(kg/667m^2)	碱解氮(%)	有效磷(%)	速效钾(%)
高	>450	84.06	63.37	73.52
中	350～450	72.63	52.21	57.87
低	<350	63.1	44.34	45.13

(三)肥料利用率的分析计算

通过对肥效小区试验的肥料利用率的汇总分析,肥料利用率计算分析结果为:氮肥平均利用率为32%,磷肥平均利用率为18.1%,钾肥平均利用率为43.3%(见表11-26)。

表11-26　小麦不同产量水平肥料利用率

产量分级	产量水平(kg/667m^2)	氮素(%)	磷素(%)	钾素(%)
高	>450	34.2	20.5	46.5
中	350～450	31.7	18.3	43.3
低	<350	30.2	15.6	40.2

二、小麦测土配方施肥丰缺指标

(一)土壤氮丰缺指标及氮肥推荐用量指标

麦田氮含量等级按照农田养分的实际情况划分为5个等级,即极高、高、中、低、极低。土壤供氮等级越高,相对产量越高,氮肥推荐用量越低。如处于供氮极高等级的麦田,相对产量高于95%,土壤碱解氮含量高于90mg/kg,氮肥推荐用量为9kg/667m^2。处于供氮极低等级的麦田,相对产量低于50%,土壤碱解氮含量低于45mg/kg,氮肥推荐用量为17kg/667m^2。处于供氮中等级的麦田,相对产量为75%～90%,土壤碱解氮含量为60～75mg/kg,氮肥推荐用量为11～14kg/667m^2(见表11-27)。

表 11-27　土壤碱解氮丰缺指标及氮肥推荐用量指标

肥力等级	相对产量(%)	碱解氮含量(mg/kg)	氮肥推荐用量(kg N/667m²)
极高	>95	>90	0～9
高	90～95	75～90	9～11
中	75～90	60～75	11～14
低	50～75	45～60	14～17
极低	<50	<45	17

(二)土壤磷丰缺指标及磷肥推荐用量指标

麦田有效磷含量等级按照农田养分的实际情况划分为 5 个等级,即极高、高、中、低、极低。土壤供磷等级越高,相对产量越高,磷肥推荐用量越低。如处于供磷极高等级的麦田,相对产量高于 95%,土壤有效磷含量高于 50mg/kg,磷肥推荐用量为 0～4kg/667m^2。处于供磷极低等级的麦田,相对产量低于 50%,土壤有效磷含量低于 20mg/kg,磷肥推荐用量为 10～12kg/667m^2。处于供磷中等级的麦田,相对产量为 75%～90%,土壤有效磷含量为 30～40mg/kg,磷肥推荐用量为 6～8kg/667m^2(见表 11-28)。

表 11-28　土壤有效磷丰缺指标及磷肥推荐用量指标

肥力等级	相对产量(%)	有效磷含量(mg/kg)	磷肥推荐用量(kg P_2O_5/667m^2)
极高	>95	>50	0～4
高	90～95	40～50	4～6
中	75～90	30～40	6～8
低	50～75	20～30	8～10
极低	<50	<20	10～12

(三)土壤钾丰缺指标及钾肥推荐用量指标

麦田速效钾含量等级按照农田养分的实际情况划分为 5 个等级,即极高、高、中、低、极低。土壤供钾等级越高,相对产量越高,钾肥推荐用量越低。如处于供钾极高等级的麦田,相对产量高于 95%,土壤速效钾含量高于 210mg/kg,钾肥推荐用量为 0kg/667m^2。处于供钾极低等级的麦田,相对产量低于 50%,土壤速效钾含量低于 120mg/kg,钾肥推荐用量为 11～14kg/667m^2。处于供钾中等级的麦田,相对产量为 75%～90%,土壤速效钾含量为 150～180mg/kg,钾肥推荐用量为 4～7kg/667m^2(见表 11-29)。

表 11-29　土壤速效钾丰缺指标及钾肥推荐用量指标

肥力等级	相对产量(%)	速效钾含量(mg/kg)	钾肥推荐用量(kg K_2O/667m^2)
极高	>95	>210	0
高	90～95	180～210	0～4

续表

肥力等级	相对产量(%)	速效钾含量(mg/kg)	钾肥推荐用量(kg K_2O/667m²)
中	75～90	150～180	4～7
低	50～75	120～150	7～11
极低	<50	<120	11～14

(四)小麦中微量元素的筛选和指标

参考中微量元素丰缺临界值,金乡县绝大部分中微量元素平均指标高于临界值,但近三分之一的地区有效钼含量相对较低。根据金乡县土壤测试结果以及小麦生长情况和栽培专家的意见,金乡县确定在小麦田中微量元素施肥时,对缺钼地块补充钼肥(钼酸铵)。

三、基肥和追肥比例

为了确定小麦氮肥基肥和追肥的比例,在总纯氮量为14kg、五氧化二磷量为10kg、氧化钾为7kg,且磷、钾素全部基施的栽培措施下,特安排了小麦氮肥基肥、追肥比例试验,试验处理为N 14kg/667m²、P_2O_5 10kg/667m²、K_2O 7kg/667m²,氮肥的基肥比例分别设置为80%、70%、60%、50%、40%、30%、20%(见表11-30)。

表11-30　小麦氮肥基肥、追肥比例试验结果

基肥比例	产量(kg/667m²)		
	高产田	中产田	低产田
80%	502.1	438.9	431.3
70%	522.3	433.7	428.9
60%	510.8	465.2	464.5
50%	533.1	486.8	433.4
40%	573.2	452.2	399.8
30%	532.2	445.1	382.2
20%	512.9	467.7	363.3

试验证明,高肥水地块以基追比为4∶6、中肥水基追比为5∶5、低肥水基追比为6∶4的小区产量最高,且成穗率较高,群体结构合理,个体发育较好,产量构成要素协调,有利于获得高产(见表11-31)。

表11-31　土壤肥力分级与小麦氮肥基追比例的参考方案

土壤肥力	全氮含量(g/kg)	基肥比例(%)	追肥比例(%)
低	1	50～60	40～60
中	1～2	50	50
高	>2	30～50	50～70

四、小麦施肥量分析

(一)小麦氮施肥量分析

计算不同产量水平及不同供氮水平下的最佳施肥量(见表 11-32)。

表 11-32　不同产量水平及不同供氮情况下的施肥量

计划产量(kg/667m²)	土壤碱解氮测试值(mg/kg) <60	60～75	>75
	需纯氮量(kg/667m²)		
>450	15～17	14～16	13～15
350～450	14～16	13～15	12～14
<350	13～15	11～13	10～12

(二)小麦磷施肥量分析

计算不同产量水平及不同供磷情况下的最佳施肥量(见表 11-33)。

表 11-33　不同产量水平及不同供磷情况下施肥量

计划产量(kg/667m²)	土壤有效磷测试值(mg/kg) <30	30～40	>40
	需五氧化二磷量(kg/667m²)		
>450	9～11	8～10	7～9
350～450	8～10	7～9	6～8
<350	7～9	6～8	5～7

(三)小麦钾施肥量分析

计算不同产量水平及不同供钾情况下的最佳施肥量(见表 11-34)。

表 11-34　不同产量水平及不同供钾情况下施肥量

计划产量(kg/667m²)	土壤速效钾测试值(mg/kg) <150	150～180	>180
	需氧化钾量(kg/667m²)		
>450	8～10	7～9	5～7
350～450	7～9	5～7	4～6
<350	6～8	4～6	0～4

第十二章　测土配方施肥配方设计与应用评价

测土配方施肥工作的重要环节之一是将田间土壤样品测定的大量数据进行优化处理，按照不同地区养分分布的特点和作物对养分吸收的特征，设计区域作物适宜施肥配方，并结合测土配方施肥技术指标体系进行区域配肥。近年来，随着计算机技术和信息技术的快速发展，优化施肥配方和区域配肥工作取得较大进展，施肥配方趋向系列化、多样化，适应性、可操作性增强，区域配肥与推荐施肥技术在生产中发挥出很大作用。

第一节　肥料配方设计的基本环节

在运用全球卫星定位系统进行土壤采样与测试的基础上，综合考虑行政区划、土壤类型、土壤质地、气象资料、种植结构、作物需肥规律等因素，借助信息技术生成区域性土壤养分空间变异图和县域施肥分区，优化设计不同分区的肥料配方。

一、GPS 定位指导下的土壤样品采集

土壤样品采集要求使用 GPS 定位，采样点的空间分布应相对均匀，如每 6.67hm^2 采集一个土壤样品，先在土壤图上大致确定采样位置，然后在标记位置附近采集多点混合土样。

二、土壤测试与土壤养分空间数据库的建立

将土壤测试数据和空间位置建立对应关系，形成空间数据库，以便能在地理管理信息系统中进行分析。

三、土壤养分分区图的制作

基于区域土壤养分分级指标，以地理管理信息系统为操作平台，使用 Kriging 等方法进行土壤养分空间插值，制作土壤养分分区图。

（一）地理管理信息系统

地理管理信息系统是 20 世纪 60 年代开始迅速发展起来的地理学研究新技术，是多学科交叉的产物。地理管理信息系统的定义是由两个部分组成的：一方面，地理管理信息系统是一门科学，是描述、存储、分析和输出空间信息的理论和方法的一门新兴交叉学科；另一方面，地理管理信息系统是一个技术系统，是以地理空间数据库为基础，采用地理模型分析方法，适时提供多种空间的动态地理信息，为地理研究和地理决策服务的计算机技

术系统。其基本特点是以图层的形式储存各类空间数据，不同的图层相互叠加形成完整的地理地图。

（二）区域土壤采样点的确定

根据研究区域的地形，设计区域采样点的布置方法。根据研究区域面积和拟采样点数目，设置取样间距。金乡县属平原区，根据土壤类型、土壤质地、作物种类、种植方式等，在全县 1∶50000 的土壤图上按照土种分布、点位空间距离进行详细的布点。区域土壤采样点的布置和采样点数目决定了 GIS 分析的精确度，是整项工作的基础。根据全县的地形条件和精确度要求确定研究区域的采样点位置和采样数目，涉及全县所有的 13 个乡镇的 659 个自然村。

（三）田间采样

采样点位置确定后，采样是否具有代表性也是决定分析结果的关键因素之一。利用全球定位系统记录采样点的地理坐标，每个样点按 10m 直径圆在圆心和周边采集多于 15 个 0～20cm 土壤样品，混合为 1 个基础土样。

（四）数据测定和读取

将土样带回化验室中风干，测定土壤养分，土壤养分含量的测定应该按规范的标准步骤进行，一个点的土壤养分含量的差异可能会导致整个区域土壤养分图出现偏差。为了保证数据录入工作的准确性，由专人负责，测定一批及时录入电脑，这保证了数据录入的规范性，极大地提高了工作效率，减少了返工的概率。将所有土壤养分的测定值保存在 Excel 表中，第一列是统一的样品编号，以后各列依次为有机质、全氮、碱解氮、有效磷、速效钾、缓效钾、有效锌、有效铜、有效铁、有效锰、有效硼和 pH。

（五）土壤养分图的制作

对于土壤有机质、氮、磷、钾、锌、硼、钼等养分数据，首先按照野外实际调查点进行整理，建立以各养分为字段、以调查点为记录的数据库。之后，进行土壤采样样点图与分析数据库的连接，在此基础上对各养分数据进行自动的插值处理。

在测土配方施肥工作中，土壤养分图的用途主要是为了直接服务于区域配肥，因此，土壤养分的分级应以土壤养分丰缺指标为依据，不需要为了突出空间变异而划分过多的等级。

四、分区配方制定与施肥推荐

针对土壤养分的空间分布特征，结合作物养分需求规律和施肥决策系统，生成县域施肥分区图和分区肥料配方。

在测土配肥施肥工作中，区域配肥是通过土壤养分含量测定的，结合推荐施肥技术在区域范围内实现“一袋子”肥，使农民在施用复合肥料的同时享受测土配方施肥技术。目前，我国的区域配肥多数是针对一种或一类作物一生的营养特点设计“万能作物专用肥”，这类作物专用肥既不能满足作物各个生长期的营养需求，又不能充分利用土壤养分供应，易造成氮肥分配不合理、磷肥施用过量、钾肥施用不足等问题。本部分针对金乡县区域配肥缺陷，从区域推荐施肥技术出发，针对不同的土壤养分含量获取方法，提出相应的区域配肥策略。

(一)区域氮素总量控制、分期调控技术

土壤氮素具有总体稳定和局部变异的双重特点。据前者,可将一定区域范围内作物全生育期氮肥施用总量控制在一个合理的范围内;据后者,可以在这个范围的基础上,根据作物氮素吸收规律,对不同生育期的氮肥用量进行分配。

(二)区域磷、钾恒量监控技术

与土壤氮素变异特征不同,土壤磷、钾具有连续变异的特点,这一变异的大小和方向由磷、钾肥施用量和作物需求量之间的动态平衡决定。据此,可以根据一定区域范围内土壤有效磷、钾的检测和作物多年施肥的反应,确定较长时段(一般为3～5年)磷、钾的相对恒定用量,将作物根层土壤有效磷、钾水平构建或保持在一个适宜的水平上,该水平既可以满足高产优质作物对磷、钾供应的需求,又可以避免过量投入造成的资源浪费。

(三)区域微量元素的因缺补施技术

微量元素施肥原则与大量元素不同,在确定了土壤丰缺临界值的基础上,一般微肥用量相对固定。因此,可以通过土壤测试或田间缺素试验确定一定区域土壤的微量元素缺乏程度,也可参考表12-1制定的微量元素肥料的施用标准。

表12-1 土壤微量元素的丰缺指标和建议用量

元素	测试方法	丰缺临界值(mg/kg)	建议用量(kg/hm^2)	肥料类型
硼(B)	热水	0.5	11～23	硼砂
钼(Mo)	草酸+草酸铵 pH 3.3	0.15	0.7～1.7	钼酸铵
锰(Mn)	1mol/L 乙酸+醋酸铵 pH 7.7	5	3～6	$MnSO_4 \cdot H_2O$
锌(Zn*)	1mol/L HCl	1.5	25～150	$ZnSO_4 \cdot 7H_2O$
锌(Zn**)	DTPA+$CaCl_2$+TEA pH 7.3	0.5	25～150	$ZnSO_4 \cdot 7H_2O$

注:*酸性土壤;**石灰性土壤。

在20世纪50～60年代以施用有机肥为主、化肥为辅的情况下,微量元素缺乏并不突出。随着大量元素肥料施用量成倍增长,作物产量大幅度提高,加之有机肥投入比重下降,使土壤中的微量元素逐步消耗且没有及时补充,仅依靠农业内部物质循环已经不能维持平衡,中微量元素缺素症状已经显现。

可以通过土壤测试或植株化学测试等确定一定区域范围内中微量元素的施用范围。根据大蒜微肥肥效试验,亩施微肥25kg,大蒜平均单产(干蒜)为990.3kg/667m²,对照区平均单产(干蒜)为829.6kg/667m²,施微肥处理增产达19.4%(见表12-2)。

表 12-2　　大蒜微肥试验结果对比

	对照区	微肥 25kg/667m^2
大蒜单产(干蒜)(kg/667m^2)	829.6	990.3

(四)区域增施有机肥培肥技术

有机肥中富含有机质、多种矿质元素和大量微生物,不仅可以直接供给作物所需要的有机和无机养分,而且在改良和培肥土壤方面有着重要的作用。主要表现在:一是提高土壤有机质含量,改善土壤的理化性质。长期施用有机肥,可提高土壤的有机质含量,并促进团粒结构特别是水稳定性团粒结构的形成,提高土壤的孔隙度、吸水性、保水性、吸热保温性,协调土壤水、肥、气、热之间的矛盾;有机肥中的腐殖质带有较多的负电荷,阳离子代换量一般比土壤矿物黏粒大 10～20 倍,因此施用有机肥可提高土壤阳离子的代换量,增强土壤保肥供肥能力;有机肥中的有机质和腐殖酸盐具有较高的缓冲性能,可以调解土壤 pH 的变化,减轻一些有害元素的活性和危害。二是增强土壤生物活性,促进土壤养分的有效化,提高土壤有效养分含量。有机肥中存在大量种类繁多的微生物,有机肥的施用不仅将其所含的微生物带入了土壤,更主要的是为土壤微生物的生命活动提供了充足的能源物质和营养物质,可激发土壤微生物的活性,一方面促进土壤有机质的矿质化,另一方面促进土壤有机质的腐殖化,既为作物提供营养物质,又可培肥地力。

20 世纪 50～90 年代,每隔 10 年金乡县有机肥用量分别占肥料投入量的 90%、80%、70%、60%、40%,也就是说有机肥料的施用量每隔 10 年约下降 10%。20 世纪 80 年代后,化肥作为当家肥的局面基本形成。金乡县农业生产中存在"重无机化肥,轻有机肥"的现象,导致出现环境污染,农产品品质和耕地质量逐渐下降等一系列问题。主要措施如下:

(1)增施有机肥,包括腐熟好的农家肥和商品有机肥。建议亩施腐熟畜禽粪便 2000～3000 kg,或饼肥 100～200kg,或精制有机肥 160～200kg,或生物有机肥 160～200kg。作物施用各种有机肥,效果通常可在施用 1～3 年内显现,作物植株青绿粗壮、不早衰。

(2)大力推行秸秆还田。秸秆还田是增加土壤养分,提高土壤有机质含量,改善土壤理化性状和钾素、磷素营养条件,增强土壤微生物和酶活性的重要途径。目前,特别是近几年来,金乡县大力提倡小麦、玉米机收直接还田技术。

(3)用地、养地相结合,粮肥轮作、间作。随着农业生产的发展,复种指数越来越高,致使许多土壤有机质含量降低,肥力下降。实行粮肥轮作、间作制度,不仅可以保持和提高有机质含量,而且可以改善土壤有机质的品质,活化已经老化了的腐殖质。

(4)栽培绿肥可为土壤提供丰富的有机质和氮素,改善农业生态环境及土壤的理化性状。

第二节　区域施肥及肥料配方设计

一、农民施肥习惯

(一)大蒜的习惯施肥方式

氮肥 3/4 作基肥、1/4 作追肥,磷肥全部作基肥,钾肥 1/4 作基肥、3/4 作追肥。

(二)棉花的习惯施肥方式

轻施苗肥,稳施蕾肥,重施花铃肥,补施盖顶肥。对于蒜棉套种地块,由于蒜棉有近一个月的共生期,不再单独施用基肥。

(三)小麦的习惯施肥方式

第一次施肥:播种时,氮肥的 40%～60%作基肥,磷、钾肥一次性作基肥,主要以尿素、磷酸二铵或复合肥为主。第二次施肥:来年小麦起身—拔节期追 40%～60%的氮肥(以尿素为主)。

二、区域施肥及肥料配方方案设计

基于农作物的肥料配方设计,首先确定氮、磷、钾养分的用量,然后确定相应的肥料组合,通过提供配方肥料或发放配肥通知单,指导农民使用。肥料用量的确定方法主要综合利用土壤与植物测试推荐施肥方法、肥料效应函数法、土壤养分丰缺指标法和养分平衡法等肥料配方方法。氮肥推荐用量确定是根据土壤供氮状况和作物需氮量,借助实时动态监测和精确调控技术、基肥和追肥调控技术,并考虑农民的施肥习惯,制定配方。磷肥的推荐用量是通过土壤测试和养分平衡监控技术,根据土壤有效磷测试结果和养分丰缺指标进行分级,当有效磷水平处在中等偏上时,将目标产量需要量(只包括带出田块的收获物)的 100%～110%作为当季磷肥用量,随着有效磷含量的增加,相应减少磷肥用量,直至不施;随着有效磷的降低,需要适当增加磷肥用量,在极缺磷的土壤上,可以施到需要量的 150%～200%。钾肥的推荐用量首先需要确定施用钾肥是否有效,再考虑有机肥和秸秆还田带入的钾量,同时根据土壤测试值确定钾肥用量,一般大田作物磷、钾肥料全部作基肥。中微量元素采用因缺补缺的矫正施肥策略。基本流程如图 12-1 所示。

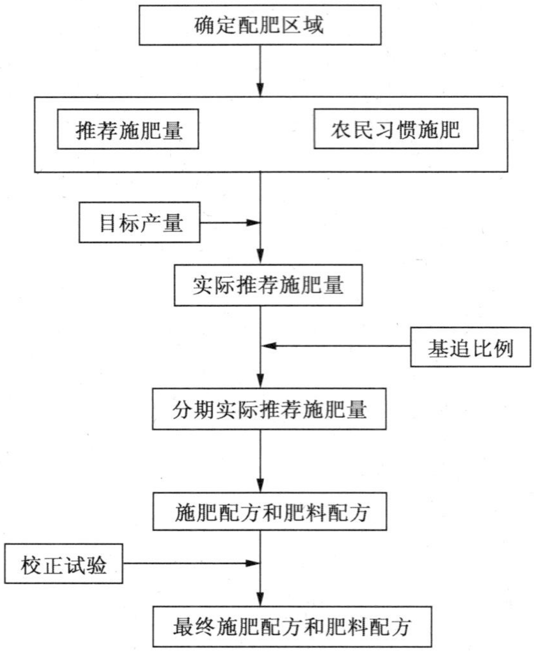

图 12-1　区域施肥配方基本流程

三、肥料配方及配方肥供应流程

配方的确定通常由农业专家和专业的农业科技人员来完成。如聘请一些农业院校、农业科学院和土肥管理站的知名土肥专家组成专家组，针对地块和作物，分析和研究有关技术数据资料，科学地确定肥料配方。不同的地块以及不同的作物，肥料的配方都不一样。首先要根据已经采集的土样，进行化验和分析，了解土壤的营养状况，再根据需要种植作物的需肥和土壤的缺肥情况来进一步确定肥料的配方。已经确定的肥料配方再由各地的农业技术推广中心或土肥站负责肥料的配置。首先要由农户提供各个地块种植的作物品种及其规划的产量指标，农业科技人员根据一定产量指标的作物需肥量、土壤供肥量和不同肥料的当季利用率，确定肥料的配比和具体施肥量。这个肥料配方应该按照测试的地块落实到农户，按农户和作物开方，按方施肥，以便农户能买到现成的配方肥，"对症下药"，方便实用，效果较好。

配方肥是按照山东省土壤肥料总站安排，委托山东网联肥业科技有限公司具体负责统一包装、统一密码标示、统一质量监控、统一协调配送。用肥前依据取土化验的结果、作物的需肥规律和肥料效应等，拟出作物所需配方，配方肥料由省网联公司招标确定的加工企业生产，下发"项目肥报价表"后，中标企业根据品种报价，由网联公司统一协调配送。质量由网联公司与金乡县土壤肥料工作站联合监管。经权威部门抽样检验合格后才能配送到镇(村)供肥点。

(一)肥料配方设计

土壤样品采集要求使用 GPS 定位，采样点的空间分布应相对均匀，如每 6.67hm^2 采集一个土壤样品，先在土壤图上大致确定采样位置，然后在标记位置附近采集多点混合土样。项目实施六年来，采样点已实现县域全覆盖。制备好的土样在土肥站化验室完成基本的土样测试，部分中微量元素的化验委托山东农业大学完成。化验取得的数据输入数据库，针对土壤养分的空间分布特征，并结合作物养分需求规律和施肥决策系统，生成县域施肥分区图和分区肥料配方。

根据金乡县土壤养分状况、供肥特点和不同农作物养分吸收规律，结合田间肥料试验结果，通过优化比对研制出大蒜高效配方肥 10 种、棉花高效配方肥 2 种、小麦配方肥 2 种(见表 12-3)。

表 12-3 肥料配方及配方肥规格

作 物	配 方	包装规格
大蒜	16—10—16(42%)氨化造粒	50kg/袋
	17—12—16(45%)控释缓释	40kg/袋
	18—12—16(46%)控释缓释	40kg/袋
	17—11—17(45%)氨化造粒	40kg/袋
	16—9—20(45%)	40kg/袋
	15—5—10,15—5—20 复混肥	50kg/袋
	15—11—14(40%)	50kg/袋
	15—15—15(45%)尿基喷浆	50kg/袋
	14—11—16(41%)控释缓释	40kg/袋
	20—0—18(38%)冲施肥	20kg/袋
棉花	15—8—17(40%)	50kg/袋
	15—10—20(45%)	50kg/袋
小麦	17—9—16(42%)缓释	50kg/袋
	17—10—15(42%)缓释	50kg/袋

(二)配方肥供应模式

目前，金乡县农民按方施肥有两种选择：一是农民根据配方建议卡自行购买各种肥料，配合施用；二是由配肥企业按配方加工配方肥，建立肥料营销网络和销售台账，向农民供应配方肥。金乡县农业局与山东农大肥业科技有限公司、金乡蒜乡肥业化工有限公司签订配方肥生产销售协议，生产企业按照县土肥站提供的配方组织生产，并保障供应。

金乡县的主导经济作物是大蒜和棉花，近年来虽提倡发展多元种植模式，但是用肥还是主要集中在 9～10 月，作为大蒜底肥施用，春季冲施及棉花施用肥料相对较少。这就容易造成施用季节配方肥的产供缺口大，容易出现肥料供应不及时的情况。金乡县的作物种类和其他地区不同，所需肥料多为专用肥，制定的配方适应金乡需求而与其他粮食产区有区别，这样就造成肥料企业在市场预期不明的情况下不敢贸然针对金乡市场多生产，提前统计的用肥量与实际需肥量出入较大。但在用肥季节农民需肥较为急切，而肥料企业却难以在短时间内生产出足够的肥料。

针对这一情况，从2006年起，金乡县就开始摸索配方肥销售推广的科学模式，并学习借鉴其他地区的好方法、好路子。金乡县用肥量大，肥料市场比较混乱，几乎各村都有农资肥料销售点，这也给配方肥的推广增加了难度。最初是在全县各村找100名农民联络员负责本村配方肥统计销售，由土肥站统一订肥送肥。这个方法劳动量大，100名联络员素质不齐，作为初次探索，配方肥销售未达到预期效果。2007年，让部分村干部担任配方肥联络员，并在各乡镇选择信誉好、有资质的农资门市设立供肥点，双管齐下，其中在各乡镇设立供肥点模式一直沿用至今。

经过多年摸索总结，金乡县在配方肥销售上充分利用肥料生产企业、销售企业的营销网点资源，构建配方肥供应网络。在基层肥料经销网点中进一步筛选一部分网点，由金乡县农业局挂牌认定为配方肥定点供应服务网点，由其提供培训指导和技术支持，帮助农民选肥、购肥，并每年进行经销人员素质培训。

第三节　施肥配方和配方肥的校验及应用评价

一、测土配方施肥肥效验证

农民是测土配方施肥技术的最终执行者和落实者，也是最终受益者。检验测土配方施肥的实际效果，并及时获得农民的反馈信息，可不断完善管理、技术和服务体系。同时，为科学地评价测土配方施肥的实际效果，必须对一定的区域进行动态调查。采取测土配方施肥农户与常规施肥农户比较（从作物产量和经济效益方面评价）的方法，进行测土配方施肥效果评价，结果如表12-4所示。

表12-4　测土配方施肥对比试验结果表

作　物	地　点	习惯施肥区产量（kg/667m²）	配方施肥区产量（kg/667m²）	增产率（%）	亩节本增效（元）
大蒜	化雨乡李辛庄	1356.9	1467.2	8.1	456
	高河乡王庄	1312.5	1397.1	6.4	372
	羊山镇满庄村	1219.1	1343.6	10.2	479
	马庙镇徐寨门	1041.6	1132.8	8.8	384
	王丕镇马楼	1014.3	1099.6	8.4	376
	兴隆乡大李楼	1146.6	1219.5	6.4	294
	鱼山镇荆庄村	1122.7	1238	10.3	421
	化雨乡孔庄	1117.3	1200.3	7.4	342
	吉术镇侯楼村	1043.5	1155.6	10.7	414
	胡集镇安五王村	1182.5	1289.5	9	415

续表

作物	地点	习惯施肥区产量(kg/667m²)	配方施肥区产量(kg/667m²)	增产率(%)	亩节本增效(元)
棉花	马庙镇南周村	82.2	86.9	5.7	106
	化雨乡王楼村	72.4	79.2	9.4	138
	胡集镇孟店村	66.2	72.1	8.9	121
	化雨乡李关村	83.5	91.2	9.2	148
	吉术镇西李村	82.8	88.7	7.1	119
	王丕镇康桥村	70.4	75.4	7.1	99
	兴隆乡大棠树村	77.4	83.3	7.6	117
	羊山镇后李村	87.7	95.1	8.4	141
	鱼山镇石店村	83.3	89.9	7.9	125
小麦	卜集乡孙珩村	531.5	582.9	9.7	59
	肖云镇菜园村	533.4	564.7	5.9	39
	高河乡大徐楼村	548.9	583.1	6.2	42
	胡集镇东孙楼村	489.6	528.5	7.9	47
	胡集镇张堂村	514.4	546.8	6.3	40
	化雨乡冯海村	499.2	540.3	8.2	49
	鸡黍镇南李楼村	513.9	544.2	5.9	38
	马庙镇江楼村	477.8	514.6	7.7	45
	司马镇杨关村	505.3	531.3	5.1	34

二、施肥配方及配方肥应用实例

(一)大蒜配方肥应用效果

1. 试验安排与设计

大蒜配方肥试验点设在平坦、整齐、肥力均匀、具有代表性的不同肥力水平的地块上，试验共设 3 个处理：配方施肥区、习惯施肥区和空白对照区。每个处理面积为 200～600m^2。配方施肥区施肥量(纯养分)确定为 21—15—20，习惯施肥确定为 23—18—23。

2. 试验地基本情况

试验地土壤养分状况如表 12-5 所示，试验地土壤为壤质潮土。

表 12-5　　试验点土壤养分含量表(大蒜)

地　点	有机质(g/kg)	碱解氮(mg/kg)	有效磷(mg/kg)	速效钾(mg/kg)
化雨乡李辛庄	12.6	53	39.8	214
高河乡王庄	12.8	66	26.6	210
羊山镇满庄村	13.4	71	27.5	182
马庙镇徐寨门	12.3	56	25.9	224
王丕镇马楼	12.7	52	22.6	128
兴隆乡大李楼	11.8	63	28.9	186
鱼山镇荆庄村	11.9	63	29.8	112
化雨乡孔庄	11.5	48	36.6	108
吉术镇侯楼村	12.6	62	32.3	135
胡集镇安五王村	12.5	83	27.9	235

3. 结果与分析

测产结果表明,10 个试验点各处理间亩产量差异极显著。即配方施肥区和习惯施肥区与空白对照区相比,都达极显著水平。配方施肥区比空白对照区增产 18.76%,习惯施肥区与对照区相比,平均增产率为 9.43%,配方施肥区比习惯施肥区增产 8.53%(见表 12-6)。

表 12-6　　大蒜测土配方施肥产量调查结果

地　点	配方区($kg/667m^2$)	习惯施肥区($kg/667m^2$)	空白对照区($kg/667m^2$)
化雨乡李辛庄	1467.2	1356.9	1237.7
高河乡王庄	1397.1	1312.5	1215.5
羊山镇满庄村	1343.6	1219.1	1113.6
马庙镇徐寨门	1132.8	1041.6	966.8
王丕镇马楼	1099.6	1014.3	970.2
兴隆乡大李楼	1219.5	1146.6	1027.9
鱼山镇荆庄村	1238	1122.7	1012.5
化雨乡孔庄	1200.3	1117.3	1047.4
吉术镇侯楼村	1155.6	1043.5	946.3
胡集镇安五王村	1289.5	1182.5	1022.7
平均值	1254.3	1155.7	1056.1
差异显著度	$F=6.32$　$F_{0.01}=5.49$		

配方施肥对大蒜的株高、茎粗在年前无显著影响，在年后返青期之后变得相对明显。施用配方肥的大蒜植株粗壮，干尖、黄叶现象较轻，在拔薹后蒜棵无明显倒伏现象。蒜瓣紧实不松散，商品性较高。在产量及经济效益方面，配方施肥区比习惯施肥区平均亩减少施肥（纯量）8kg，亩均增加产量98.6kg，平均增产率为8.53%，亩均增产节支350元左右。

（二）棉花配方肥应用效果

1. 试验安排与设计

棉花配方肥试验点设在平坦、整齐、肥力均匀、具有代表性的不同肥力水平的地块上，试验共设3个处理：配方施肥区、习惯施肥区和空白对照区。每个处理面积为120m^2。配方施肥区施肥量（纯养分）确定为14—6—10，习惯施肥确定为16—7—10。

2. 试验地基本情况

试验地土壤养分状况如表12-7所示，试验地土壤为壤质潮土。

表12-7　试验点土壤养分含量表（棉花）

地　点	有机质(g/kg)	碱解氮(mg/kg)	有效磷(mg/kg)	速效钾(mg/kg)
马庙镇南周村	12.1	66	58.61	142
化雨乡王楼村	13.1	51	36.39	201
胡集镇孟店村	15.2	75	54.58	179
化雨乡李关村	8.1	110	70.33	184
吉术镇西李村	10.1	74	51.57	225
王丕镇康桥村	11	77	84.06	344
兴隆乡大棠树村	15.5	100	89.84	259
羊山镇后李村	14.3	114	88.07	277
鱼山镇石店村	14.9	111	97.78	252

3. 结果与分析

测产结果表明，9个试验点各处理间亩产量差异极显著。即配方施肥区和习惯施肥区与空白对照区相比，都达极显著水平。配方施肥区比空白对照区增产15.89%，习惯施肥区与对照区相比，平均增产率为7.39%，配方施肥区比习惯施肥区增产7.9%（见表12-8）。

表12-8　棉花测土配方施肥产量调查结果

地　点	配方区(kg/667m^2)	习惯施肥区(kg/667m^2)	空白对照区(kg/667m^2)
马庙镇南周村	86.9	82.2	78.9
化雨乡王楼村	79.2	72.4	67.4
胡集镇孟店村	72.1	66.2	63.3
化雨乡李关村	91.2	83.5	76.4
吉术镇西李村	88.7	82.8	73.5

续表

地　点	配方区(kg/667m²)	习惯施肥区(kg/667m²)	空白对照区(kg/667m²)
王丕镇康桥村	75.4	70.4	64.4
兴隆乡大棠树村	83.3	77.4	72.1
羊山镇后李村	95.1	87.7	82.3
鱼山镇石店村	89.9	83.3	78.5
平均值	84.6	78.4	73
差异显著度		$F=5.84$　$F_{0.01}=5.61$	

施用配方肥的棉花植株不早衰，植株粗壮，叶色浓绿，相同条件下抗病性较强，衣分高。在产量及经济效益方面，配方施肥区比习惯施肥区平均亩减少施肥(纯量)3kg，亩均增加产量 6.2kg，平均增产率为 7.9%，亩均增产节支 120 元左右。

(三)小麦配方肥应用效果

1. 试验安排与设计

小麦配方肥试验点设在平坦、整齐、肥力均匀、具有代表性的不同肥力水平的地块上，试验共设 3 个处理：配方施肥区、习惯施肥区和空白对照区。每个处理面积为 150m²。配方施肥区施肥量(纯养分)确定为 10—6—6，习惯施肥确定为 12—6—6。

2. 试验地基本情况

试验地土壤养分状况如表 12-9 所示，试验地土壤为壤质潮土。

表 12-9　　试验点土壤养分含量表(小麦)

地　点	有机质(g/kg)	碱解氮(mg/kg)	有效磷(mg/kg)	速效钾(mg/kg)
卜集乡孙珩村	14.2	122	62.23	292.46
肖云镇菜园村	14.1	61	50.59	216.92
高河乡大徐楼村	15.2	79	48.19	211.85
胡集镇东孙楼村	12	70	31.39	162.91
胡集镇张堂村	17.1	134	34.41	182.24
化雨乡冯海村	11.8	63	61.99	264.74
鸡黍镇南李楼村	9.8	104	63.19	119.45
马庙镇江楼村	13.2	118	71.85	281.77
司马镇杨关村	11.6	56	24.36	155.62

3. 结果与分析

测产结果表明，9 个试验点各处理间亩产量差异极显著。即配方施肥区和习惯施肥区与空白对照区相比，都达极显著水平。配方施肥区比空白对照区增产 13.91%，习惯施肥区与对照区相比，平均增产率为 6.48%，配方施肥区比习惯施肥区增产 6.98%(见表 12-10)。

表 12-10　　小麦测土配方施肥产量调查结果

地　点	习惯施肥区(kg/667m^2)	配方施肥区(kg/667m^2)	空白对照区(kg/667m^2)
卜集乡孙珩村	531.5	582.9	510.1
肖云镇菜园村	533.4	564.7	493.8
高河乡大徐楼村	548.9	583.1	510.3
胡集镇东孙楼村	489.6	528.5	471.6
胡集镇张堂村	514.4	546.8	483.5
化雨乡冯海村	499.2	540.3	464.6
鸡黍镇南李楼村	513.9	544.2	472.1
马庙镇江楼村	477.8	514.6	449.3
司马镇杨关村	505.3	531.3	478.5
平均值	512.7	548.5	481.5
差异显著度	$F=25.29$　$F_{0.01}=5.61$		

配方施肥地块的单株分蘖多，且叶色浓绿，生长健壮，早分蘖(3～5 天)，早成熟(2～3 天)，穗多、粒多、粒重，在高、中、低产田都获得显著的效益。在产量及经济效益方面，配方施肥区比习惯施肥区，平均亩减少施肥(纯量)2kg，亩均增加产量 35.8kg，平均增产率为 6.98%，亩均增产节支 75 元。

第四篇　测土配方施肥技术应用与推广

第十三章　主要作物施肥技术

第一节　大蒜施肥技术

一、作物特性

大蒜是喜好冷凉气候的蔬菜。经过休眠期的蒜瓣，在3℃～5℃的低温下便可以萌发，萌发的适宜温度为16℃～20℃，30℃以上的高温对萌发有抑制作用，所以，秋播大蒜播种过早时出苗慢。幼苗期的适宜温度为12℃～16℃，可耐短时间－10℃的低温。大蒜根系浅，根毛少，喜湿、喜肥，但不耐旱。不同生育期对土壤肥水要求有差异。幼苗期要适当降低土壤湿度，防止苗子徒长，促进根系向纵深发展，避免蒜种因土壤过湿而提早腐烂，对幼苗生长造成不利影响。退母结束后，大蒜叶片生长加快，水分消耗增多，需要保持较高的土壤湿度，促进植株生长，为花芽、鳞芽的分化和发育打基础。花茎伸长和鳞茎膨大期是大蒜生长日趋旺盛的时期，要求较高的土壤湿度。当鳞茎充分膨大，根系逐渐枯萎，鳞茎外面数层叶鞘逐渐失去水分，变成膜状时，应降低土壤湿度，防止鳞茎外皮腐烂变黑及散瓣。

大蒜对气候条件适应性强，在我国南北各地普遍栽培，南方秋播，华北多秋播，亦可春播，东北则多春播。金乡县是我国著名的大蒜特产区之一，金乡大蒜为秋播大蒜，一般在10月上中旬播种，翌年5月下旬收获，全生育期为220～240天。完成一个生命周期需要经历出苗期、幼苗期、花芽及鳞芽分化期、花茎伸长期、鳞茎肥大期和休眠期。大蒜早期发根长叶所需要的养分主要来源于蒜瓣中储藏的养分，所以，播种所用蒜瓣的大小对大蒜以后的生长发育状况有很大的影响。花茎伸长期，叶片全部展开，叶面积迅速增长，花茎生长加快，鳞茎逐渐增大，是大蒜植株生长量最大的时期，也是生产上水肥管理的关键时期。花茎伸长后期，鳞芽生长开始加快，花茎采摘后叶片中的养分集中运输到鳞芽中，鳞芽重量迅速增加，直到鳞茎成熟前1周左右，增长速度逐渐减慢，所以，及时采收蒜薹有助于鳞茎的肥大。鳞茎肥大期后，根系大量死亡，叶片枯黄，叶鞘中的养分由于向鳞芽中转移而变薄变软，乃至倒伏。包围鳞芽的数层叶鞘变成薄膜状，以保护鳞芽，防止失水干燥。

二、大蒜需肥量和需肥规律

在一般栽培条件下，每生产 1000kg 大蒜，需从土壤中吸收纯 N 13kg、P_2O_5 3.5kg、K_2O 11kg。大蒜对氮、磷、钾的吸收量，随着品种特性、栽培技术、土壤、气候等不同而有所变化。

大蒜生长期间需要大量的营养元素，主要为氮、磷、钾。全生育期吸收氮最多，钾次之，磷最少。在整个生长过程中，各生育期对氮、磷、钾的吸收各不相同。各生育期吸收的氮、磷、钾数量占总吸收量的百分比分别为：发芽期，N 0.87%、P_2O_5 0.95%、K_2O 0.94%；幼苗期，N 9.89%、P_2O_5 8.38%、K_2O 6.11%；分化期，N 6.07%、P_2O_5 4.55%、K_2O 8.39%；伸长期，N 37.68%、P_2O_5 64.27%、K_2O 35.18%；膨大期，N 45.49%、P_2O_5 21.85%、K_2O 49.38%。呈现前期少、中后期多的吸肥特点。氮、钾的吸收高峰是鳞茎膨大期，磷的吸收高峰是蒜薹伸长期（见图 13-1）。

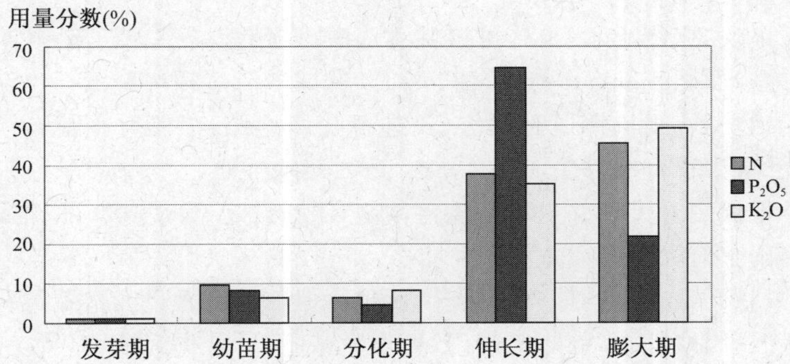

图 13-1　大蒜各生育期吸收的氮、磷、钾占总吸收量百分比

大蒜对硫、钙、铜、硼、锌、铁等中微量元素敏感，增施上述中微量元素有增产和改善品质的作用。如大蒜缺钙时，叶片上出现坏死斑，随着坏死斑的扩大，叶片下弯，叶尖很快死亡；缺镁时，叶片褪绿，先在老叶片基部出现，逐渐向叶尖发展，叶片最终变黄死亡；缺硼时，新生叶产生黄化，严重时叶片枯死，植株生长停滞，解剖叶鞘可见褐色小龟裂。

三、施肥技术

大蒜苗期所需营养多由母瓣供应，在叶片旺盛生长期和鳞茎迅速膨大期，需要的营养较多。大蒜吸肥力弱，但需肥量大，苗期时间长。根据这一特点，施肥时应本着少量多次的原则。但由于金乡大蒜全部实行覆膜栽培，追肥不便于操作，春后浇水、冲肥晚，故应以基肥为主、追肥为辅。金乡县由于连年种植，大蒜重茬病逐渐显现，并有增大趋势。目前，全县大部分地块都不同程度地出现了重茬症状，农业部门积极应对，通过换茬、增施有机肥、秸秆还田、深耕等措施来缓解症状。重茬地块春后浇水冲肥后，蒜叶容易出现不同程度的变黄，严重时甚至整株枯死。对此，应比正常地块加大基肥投入量，春季结合天气状况尽量推迟浇水冲肥时间，冲肥选择氨基酸、腐殖酸等有机肥，偏施钾肥，少施氮肥，以缓解大蒜病情。

(一)施肥方法

氮肥3/4作基肥、1/4作追肥,磷肥全部作基肥,钾肥3/4作基肥、1/4作追肥。

1. 基　肥

全部的有机肥、3/4的氮肥、全部的磷肥、3/4的钾肥作为基肥,一般亩施厩肥或堆肥2000～3000kg(或精制有机肥80～100kg),N 23kg、P_2O_5 16kg、K_2O 18kg。

2. 追　肥

剩余1/4的氮肥和1/4的钾肥作追肥,一般亩追N 7kg、K_2O 6kg。追肥分两次进行,在4月10日前后浇第一遍水时,随水冲施N4kg、K_2O 2kg;在4月下旬浇第二遍水时,随水冲施N 3kg、K_2O 4kg。

实际生产中,春季浇水冲肥应结合当时天气状况,适时操作。尤其是在蒜薹伸长和蒜头膨大期,大蒜需要充足的水分和营养以及不太高的地温,可根据不同地块、不同发病程度精细管理。

正常无病地块:应浇大水,浇足、浇透,亩施冲施肥或溶性较好的复合肥或可溶性海藻酸(腐殖酸、氨基酸)肥料10～15kg。

重茬较轻地块:应浇小水,亩施可溶性海藻酸(腐殖酸、氨基酸)肥料5～10kg,并进行叶面追肥,喷施叶面肥或0.5%的尿素和0.3%的磷酸二氢钾稀释液,5～7天喷一次。

重茬较重地块:应视墒情适时浇水,先进行叶面追肥,喷施叶面肥或0.5%的尿素和0.3%的磷酸二氢钾稀释液,5～7天喷一次,适时浇水冲肥。

全县各类地块应看天气并视墒情浇水冲肥,下雨之前不宜浇水,应推迟浇水时期,防治浇水后再遇雨水对大蒜造成危害。

另外,中微量元素在作物体内虽然含量很低,但却具有大量元素不可替代的作用。根据土壤养分状况,因缺补缺,针对性使用,可作为基肥,也可作为追肥。

(二)有机大蒜施肥

1. 允许施用的肥料

肥料的施用应符合GB/T 19630—2011有机产品新标准的要求。允许施用有机肥、绿肥和天然矿质肥料,一般采用自制的腐熟有机肥,施用商品有机肥只能是在自身肥源不能满足需要情况下的一种辅助措施,且商品有机肥须经相关认证机构批准方可施用。

2. 肥料的无害化处理

有机肥在施用前2个月需进行无害化处理,将肥料泼水拌湿、堆积、覆盖塑料膜,使其充分发酵腐熟。发酵期堆内温度高达60℃以上,可有效杀灭堆肥中带有的病虫及杂草种子,且处理后的肥料易被大蒜吸收利用。

3. 施肥量

有机肥养分含量低,用量要充足,以保证有足够的养分供给。生产有机大蒜一般亩施腐熟畜禽粪便3000～5000kg和饼肥100～200kg。

4. 施足底肥

将施肥量的80%用作底肥,结合耕地将肥料均匀地混入耕作层内,以利于根系吸收。

5. 巧施追肥

结合"壮苗水""催薹水"冲施"壮苗肥""催薹肥",一般每亩每次冲施沼液200

～300kg。

(三)大蒜肥害的发生原因及预防措施

大蒜根系为弦状须根，几乎没有根毛，入土浅，根群小，吸肥力弱，但需肥量大，是一种喜肥耐肥作物。只有供给充足的肥料，才能满足高产优质的需要。但若施肥过量或施用方法不当，也会发生肥害。不仅播种至出苗期会受底肥肥害，生育过程中也可能受追肥肥害，施肥时需注意预防。

第二节　棉花施肥技术

一、作物特性

棉花的生长分为萌芽出苗、苗期、蕾期、花铃期和吐絮成熟期5个阶段。金乡县春季气温回升慢，且起伏波动较大，棉花出苗期易受寒潮侵袭，7～8月降水十分集中，不少地方排涝不及时，极易发生渍涝，且在金乡县普遍存在提早拔柴现象，人为缩短了棉花的生长时间。鉴于以上不利因素，在棉花生产中应选用抗逆性较强、成熟较早的品种，并采用前期快发、中期稳长、后期早熟的综合栽培措施。

二、棉花需肥量和需肥规律

(一)需肥量

棉花在不同产量水平下，需肥数量不同，其吸收氮、磷、钾的量随产量的增加而提高。棉花不同生育时期的需肥量不同，对氮、磷、钾等各营养元素的吸收比例也不一样。从整个生育期看，苗期和成熟期吸收养分较少，现蕾后逐渐增多，花铃期达到高峰，进入吐絮期，营养体生长逐渐衰退，对养分的吸收也下降。在金乡县，一般每生产100kg皮棉需吸收N 14.03kg、P_2O_5 4.48kg、K_2O 14.03kg，且随着产量的提高，每生产100kg皮棉吸收的氮、磷、钾的数量呈减少趋势(见表13-1)。

表13-1　棉花不同产量吸肥量

平均产量 ($kg/667m^2$)	吸收量($kg/667m^2$)			100kg皮棉吸收养分量(kg)			$N:P_2O_5:K_2O$		
	N	P_2O_5	K_2O	N	P_2O_5	K_2O			
70	10.61	3.3	10.85	14.66	4.57	14.35	1	0.31	0.98
100	13.32	4.69	13.35	14.03	4.48	14.03	1	0.32	1

金乡县棉田土类主要是潮土，还有褐土、水稻土。耕层养分平均含量：有机质为10～16g/kg，碱解氮为50～110mg/kg，有效磷为30～70mg/kg，速效钾为90～280mg/kg。大多数的棉田属中高肥力田。高肥力土壤，有机质高于12.5g/kg，碱解氮在90mg/kg以上，有效磷在50mg/kg以上，速效钾在210mg/kg以上，亩产皮棉在100kg以上；中肥力土壤，有机质为10～12.5g/kg，碱解氮为60～90mg/kg，有效磷为30～50mg/kg，速效钾为150～210mg/kg，亩产皮棉75～100kg；低肥力土壤，有机质为9～11g/kg，碱解氮为30

～70mg/kg，有效磷为 20～40mg/kg，速效钾为 90～150mg/kg，亩产皮棉 50～75kg。

（二）需肥规律

棉花苗期氮、磷、钾的吸收量分别占其全生育期总吸收量的 5.5％、3.4％和 5.7％；蕾期对氮、磷、钾的吸收量分别占其全生育期总吸收量的 27.8％、22.5％和 29％；花铃期对氮、磷、钾的吸收量分别占其全生育期总吸收量的 54.4％、66.4％和 58.2％；成熟期对氮、磷、钾的吸收量分别占其全生育期总吸收量的 12.3％、7.7％和 7.1％。

三、施肥技术

金乡县一般在 3 月底至 4 月上旬播种育苗，播种前浇足水，育苗方式主要是营养钵塑膜育苗，基质育苗裸苗移栽技术正在推广。谷雨过后，即 4 月下旬至 5 月上旬移栽。棉花施肥应该在了解其营养特性和需肥规律的基础上，依据土壤肥力、植株长势、气候条件、肥料种类等，掌握好施肥时期和数量，同时做到用养结合、经济施肥，充分发挥肥料的增产效益，以确保棉花高产、稳产、高效、优质。

（一）增施有机肥，培肥地力

棉花正常生长发育需要良好的土壤条件，土壤肥力是土壤的物理、化学、生物等性质及其动态变化的综合反映。棉花高产需要土壤充分而协调地提供水、肥、气、热等条件。近年来，棉区复种指数提高，粮棉产量不断增加，对土壤肥力提出了更高的要求。棉花是深根作物，生育期长，需肥量大，高产棉田对土壤肥力的要求更高。培肥地力的核心是增加土壤有机质的积累。增施有机肥对于保持和提高土壤有机质及有机质的更新有重要作用。增施有机肥的主要途径为：一是增施厩肥、人粪尿和饼肥等农家肥，这类肥料来源广、数量大，是棉田有机肥的主要来源。二是秸秆还田，作物（包括麦秸、玉米秸和棉秆等）直接还田是提高土壤有机质含量、培肥土壤的一种有效形式。

（二）重视基肥，合理施肥

1. 重视基肥

棉花生育期长，根系分布深而广，不但要求表层土壤具有丰富的矿质营养，而且耕层深层也应保持较高肥力，并能缓慢释放养分。基肥是在棉花播种前翻耕时施入土壤的，可以满足这个要求。基肥应以有机肥为主，再配合适量的磷、钾肥。高产棉田一般要求亩施有机肥 2000～4000kg、碳酸氢铵 30～50kg、过磷酸钙 25～50kg，缺钾土壤再亩施硫酸钾 10～15kg。棉麦（蒜或菜）套作的棉田，应在种麦（蒜或菜）前施足麦（蒜或菜）、棉两季需要的有机肥，有条件的还应在棉花预留套种行内翻施有机肥。

2. 合理追肥

为满足棉花不同生育期对养分的需求，在施足基肥的基础上，还要依据棉花的需肥特点合理进行追肥。总的原则是“轻施苗肥，稳施蕾肥，重施花铃肥，补施盖顶肥”。

轻施苗肥：棉花苗期虽营养体小，需肥量不多，但该期棉苗对氮、磷的供应十分敏感。在基肥用量不足时，尤其是低中产棉田，应重视苗肥的施用，以促进根系发育、壮苗早发。苗肥以化肥为主，一般亩施速效标准氮肥 3～5kg、过磷酸钙 20～25kg、硫酸钾 5～7.5kg，或配合追施腐熟好的饼肥及人畜粪便。基肥用量足的高产棉田，可不施苗肥。

稳施蕾肥：棉花蕾期施肥既要满足棉花发棵、搭丰产架的需要，又要防止施肥不当，造成棉株徒长，因此，要稳施、巧施，采取速效肥与缓效肥相配合，氮肥与磷、钾肥相配合。对于地力好、基肥足、长势强的棉田，可少施或不施速效氮肥，酌施磷、钾肥。对于地力差、基肥不足、长势弱的棉田，可适当追施速效氮肥，一般亩追 10～20kg 标准氮肥。一般早发抗虫棉田或未施苗肥长势差的棉花，应适当早施、多施，对迟发或苗肥足、长势强的棉花，应当适当晚施、少施或不施。

重施花铃肥：棉花进入开花期后，特别是进入盛花结铃期，由于边开花边结铃，消耗大量的养分，此时有机养分的不足是造成脱落的主要原因。这一时期管理的重点是科学运筹肥水，以确保棉花长势稳健，稳增蕾，防徒长，减少脱落。

花铃期是植株生育的旺盛时期，是棉花一生中需要养分最多的时期，因而要重施花铃肥。施用数量和时间要根据天气、土壤肥力和棉花长势长相而定。一般花铃肥用量占总追肥量的 50%以上，亩施标准氮肥 15～20kg，高产田可增加至 30kg。对于肥水条件好、施基肥和蕾肥较多、植株长势强的棉田，应在棉株基部座住 1～2 个成铃时施用。对于地力较差、基肥用量不足、蕾肥施用少、植株长势弱的棉田，则应适当提前到初花期追施。花铃肥要开沟或打穴深施，做到“施肥不见肥”，以利于根系吸收利用，禁止土表撒施。

补施盖顶肥：盛花期后，棉花一般不会出现徒长，而影响秋桃的主要因素是早衰。所以，生产上要重施花铃肥，补施盖顶肥，后期加强叶面喷肥，防止出现早衰，保持有效面积，提高光合作用效率，既能减少上部蕾铃的脱落，又能满足中下部所结桃对有机养分的需求。盖顶肥的主要作用是防止棉株早衰，充分利用有效生长季节，争结早秋桃，提高铃重和衣分。盖顶肥施用时间和数量要在施用花铃肥的基础上，根据棉株长势具体确定。盖顶肥的施用时间一般在 7 月底 8 月初进行，一般亩施标准氮肥 5～7.5kg，花铃肥施用时间晚、数量足，盛花期棉株长势过旺的棉田也可不施，防止贪青晚熟。

叶面喷肥又称为“根外补肥”。棉株生长发育后期（一般在 8 月中旬后），根系活动机能衰退、吸收能力下降，对需要施用而未施用盖顶肥的棉田，可进行叶面喷肥，以弥补根系吸收养分的不足。喷施时间一般在 8 月中下旬至 9 月上旬。根据棉株长势，间隔 7 天左右喷一次，连喷 2～3 次，每次每亩喷溶液 50～75kg，在晴天下午喷于中上部叶片的背面。

第三节　小麦施肥技术

一、作物特性

小麦为禾本科作物，一生经历从种子到形成新种子的过程，包括播种期、出苗期、分蘖期、越冬期、返青期、起身期、拔节期、挑旗期（孕穗期）、抽穗期、开花期、灌浆期和成熟期 12 个生育时期，历时 210～235 天。经历营养生长阶段、营养生长与生殖生长并进转化阶段和生殖生长阶段。苗期以营养生长为主，中期为营养生长和生殖生长并进，但以成穗为主，后期以生殖生长（以籽粒建成和增粒重为主）为主。

金乡县小麦为冬小麦，最佳播期为 10 月 7～20 日，日平均气温以 16℃～18℃为宜。

冬小麦一生中必须经过几个内部质的变化阶段，才能由营养生长转向生殖生长，如果缺少了某个阶段的发育，小麦就不能完成其生活周期，小麦这种所特有的内部变化过程，称为“小麦的阶段发育”。在某一阶段只有一两个条件起主导作用，若能满足主导条件的要求，不论其他条件的好坏，也能完成内部质变而开花结实，否则其他条件再好也不能开花结实。小麦一生中需要经历的两个重要的发育阶段为春化阶段和光照阶段。若不经过春化阶段，植株只能停留在分蘖状态而不能抽穗结实。小麦为长日照作物，如不能满足日照条件，有些品种特别是强冬性品种就不能通过光照阶段，不能抽穗开花。

二、小麦需肥量和需肥规律

（一）需肥量

依据测土配方施肥的原理，针对测土结果，确定了小麦施肥量的理论计算方法。

经验模式法：$N_T=0.025\times Y_M+C_N$

高产田有机质低于12g/kg，中低产田有机质低于9g/kg，$C_N=4$

$$P_T=0.015\times Y_M+(15-P_S)\times 0.1+C_P$$

N_T、P_T 为每亩氮、磷推荐量，Y_M 为目标产量，P_S 为耕层土壤有效磷测定值，C_N、C_P 为基础参数。

小麦与其他作物相比，需肥较多，每生产 100kg 小麦籽粒，约需 3kg 氮（N）、1kg 磷（P_2O_5）和 3kg 钾（K_2O）。生产中，随着小麦品种和产量水平的变化，小麦对养分的吸收也随之变化。小麦的施肥原则是随产量水平的不断提高，应稳磷、增钾、科学用氮。

（二）需肥规律

起身期至开花期吸氮总量占全生育期的 45.09%，起身期至成熟期吸氮总量占 58.93%。因此，生产上施氮素肥料的时期应在起身期以后（见表 13-2）。

表 13-2　600kg/667m² 冬小麦不同生育阶段氮素吸收、积累特点（温麦 6 号）

生育阶段	三叶至冬前	冬前至起身	起身至拔节	拔节至开花	开花至成熟	总吸收量
吸收积累量（kg/667m²）	3.5	5.54	3.59	6.41	3.07	22.18
占总量（%）	16.1	24.97	16.19	28.9	13.84	100

起身期至开花期吸磷总量占全生育期的 57%。因此，生产上确保此阶段磷素肥料的充分供应。研究表明，土壤有效磷含量维持在 22～30mg/kg 时，对保证小麦的高产优质十分重要（见表 13-3）。

表 13-3　600kg/667m² 冬小麦不同生育阶段磷素吸收、积累特点（温麦 6 号）

生育阶段	三叶至冬前	冬前至起身	起身至拔节	拔节至开花	开花至成熟	总吸收量
吸收积累量（kg/667m²）	0.846	1.098	0.778	2.58	0.528	5.83
占总量（%）	14.51	18.84	13.34	44.26	9.05	100

起身期至开花期吸钾总量占全生育期的 67.18%，生产上应确保此阶段钾素肥料的充分供应。因此，缺钾麦田补施钾肥应在起身期以前进行。研究表明，土壤有效钾含量应在 350mg/kg 以内，土壤含钾量与蛋白质含量呈正相关（见表 13-4）。

表 13-4　600kg/667m² 冬小麦不同生育阶段钾素吸收、积累特点（温麦 6 号）

生育阶段	三叶至冬前	冬前至起身	起身至拔节	拔节至开花	开花至成熟	总吸收量
吸收积累量（kg/667m²）	4.15	7.197	8.733	14.49	－11.11	23.46
占总量（%）	12	20.82	25.26	41.915	－32.14	67.855

三、施肥要点

（一）氮

在冬小麦的栽培过程中，可根据氮素养分资源特征，通过目标产量确定氮素需求量。在定量化土壤和环境有效氮素供应基础上，采取以施肥为主的调控手段，通过氮肥用量、施用时期、方法和肥料形态等措施的优化，实现作物氮素养分需求与来自土壤、环境和肥料的氮素资源的同步供应。

施氮量＝目标产量吸氮量＋氮素表观损失＋土壤氮素残留
－土壤养分供应－环境氮素供应量

冬小麦氮素管理首先根据目标产量确定氮素需求目标，目标产量为在一定区域内前三年平均产量的基础上增加 10%～15%。在没有进行任何测试情况下，可以简单地根据目标产量需氮量确定氮肥施用量。根据该区域内小麦氮素需求特征和氮素实时监控技术研究结果，确定小麦生育期内氮肥的合理分配比例（见表 13-5）。

表 13-5　不同产量水平冬小麦阶段氮肥供应指标

产量水平（kg/667m²）	氮素吸收量（kg/667m²）	阶段氮肥用量（kg/667m²）	
		播前	拔节期
300～400	10～12	3～5	4～7
400～500	12～14	4～6	5～8
500～600	14～16	5～7	6～11

（二）磷、钾

由于根层磷、钾不像氮素那样易于发生淋失或气态损失，冬小麦磷、钾管理应该根据土壤速效磷、钾测试和养分平衡进行衡量测试，每隔 3～5 年测定 1 次，再根据田间实际情况进行调整，将土壤速效磷、钾含量持续调控在作物高产需要的临界水平。定位试验表明，土壤磷、钾的变化主要是由土壤—作物系统磷、钾收支平衡决定的。为了将根层磷、钾长期维持在一个适宜水平和发挥作物本身利用磷、钾养分的生物学潜力，中国农业大学依据根层养分监测结果，结合养分收支平衡，提出了“提高”“维持”或“控制”的管理策略及相应的施肥推荐，构建了磷、钾恒量监控的简化管理技术。同时，考虑到小麦秸秆中累积的钾往往占到80%以上，恒量监控在利用和提高养分生物有效性的基础上简化了管理，可以将土壤磷、钾肥力调控到既满足持续高产、稳产的需求，又不对生态环境构成威胁的范围内。

四、施肥技术

小麦高产、优质、高效栽培技术是小麦生长发育与水、肥、气、热协调的问题，也就是解决和满足土、肥、水的基本生产条件问题，目的是更好地促进小麦的光合作用，最终提高小麦的光合产量和经济系数，向光要粮。这是因为产量的90%以上是小麦光合作用积累的产物，矿质元素仅占产量的7%左右。在高肥力条件下，适当减少低氮肥比例，增加追施氮肥比例有利于小麦高产、优质和高效的统一。不过，后期施肥对增产和改善品质无益，这也说明以前的“三肥说”随生产水平的提高，已不适用。

（一）适期播种麦田施肥技术

施肥原则：基施化肥的种类和数量要在测土的基础上，根据土壤养分情况，磷、钾、锌、铁等肥料在耕地前全部作为基肥施入，氮肥基施数量以全生育期氮肥总施用量的40%～50%为宜，氮肥总施用量的50%～60%在起身至孕穗期追施，但重点是在拔节期。在氮肥施肥的基、追比例上一改过去“前重后轻”的做法，适当“氮肥后延”。在高产条件下适当控制小麦的营养生长，重点促进其生殖生长，实现小麦的高产、优质、稳产、高效。

基肥施用量：亩施尿素10～12.5kg，磷酸二铵10～15kg，硫酸钾（或氯化钾）15～20kg，硫酸锌1～1.5kg，硫酸亚铁1～1.5kg，在施入大量优质有机肥的情况下，可减少氮素化肥用量。当土壤中某种营养元素较低时，则应适当增加所缺乏营养元素的投入量；对土壤中含量丰富的元素，则可减少施用量，实现营养平衡，为小麦生长发育创造良好条件。

（二）晚茬麦田施肥技术

施肥原则：磷、钾、锌、铁肥全部作基肥施入，氮肥基施数量以全生育期氮肥总施用量的30%～40%为宜，将氮肥总施用量的60%～70%在起身期至孕穗期追施，但重点是在拔节期追施。在氮肥施肥的基、追比例上，与适期播种麦田一样，要“氮肥后延”。

基肥施用量：亩施尿素7.5kg，磷酸二铵10～15kg，硫酸钾（或氯化钾）15kg，硫酸锌1～1.5kg，硫酸亚铁1～1.5kg，在施入大量优质有机肥的情况下，可少施氮素化肥。

（三）增施有机肥

有机肥养分全、肥效长，增施有机肥能够全面提高和改善土壤肥力及理化性状，是提高有益微生物活性、促进作物矿质营养代谢和水分吸收利用的重要措施，也是改善品质、提高产量的基础。耕地前亩施优质有机肥3000kg以上，或腐熟圈肥1000kg，或将上茬作物秸秆（如玉米）粉碎后还田，并配合施用化学肥料，以改良土壤、培肥地力。

第十四章　测土配方施肥技术应用推广与效果

金乡县 2006 年被确定为省级项目县，2009 年被确定为农业部测土配方施肥项目县，并于 2010 年成为测土配方施肥普及行动省级示范县。在各级政府的正确领导以及上级业务部门的热情指导和大力支持下，按照农业部、山东省农业厅的统一部署，坚持“政府主导，企业参与，市场运作，农民受益，创新机制，稳步推进”的原则，整合资源，精心组织，统筹规划，圆满地完成了项目所要求的各项任务，受到了广大农民朋友的欢迎和社会各界的关注，取得了良好的效果。

第一节　测土配方施肥技术应用推广

一、样品采集及化验情况

2006 年采集土壤样品 2136 个，2007 年采集土壤样品 4128 个，2008 年采集土壤样品 3500 个、植株样品 80 个，2009 年采集土壤样品 620 个、水样 40 个，2010 年采集土壤样品 516 个，2011 年采集土壤样品 827 个、植株样品 28 个，累计采集土壤样品 11727 个、植株样品 108 个、水样 40 个，完成基本情况调查表 11366 份、施肥情况调查表 10964 份，建立土壤常年监测点 20 处，共开展了 22 个项目的检测，样品检测 11855 个，共 58608 项次。

二、试验示范情况

累计安排各类田间试验 134 处，其中“3414”小区试验 46 处，肥效对比试验 88 处。至 2011 年，每乡镇均有 1 处千亩示范方，全县有 2 处万亩示范方，示范面积总计 2466.67hm^2，并有 1 个测土配方施肥整建制乡镇。各项试验示范均按农业部技术规范要求进行，各项数据资料齐全，并及时写出了试验报告，为肥料配方提供了科学依据。

三、宣传培训情况

举办各类技术培训班 297 期次，培训技术人员 4020 人次，派出技术指导人员 1680 人次，指导培训农民 7960 余人，累计培训技术人员、农民 35740 人次，先后编辑印发《测土配方施肥技术手册》20000 册，施肥技术明白纸 20 万份，《致农民朋友的一封信》10 万份，制作印发大蒜、棉花、小麦施肥建议卡 29 万份，进行配方施肥电视专题讲座 14 次，送放心农资下乡、科技赶集 56 次，制作各类过街宣传条幅 600 余幅，粉刷墙体标语 5400m^2，刻录磁带 400 盒、光盘 200 张，发放宣传挂图 1000 余张。

四、指导施肥情况

通过测土配方施肥项目的实施，大致摸清了金乡县土壤肥力状况，并依据土壤测试、植株养分状况和田间试验数据等参数，推荐肥料配方 14 个，其中大蒜 10 个、棉花 2 个、小麦 2 个。累计推广配方肥 48415 吨，配方肥推广面积为 $2.1\times10^{5}hm^{2}$，配方肥施用面积为 $4.8\times10^{4}hm^{2}$，指导施肥面积达到全覆盖，已经建立起大蒜、棉花、小麦等主要作物施肥指标体系。

五、档案管理与数据库建设

(一)分类管理

测土配方施肥档案分为三类，分别为文字档案、音像档案和实物档案。档案由专人负责管理，定期收集、整理、归档保存。文字档案共立卷十三大类一百八十七卷，包括组织管理、宣传、培训、土样采集化验、试验示范、配供肥、仪器采购、水样、植株样、数据开发、满意度调查、信息简报、项目验收等，音像档案分为会议、培训、技术指导、领导视察指导四大类，实物档案有长期保存的土样 2400 个，档案较为系统完整。

(二)硬件建设

借助测土配方施肥补贴项目，金乡县土肥站配备完善了化验设施，提高了检测能力。项目实施后，建立高标准化验室，购置了原子吸收分光光度计、火焰分光光度计 FP640、水循环真空泵 SHB-Ⅲ、电热板 DRB07-400B、电热板 DRB07-600B、超声波清洗器 KQ-600E、加热磁力搅拌器、高温电炉(马弗炉)SX2-5-12G、热水器、全自动定氮仪等先进仪器，配备了电脑、数码相机、数码摄像机等数据传输设备，基本实现了样品分析规范化、批量化、数据传输网络化，并及时清理过期及标签不明的药品，修整粉刷原有土样架、药品存放架。

(三)数据库建设

1. 充分利用金乡县土肥站测土配肥管理系统

该系统自 2006 年起，由金乡县土肥站自主研发，主要有三大模块：土壤养分测试结果数据库、土壤养分丰缺指标与主要作物配方施肥检索表、肥料品种及肥料配方库。土壤养分测试结果数据库可以汇总、统计，也可以按编号、姓名、村庄、乡镇查询。土壤养分丰缺指标与主要作物配方施肥检索表是根据土壤养分测试结果和肥效试验制定的，由土壤测试结果可以检索到土壤养分的评价结果和所种作物的施肥配方。肥料品种库由单质肥料和复混肥料组成，肥料配方库由肥料品种按有机质、氮、磷、钾、中微量元素的比例和数量进行搭配绑定。该系统达到了点一下鼠标，即可了解全县的土壤养分状况，还可自动生成每一户的测土配方施肥推荐卡。经过几年的应用改进，目前已基本满足全县主要作物的施肥配方。

2010 年，金乡县 13 个乡镇配备了触摸屏查询一体机 13 台。利用这个平台，农民可自主查询、了解自己土地的土壤肥力状况，根据作物及目标产量得出施肥配方和配方肥施用量。在施肥关键时期，各乡镇每天有 30～70 人次使用触摸屏查询一体机，全县每年约 10000 人次。

2. 建设完善县域耕地资源管理信息系统

该系统以一个县行政区域内的耕地资源为管理对象，应用 GIS 技术对耕地、土壤、农田水利、农业经济等方面的空间数据与属性数据进行统一管理，并在此基础上集成了模糊分析、层次分析等数理统计程序。应用该系统可以进行耕地地力评价、作物适宜性评价、土壤环境质量评价、土壤养分丰缺指标和测土配方施肥方案咨询，为农业生产提供决策支持。

到目前为止，已经完成包括土壤化验、田间试验、土样采集地基本情况调查、农户施肥情况调查等软件系统的数据录入，宣传培训、配方肥研发推广、项目实施效果百户调查等平面资料数据库也在不断完善之中，县域耕地资源管理信息管理系统已基本建立，为展示项目成果、指导农业生产提供了资料。

第二节　测土配方施肥技术应用效果

一、摸清了耕地土壤养分状况

根据耕地地力调查结果，通过对 1169 个样品进行有机质、pH、大中微量元素系统检测，基本摸清了金乡县土壤养分状况。

有机质 1169 个土样，平均为 12.4g/kg，比第二次土壤普查增加了 1.6g/kg；pH 1169 个土样，众数为 8.1；全氮 800 个土样，平均为 0.84g/kg，比第二次土壤普查增加了 0.09g/kg；碱解氮 1169 个土样，平均为 65mg/kg；有效磷 1169 个土样，平均为 36mg/kg，比第二次土壤普查增加了 26.3mg/kg；速效钾 1169 个土样，平均为 188mg/kg，比第二次土壤普查增加了 18mg/kg；缓效钾 800 个土样，平均为 1032mg/kg；交换性钙 800 个土样，平均为 18360mg/kg；交换性镁 800 个土样，平均为 830mg/kg；有效硫 800 个土样，平均为 63.9mg/kg；有效铁 800 个土样，平均为 14.01mg/kg；有效锰 800 个土样，平均为 7.87mg/kg；有效铜 800 个土样，平均为 2mg/kg；有效锌 800 个土样，平均为 0.9mg/kg；有效硼 800 个土样，平均为 0.68mg/kg；有效钼 800 个土样，平均为 0.14mg/kg。

速效钾、交换性钙、交换性镁、有效铜含量处于较丰富水平，有效铁含量处于中等偏高水平，有效磷、有效硫含量处于中等水平，耕地土壤中的有机质、碱解氮、有效锰、有效硼、有效锌、有效钼处于中等偏低水平，这对满足作物生长发育的需要及促进平衡增产是极不利的。根据这次测试结果对全县的肥料施用作统一规划，找出不同区域、不同作物、不同土壤的最小养分率。根据最小养分率及对产量要求合理施用肥料，真正做到低成本、高效益。

二、建立了主要农作物施肥指标体系

项目实施以来，随着各项工作的开展，逐步形成了以“取土测土数据分析技术体系”为基础、“精准施肥技术体系”为核心、“肥效验证技术体系”为支撑、“技术推广体系”为保障的较为完整的测土配方施肥技术体系。根据田间试验结果、土壤与植株测试结果、作物需肥规律和肥料利用率等，初步建立了大蒜、棉花、小麦三种主要作物的施肥指标体系。

三、显著提高了测试化验技术水平

项目实施以来，化验室建设得到加强，建立健全了布局合理、功能齐全、相互配套的高标准化验室7间，面积由原来的82m^2建设成为现在的220m^2，配套购置各种先进化验仪器设备30余台(套)，配齐了化验急需的药品及用具，完善了化验室排风、洗刷、空调等设施，改善了化验环境。专职化验人员5名，其中高级农艺师1名，农艺师4名。化验高峰时，临时抽调其他单位人员参与化验，并聘请1名土肥专业研究员指导化验。常规化验日检测能力达到300项次以上，完全可以满足测土配方施肥批量检测的要求。项目的实施，锻炼了队伍，培养了一批可以独当一面的化验能手，达到了“人员、仪器、药品、技术”四到位，形成了一整套较为先进而完备的土壤肥料测试系统。

四、创新了技术推广服务模式

一是实行“两免四统一”(免费测土、免费配方、统一质量标准控制、统一价格配供肥、统一施肥指导、统一检查验收)的技术推广模式。按照“政府主导，企业参与，市场运作，农民受益”的总体思路，在建立保障机制的基础上，建立健全县、乡、村三级技术指导与推广服务机制，通过逐级培训，明确各级职责，利用示范基地、印发宣传资料、媒体宣传、讲座和逐户发放施肥建议卡等形式，指导农民施肥，逐步更新农民的施肥观念，使他们成为自觉运用测土配方施肥技术的主体。二是探索建立技术服务、企业参与、市场运行的新模式。利用测土配方施肥这一平台，由金乡县农业局提供技术服务，企业组织生产配方肥料，个体商户利用市场网络服务为农民供给配方肥料，解决了技术、资金、物资的有机结合问题。三是建立测土配方施肥长效机制。以测土配方施肥技术推广为纽带和平台，开展科技人员送科技下乡、进村入户活动，并把该活动形成制度，把推广配方肥料变成科技人员联系广大农民的纽带，成为长期深入基层指导农民科学种田的平台。

五、完成了空间数据和属性数据库建设

金乡县按照《全国测土配方施肥技术规程》的要求，利用所采集的1169个土样，分析测试了土壤大中微量元素和水样共计22个项目，编制了23幅数字化耕地地力等级图、土壤养分分布图等成果图件，编写了耕地地力评价工作报告、技术报告和专题报告。金乡县应用测土施肥汇总软件系统、测土配方施肥管理软件系统，实现了对野外调查、分析化验、田间试验和第二次土壤普查数据的统一管理，建立了属性数据库，同时依托技术单位完成了图件的数字化工作，建立了空间数据库，并将有关图件扫描入库，为县域耕地资源管理信息系统的建设奠定了基础。

六、完成了耕地地力等级评价工作

在金乡县耕地地力评价中，根据全县的区域特点，遵循主导因素原则、差异性原则、稳定性原则、敏感性原则，采用定量和定性方法结合，进行了参评因素的选取。最后确定灌溉保证率、矿化度、地貌类型、耕层质地、土体构型、盐渍化程度、有机质、大量元素(速效钾、有效磷)、微量元素(有效锌、有效硼)等11项因素作为耕地地力评价的参评指标。

金乡县耕地总面积为 52632.4hm^2,各等级耕地比例相对均衡,以二级地、三级地和四级地为主,各等级地占耕地总面积的比例接近或超过 20%,三者面积之和占到了耕地总面积的 72.4%;五级地和一级地分别占耕地总面积的 14.6%和 10.04%;六级地面积较小,占耕地总面积的 2.95%。总体来看,金乡县耕地地力较好,前三等级地面积之和占到了耕地总面积的 60.4%。一级地和二级地主要分布于金乡县中部地区,该区农业基础设施配套成型,测土配方施肥工程也首先在这一区域展开。三级地、四级地和五级地分布比较分散,属于只要加大资金投入,完善基础设施,改善生产条件,产量就能大幅提高的中产田类型,有一定的改良利用潜力。六级地面积较小,这部分耕地耕层以沙壤为主,肥力较低,属于低产田类型。一级地、二级地所占比例较高的乡镇为马庙镇、胡集镇、化雨乡、金乡镇、霄云镇、鱼山镇、高河乡等乡镇,三级地、四级地所占比例较高的乡镇为卜集乡、化雨乡、胡集镇、霄云镇、马庙镇、羊山镇、金乡镇等乡镇,五级地、六级地所占比例较高的乡镇主要为鸡黍镇、羊山镇、司马镇等乡镇。

耕地地力评价工作图件成果包括土地利用现状图、地貌图、土壤图、矿化度含量分布图、耕地地力调查点点位图、灌溉分区图、土壤 pH 分布图、耕地地力评价等级图、土壤缓效钾含量分布图、土壤碱解氮含量分布图、土壤交换性钙含量分布图、土壤交换性镁含量分布图、土壤全氮含量分布图、土壤速效钾含量分布图、土壤有机质含量分布图、土壤有效磷含量分布图、土壤有效硫含量分布图、土壤有效锰含量分布图、土壤有效钼含量分布图、土壤有效硼含量分布图、土壤有效铁含量分布图、土壤有效铜含量分布图、土壤有效锌含量分布图。

七、取得了良好的经济、社会和生态效益

测土配方施肥项目的开展,有力地推动了金乡县农业经济的发展,改变了群众的施肥观念。在测土配方施肥区,大蒜亩节肥 8kg(纯养分),亩增产 98.6kg,亩节本增效 350 元;棉花亩节肥 3kg(纯养分),亩增产 6.2kg(皮棉),亩节本增效 120 元;小麦亩节肥 2kg(纯养分),亩增产 35.8kg,亩节本增效 75 元。累计节本增效 72330 万元,总节肥 20500 吨(纯养分)。通过项目的实施,单位面积化肥投入量明显减少,特别是氮、磷肥投入量的下降,使养分流失到环境中的程度降低,减弱了对生态环境的影响,极大地改善了农业面源污染问题,农业生态环境显著提高。不仅如此,配方施肥工作的开展,还在抑制市场化肥价格、打击假冒伪劣产品等方面也起到了重要作用,并且有效地拉动了农资市场,市场上化肥品种结构显著改善,农民切实得到了实惠,深受老百姓的好评。

相关研究

金乡县棉花再高产问题分析与对策

张新国　刘爱美　张书侠　晁凤芹　任德国

金乡县是典型蒜茬棉大县，年种植面积在 4.67×10^4 hm^2 左右，2007～2009 年年平均每公顷产皮棉分别是 1125kg、1337.3kg、1409.1kg，三年的平均产量是 1302kg。虽然皮棉单产较高，但是和当地生产条件相比，仍有较大的增产潜力。为此，我们就全县蒜棉间作套种栽培管理技术作以下分析。

一、当前的栽培技术

（一）选用高产杂交良种

金乡县 4.67×10^4 hm^2 棉花全部选用高产抗病杂交种，主要是鲁棉研 15、鲁棉研 20、鲁棉研 24、鲁 RH-1、瑞杂 816、中棉所 52。这些品种长势强，结铃集中，生育期多在 180 天左右，产量较高，特别是蒜茬棉其增产优势更强。

（二）进行营养钵育苗

苗全、齐、匀、壮是棉花丰产丰收的基础，金乡县大力推广棉花营养钵育苗，营养钵普及率达 100％，营养钵育苗延长了棉花的生长期，减少了蒜棉共生期，利于棉苗壮苗早发，苗子成活率达 99.9％。

（三）全程化控

金乡县由于 100％的是蒜茬棉，肥力基础较好，棉花长势旺，棉花从现蕾到盛花期必须进行化控，化控次数和化控剂量要因苗而异，一般是少量多次，也就是全程化控。全生育期要保证株高不超过 1.5m，果枝不少于 15 个，棉花生长稳健，通风透光好。

（四）重追花铃肥

蒜茬棉返苗早，长势旺，苗期肥力基础较好，重视花铃期追肥是高产的关键，一般花铃期每公顷追复合肥 450～600kg。

（五）综合防治病虫害

棉花全生育期病虫害发生广而重，主要是棉花黄枯萎病、枯萎病、棉蚜、棉铃虫，严重影响棉花产量的提高和品质的改善。棉花全生育期大力推广农业防治和生物防治，提高病虫害防治的有效率，确保全年棉花丰产丰收。

二、存在的主要问题

（一）品　种

目前所推广的杂交棉种虽然单一性状比较好，有的是早熟、有的是桃大、有的是抗病性强、有的是生长稳健，但综合丰产性状不集中，所以在高产棉花中很难选出一个丰产性状好、抗病性强、结铃集中、早熟的优势品种。

（二）种植密度偏低

密度偏低严重制约着棉花产量的提高。目前，蒜茬棉种植密度一般每公顷为 2.25 万～2.7 万株，有个体生产潜力发挥较大的优势。棉花丰产除了要发挥个体增产潜力，更重要的是要发挥群体增产潜力。

（三）棉花黄枯萎病发生重

金乡县种植棉花已有二十多年的历史，全县整个棉区黄枯萎病发生较为严重。据统计，黄枯萎病发生率达 37%，重病地块减产程度达 50%以上。棉花黄枯萎病已成为制约棉花产量提高的重要因素。

（四）化控措施不当

从棉花整个生育期来看，绝大部分群众对棉花的化控技术掌握不够，多数是见旺控制，技术滞后，造成控制环节与生长环节不对应，底部节间长，上部节间短，头重脚轻。不仅不利于棉花通风透光，反而造成田间郁蔽，通风、透风差，中上部不利落，甚至造成倒伏。

（五）营养钵质量不高

营养土 90%的选用重茬植棉土，带有较多的病害和虫害。所制作的营养钵过于紧实，棉花播种后出苗不自然，根系生长伸展不充分。从取钵情况来看，根系少，只有 3～5 条根系，且卷曲。营养土基本上是卫生土，不含有机养分，棉苗长势弱。80%的苗床有棉花黑根病、立枯病。

三、相关建议

（一）大力引进推广综合性状好的杂交抗虫棉品种

根据目前推广的棉花品种，积极引进适合蒜茬种植的抗病虫、长势强、结铃集中、中早熟的棉花新品种，不追求单一性状，应考虑综合性状，筛选 3～5 个品种。

（二）适当扩大种植密度

肥力基础较好的地块，个体长势强的品种密度应在每公顷 3.3 万～3.75 万株。病重地块，个体长势弱的品种密度应在每公顷 3.75 万～4.2 万株。黏土地或壤土地、无病虫地块，密度应在每公顷 3.225 万～3.375 万株。砂土地或盐碱地，密度应在每公顷 3.9 万～4.2 万株。各种种植均采取大小行。

（三）防治黄枯萎病

选用抗病虫品种中棉所 52、中棉所 70、瑞杂 816。棉苗移栽后亩冲施氨基酸或腐殖酸冲施肥 20～30kg，促使棉苗根系健壮，提高抗病性。棉花生长期每公顷追氨基酸或黄腐酸有机肥 1200～1500kg，分 2～3 次追施，使植株健壮生长，增强抗病性。现蕾结铃期每隔 7～10 天喷 1 次防治棉花黄枯萎病的药剂。

（四）进行科学化控

棉花苗期一般不化控。棉花现蕾前期，每公顷喷施 15mL 助壮素。棉花现蕾期，每增加 1 个果枝每公顷喷施助壮素增加 15～30mL。进入花铃期，每增加 1 个果枝每公顷喷施助壮素增加 22.5～37.5mL。

（五）提高营养钵质量

选择无病虫、无重茬的营养土。制作营养钵时加入 5%～10%的基质，提高营养钵的疏松度。用 77%的多宁可湿性粉剂均匀撒入营养土中进行处理，施用剂量为 $3g/m^2$，或 77%的多宁可湿性粉剂 600 倍液喷苗床。采取无土育苗。

配方施肥中存在的问题及改进措施

王成林　刘振富　秦淑珍　李　艳　闫亚娟

配方施肥技术是农业技术革命的产物，也是农业可持续发展的必然要求。配方施肥以维持和提高土壤肥力为前提，以满足作物高产优质的需要为中心，以提高化肥利用率和施肥经济效益为目标，具有科学性、可行性和可持续性三大特点。近几年来，配方施肥技术在金乡县得到了迅速推广。1998 年，金乡县土肥站就开展了“给我一捧田间土，还你一个配肥方”活动。2006 年，金乡县被列为省级测土配方施肥资金补贴项目县。精准施肥（测土配方施肥）受化验条件（常规分析）限制，每年施肥面积在 3333hm^2 左右，很难大面积推广。本文所指配方施肥为粗放型配方施肥，就是农业技术人员根据土壤化验结果和经验制定的配方，或肥料经销商提供的配方，农民按方或凭经验施肥，每年面积在 $4.7\times10^4 hm^2$（约占总面积的 90%）左右，为农作物单产大幅度上升提供了动力，但也暴露了一些不容忽视的问题，亟须解决。

一、存在问题

（一）农民在施肥中存在的问题

1. 有机肥严重不足

在化肥大量施用的同时，传统农家肥不见了，“卫生田”比比皆是。目前，金乡县有机肥在用肥中的比重（指提供养分量）已经由 20 世纪 60 年代的 90%下降至 20%，甚至更低，而有机肥用量应该在 50%左右比较适宜。耕地土壤有机质含量为 10.6g/kg，比全国第二次土壤普查时还有所下降。土壤有机质含量是土壤肥力高低的重要指标，土壤肥力的下降，将导致化肥利用率降低，农产品品质下降，农作物病虫害加重。

2. 化肥用量不尽合理

不少农户施用化肥仍旧凭经验、凭习惯，按照农产品价格的高低来确定施肥量，没有科学依据，要么施肥量过大，要么施肥量不足。施肥量过大，将使某些元素在耕层中积累（如磷）或随水渗入地下造成水污染（如亚硝酸盐），造成种植成本升高，耕地质量下降，农产品品质变差，效益下降，有的甚至发生“肥害”，使农作物减产。施肥量不足，就不能满足农作物生长发育和高产、稳产的需要。

3. 氮、磷、钾配比不合理

金乡县土壤养分含量为碱解氮 55～85mg/kg，速效磷 25～40mg/kg，速效钾 140～180mg/kg，种植作物主要为大蒜、洋葱、棉花等。农民在施肥过程中仍然存在着氮、磷、钾配比不合理的现象，如有的农民种大蒜习惯用 15—15—15 的高浓度复混肥 150kg/667m²，这就造成磷过量而氮不足；种棉花只施氮肥，而忽视了磷、钾肥的施用等。根据最小养分率，这就制约了农作物产量的提高。另外，还造成土壤质量下降，如磷肥过量，就会影响土壤中锌、铁、镁的有效性。

4. 不够重视中微量元素

中微量元素在农作物体内虽然含量很低，却具有大量元素不可替代的作用。作物生长过程中，如中微量元素供应不足，作物则呈现缺素症，不仅会造成农作物减产，而且会加重病虫害的发生，影响农产品的品质。如缺钙，番茄会发生"脐腐病"，大白菜会发生"干烧心病"；缺锌，玉米会发生"白化病"，果树会发生"小叶病"；缺硼，棉花会出现"蕾而不花"、油菜会出现"花而不实"等现象。

5. 对"症"施肥有所忽视

配方施肥就是因"地"、因"作"配方，对"症"下肥。不同的土壤质地，不同的土壤养分含量，要因"地"施肥。如沙性土壤保肥力差，在施肥方法上应少量多次。不同的作物其需肥量、需肥比例有较大差异，应区别对待，分类指导。如叶菜类需氮较多，茄果类除需氮较多，需钾也较多。同一作物不同生育期对养分的需求也不一样，因此要有针对性地适期施肥。如大蒜在蒜薹伸长期需氮占总量的 35%、需磷占总量的 65%，在蒜头膨大期需氮占总量的 45%、需钾占总量的 50%。

（二）在配方肥推广中存在的问题

1. 农民整体素质有待提高

目前，绝大多数农民在购肥上带有盲目性，市场上肥料品牌繁杂，良莠不齐，到底该用哪种肥料心里没底。有的是凭经验，过去某种肥料不错，所以今年施，明年还施；有的是随大流，别人买什么肥就跟着买什么肥；有的是随风倒，卖肥料的吆喝什么肥就买什么肥；有的贪图便宜，什么肥料价格低就买什么肥。在施肥量上，一种作物到底需要多少肥料，许多农民不考虑，而是根据农产品价格来决定施肥量。农产品价格高时，就舍得施肥，甚至过量施肥；价格低时，就舍不得施肥。对于配方肥的认识还不够，仅仅认为它是一种简单的物理掺混肥料，并不了解配方肥的技术含量，这是导致配方肥没有大面积推广的根本原因。

2. 经销商心理

配方肥的推广离不开健全的网络，而各基层经销商在其中扮演极为重要的角色，真正能调动经销商积极性的是利润。目前，各复混肥批发商都与基层经销商有多年业务关系，他们对各级经销商均给予高额回报，而配方肥推广最终目的是使农民节本增效，从而导致各基层经销商经营配方肥利润相对较低，没有达到他们预期的报酬，这是配方肥没有大面积推广的直接原因。

3. 销售模式

目前，各批发商与基层经销商有多年的业务关系，他们大多数采取赊销方式来加快其存货周转率，并且这样的经销方式令基层经销商降低了肥料价格波动对其造成的影响，农民也乐于接受。而配方肥的推广主要还是靠农业部门所建立的销售体系，其经营模式是现款现货结算方式，经销商经营配方肥风险大于经营复混肥的风险，这也是配方肥无法大面积推广的另一重要原因。

4. 假冒伪劣肥料充斥市场

目前,市场上还存在着一个十分普遍的假冒伪劣现象。一些经销商宁愿冒着被处罚的危险,也要经销假冒伪劣化肥。用他们的话说,就是高风险、高回报,这次被处罚了,下次要卖更多的假化肥、赚取更多的利润来弥补其被处罚的金额。假冒伪劣肥料充斥市场的原因为:一是一些职能部门目的是为了罚款而非整顿市场,二是有的农民因贪图便宜而购买假冒伪劣肥料。这样导致的局面是面对市场上花样繁多的肥料品种,老百姓无所适从,而真正的好肥料却没有市场,这是导致配方肥没有大面积推广的外在原因。

二、改进措施

(一)在施肥上的改进措施

配方施肥,就是综合运用现代农业科技成果,根据作物的需肥规律、土壤供肥性能和肥料效应,在有机肥为基础的条件下,提出氮、磷、钾和中微量元素的适宜用量和比例,以避免施肥的盲目性,达到施肥的合理性、科学性。今后的配方施肥工作要注重纠正偏差,提高质量,逐步向精准施肥方向发展。

1. 加强土壤肥力监测

配方施肥的一个关键环节就是测定土壤的有效养分含量,对土壤进行"号脉"。只有清楚地了解并掌握耕地土壤的肥力性状及变化趋势,才能有针对性地采取措施培肥地力,使耕地的质量不断提高。因此,根据土壤养分状况,选择有代表性的点建立真正意义上的观测网,以便对土壤养分变化进行检测、预测、预警,建立土壤养分丰缺指标及施肥效果的数据库,为配方施肥提供科学依据。

2. 加强有机肥建设

有机肥对于培肥地力、发展"两高一优"农业具有无机肥不可代替的作用。有机肥不仅养分齐全,而且能够改善土壤团粒结构,调节土壤水、肥、气、热关系,促进土壤微生物活性,提高无机肥肥效。现在,人畜禽的尿类难以收集,土杂肥费工费时,种植绿肥没有闲地,所以开发利用有机肥的途径应该是:充分利用作物秸秆,大力推广秸秆还田,发展畜牧业过腹还田,积极开展堆、沤肥活动。改善农家肥的积攒方式,减少浪费。建设发展有机肥料的加工企业,充分利用有机废弃物,改善生态环境。

3. 优化无机肥结构

施用无机肥的养分结构比例应与农作物的需求水平相适应,保持土壤的养分平衡。针对不同的土壤状况和不同的作物,应有相应的氮、磷、钾比例。总体上的对策是控氮、稳磷、促钾,同时在肥料品种的选择上还要倡导多样化,不能长期使用某一品种。如长期施用钙镁磷肥,可能导致土壤缺硫;长期施用磷铵,可能导致土壤缺锌、铁、镁;长期施用某一比例的氮、磷、钾复混肥,可能导致土壤另一限制因子的出现。

4. 合理配施中微量元素

据化验分析,金乡县土壤状况是锌、硼缺乏,铁、锰含量中等,钼、铜含量较丰富。据经验和试验资料分析,不同农作物对微量元素的需要量不同。如苹果、萝卜、甘蓝等是需硼相对较多的作物,棉花、马铃薯、花生是需硼中等的作物,小麦、玉米需硼相对较少。因此,在缺乏微量元素的土壤和需要微量元素较多的作物上有针对性地补施某种微量元素是十分必要的，但微量元素的施用要掌握适量。

5. 大力推广施用生物肥、配方肥

生物肥就是利用微生物制成的一种肥料，不仅能够提高作物产量，改善作物品质，而且能够改良土壤，培肥地力，减少污染，是目前最为理想的绿色肥料。配方肥是把氮、磷、钾及其他营养元素按一定比例掺混而成的混合肥料，不仅具有针对性强、生产简单灵活等特点，还便于落实统测、统配、统供的科学施肥方法，以及结合推广其他新技术。配方肥可根据不同土壤、不同作物、不同生育期随时调整配方进行生产，是当今配方施肥的典型物化代表，是提高化肥利用率、降低化肥成本的有效选择。

(二)在配方肥推广上的改进措施

1. 加大宣传力度

首先要标本兼治，从提高农民的认识着手，在全县开展现场技术讲座，发放宣传材料，加大电视、有线广播等媒体的宣传力度。同时搞好示范区建设，使农民看有样板、学有榜样。在示范区建立试验田和对照田，免费为试验田提供配方肥料，及时组织人员到田间地头指导配方施肥技术。通过对比试验，使农民看到配方肥施用的效果，使农民对配方施肥技术有深入了解，进一步转变农民的观念，使配方肥家喻户晓。

2. 转变经营模式

各基层经销商要转变经营模式，想办法提高其利润，并搞好售后服务。对各推广、销售人员进行重点培训，提高服务于民的水平。同时，根据土壤监测结果，配置出适宜不同土壤、不同作物、不同产量水平的配方肥。在配方肥推广过程中，做到一个电话，保证车到人到，对农民提出的问题能及时解决。在生产中严把肥料质量关，在进货方面以品牌肥料厂家为主，并对每一批原料进行化验，坚决做到不合格的原料不使用，不合格的产品不出库，绝不推广劣质肥料，危害农民利益。

3. 加强肥料监测

要向农民传授鉴别假冒伪劣化肥的方法，充分利用广播、电视、科技赶集等多种形式广泛宣传，举办农资及农业法律法规培训班，设立咨询台、咨询热线电话，举办电视、广播讲座，出动宣传车，张贴悬挂标语横幅，印发宣传资料。通过宣传培训，增强肥料经营者守法经营的自觉性，提高农民的自我保护意识和鉴别肥料真假的能力。同时，开展肥料产品质量跟踪检查。通过监督监测，及时为农民提供可靠的肥料产品信息。各级肥料管理部门对本地肥料市场进行充分排查，围绕重点季节、重点地区、重点市场、重点品种进行查处，严格执法。

4. 建立配方肥长效运作机制

为搞好配方肥的推广工作，根据金乡实际，探索“村镇建网络，配肥直供户”的网络供肥模式。具体说，就是建立乡镇、村两级联络员队伍，联合配方肥生产企业，充分利用网络体系，直接供肥到农户。村级联络员负责发放测土配方施肥建议卡、统计预订的配方肥数量，并上报镇级联络员；镇级联络员负责村级联络员的培训、组织协调等工作，并把预订的配方肥数量上报县配方肥供应中心；县配方肥供应中心七天内把肥直供到村到户。对每一种配方肥，全县实行统一价格，镇村不得加码加价或搭车收费。减少配方肥销售的中间环节，降低配方肥销售的终端价格，让利于民，使农民真正得到测土配方施肥的实惠。

金乡县大蒜田土壤质量现状调查及改良利用

王成林　刘振富　秦淑珍　李　艳　闫亚娟

一、基本现状

金乡县是中国大蒜之乡，常年种植大蒜 $4\times10^4 hm^2$，总产 75 万吨，大蒜出口量占全国的 70%以上，年创汇 3 亿多美元，现已成为全球大蒜种植加工中心、流通出口中心和价格形成中心。大蒜产业是金乡县的支柱产业、特色产业、富民产业，金乡农民因蒜而富，企业因蒜而兴，县域经济因蒜而活。

但是，金乡大蒜由于长年连作、不合理耕作、过量施用化肥、大水漫灌等，造成土壤质量下降，大蒜重茬病害加重，严重制约了大蒜产业的可持续发展。大蒜重茬病是一种土传病害，起因于土壤生态失衡，是大蒜田土壤质量下降的主要表现。目前，全县大蒜重茬病发生面积近 $2\times10^4 hm^2$，一般在 3 月中下旬开始发病，其症状为叶片失绿、变黄、干枯、死亡；根系发育不良，根盘变褐色、腐烂，严重的根系死亡；植株明显矮化，蒜薹细短，蒜头瘦小，严重的植株不能抽薹，一般蒜薹减产 40%～70%，蒜头减产 30%～60%。

针对金乡县大蒜田土壤质量现状，我们选择了轻壤、中壤和重壤三大土壤质地作为试验点，着重研究大蒜田土壤的理化性状、退化原因及其改良效果。通过对大蒜田土壤理化性状的分析，发现大蒜田土壤普遍存在着土壤板结、有机质含量低、养分不均衡、次生盐渍化加重等问题，已初步得出土壤质量下降是农业管理措施不当造成的结论。经过不同改良措施的效果对比，得出了大蒜田土壤质量的改良需要针对不同的土壤质地及土壤的肥力状况来选择不同的改良措施。合理耕作、增施有机肥、测土配方施肥、合理灌溉是改良大蒜田土壤的重要措施。

土壤质量是土壤的重要性质，它对土壤养分的有效性、微生物的活动、大蒜的生长及其病虫害都有很大的影响，是影响大蒜产品质量的源头。提升大蒜田土壤质量是建设现代农业、保障金乡大蒜持续发展、繁荣农村经济的基础性工作。提升大蒜田土壤质量又是一项长期而艰巨的工作，只有坚持不懈努力，才能不断取得丰厚的成果。

二、调查方法

（一）布点原则

根据《测土配方施肥技术规范》以及金乡县的实际情况，土壤质量调查的布点原则为：

代表性原则：根据不同土壤类型、不同土地利用下的土壤肥力和耕地生产力的变化与现状，选择有代表性的地块，覆盖全县大蒜田土壤类型以及全部土地利用类型。

典型性原则：调查采样的典型性是正确分析判断耕地地力和土壤肥力变化的保证，所以，样品的采集必须能够正确反映样点的土壤肥力变化和土地利用方式的变化，典型地块能够准确反映采用单元内的施肥管理状况和产量水平。

科学性原则：耕地地力的变化以及土壤质量的分布并不是无规律的，是土壤分布规律、质量下降规律的综合反映。因此，布点必须按照土壤分布和质量下降规律布点，同时兼顾空间分布的均匀性。

在上述原则的基础上，调查工作之前应充分了解全县大蒜田的土壤分布状况，收集相关的试验研究和点定监测资料，通过野外踏勘和室内图件分析，确定调查和采样点，保证调查和评价的高质量完成。

（二）布点方法

为了科学反映土壤分布规律和土壤质量状况，保证获取信息及成果的准确性和可靠性，尽量减少工作量，提高工作效率，首先在县土地利用现状图上布点，布点时要把土地利用现状图与土壤图套合，根据套合单元，确定采样点位置，每个套合单元保证有点位，大的单元可增加点数，力求点位均匀分布，然后根据图上的点位到野外确定实际的采用点位置。

根据全县大蒜田面积、土壤质地、产出水平进行采样点控制，一般 66667m^2 一个取样点。

（三）采样方法

采样时间：在上茬作物收获后或大蒜施肥前采样。

采样点的确定：根据点位图，到点位所在的村庄，首先向农民了解本村的农业生产情况，确定具有代表性的田块，田块面积要求在 1334m^2 以上，依据田块的准确方位修正点位图上的点位位置，并用 GPS 进行定位。

调查、取样：向已确定采样田块的户主，按调查表格的内容逐项进行调查填写。在该田块中按 0～20cm 土层采样。采用方法根据具体地块采用“X”法、“S”法或棋盘法，均匀随机采取 15 个采样点，充分混合后，四分法留取 1kg。采样工具使用不锈钢土钻。一袋土样填写两张标签，内外各一张。标签主要内容包括样品野外编号（要与大田采样点基本情况调查表和农户调查表相一致）、采样深度、采样地点、采样时间、采样人等。

三、结果与分析

（一）土壤容重

土壤容重综合反映了土壤颗粒和土壤空隙的性状。一般情况下，土壤容重小表明土壤比较疏松，空隙多；反之则表明土体紧实，空隙少，比较板结。本次调查测试发现，金乡县大蒜田土壤容重平均为 1.22g/cm^3，变幅为 1.17～1.28g/cm^3。沙壤土稍低，重壤土偏高。

土壤容重高的原因：常年旋耕，造成耕作层浅，犁底层厚且坚硬，土壤肥力的库容小，降低了土壤蓄水、保肥和抗旱的能力，限制了根系的活动范围。不施有机肥，过量施用化肥，再加上踩踏镇压和大水灌溉，导致了土壤团粒结构减少，呈分散状态的沙粒和粉沙粒沉降,造成土壤板结,土壤通气、透水性变差。

(二)土壤有机质

有机物质含量高低决定土壤的基本性质。经过对金乡县大蒜田土样分析,0～20cm土层土壤有机质平均含量为12.4g/kg,变幅为10.6～16.3g/kg。据监测,全县土壤有机质分布态势为:南部沙壤土有机质含量低,中部中壤土中,北部重壤土高。

土壤有机质低,说明土壤能源储备不足,活力不强,造成土壤微生物活动繁衍较弱,土壤结构难以改善,保水、保肥性能降低,养分供给不及时,最终影响优质大蒜的生产。

土壤有机质低的原因:一是耕作方式为蒜棉轮作,产量高,有机质消耗量大;二是非人为秸秆还田量少,蒜棉轮作,地上部分和地下部分都必须收获,残留在土壤中的作物残体量很少;三是人为有机肥施用量少。

(三)土壤养分

据化验分析,金乡县土壤养分含量为:碱解氮64.2mg/kg,变幅为41.3～115.6mg/kg;有效磷35.7mg/kg,变幅为21.3～68.7mg/kg;速效钾182mg/kg,变幅为92～316mg/kg,总的趋势为:北部高于中部,中部高于南部。

土壤是大蒜养分供给的源库。土壤养分的丰缺直接影响大蒜的生长发育和产品质量。大蒜对土壤中矿质营养元素的需求种类及吸收的比例是有一定规律的,也就是说,大蒜对土壤养分的吸收是有选择的。大蒜长期连作,必然造成土壤中某一种或某几种营养元素的亏缺,在得不到及时补充的情况下便出现了"木桶效应",也可能因某种元素过剩而影响其他元素的吸收,进而引发缺素症。

土壤养分不均衡的原因:长期过量施用大量元素化肥,不注重中微量元素肥料的施用,长年连作,只种不养。

(四)土壤次生盐渍化

土壤全盐量是盐碱土的一个重要指标,是限制大蒜生长的障碍因素,到一定程度就会危害大蒜生长。分析土壤全盐量,对于研究土壤次生盐渍化的发生、发展规律和拟定改良措施具有重要意义。金乡县大蒜田土壤全盐量平均为1.21g/kg,变幅为0.74～2.98g/kg。土壤盐分积累,造成土壤溶液浓度增加,使土壤的渗透势加大,大蒜根系的吸水、吸肥能力减弱。随着盐分浓度的升高,土壤微生物活动也受到抑制。

土壤次生盐渍化加重的原因:过量施用化肥,导致肥料中盐分在土壤聚集;不施有机肥,土壤板结,促使盐分上升聚集;大水漫灌,增加土壤盐分上移;土壤含盐量不断增加,加剧了土壤次生盐渍化。

四、土壤改良的基本思路

改良和培肥土壤,必须针对土壤存在的问题,因地制宜,抓住主要矛盾,采取综合措施,着眼协调诸肥力因素,建立一个良好的土壤生态系统,从而不断提高土壤质量,以充分发挥其生产潜力。

(一)优化土壤环境

采用多种科学手段,逐步构建肥沃、生态、协调、持续的大蒜田土壤环境。肥沃是指土壤结构合理,有机质丰富,土壤能源充足,全量养分丰富,速效养分供给及时;生态是指通过种植绿肥、秸秆还田、测土施肥、改土培肥，建设生态大蒜田；协调是指土壤水、肥、气、热关系协调，大量元素与中微量元素供给协调，大蒜鳞茎膨大与土壤疏松协调；持续是指土壤质量要保障大蒜生产质量与效益的持续提高，土壤养分按照大蒜的需求持续不断供给，土壤质量逐步提高，土壤越种越好。

（二）增加土壤投入

按照“四化”原则，增加大蒜田土壤投入。一是大蒜田土壤环境生态化，通过增加投入，建设良好的大蒜根际区系和土壤环境。二是大蒜田投入物无害化，施用的各种肥料，无论是农家肥还是化肥，必须达到国家标准要求。农家肥必须经过充分腐熟或无害化处理，杜绝一切有害物质或可能造成危害的生物质肥料、化学肥料、土壤调理剂、植物调节剂等进入大蒜田土壤。三是肥料用量精准化，按照土壤容重和供肥性能，确立目标产量，计算养分投入量。有机肥施用应考虑有机物质的腐殖化系数和土壤矿化速率，基本做到土壤有机质的平衡与有效积累。四是施肥方法科学化，施肥时期、施肥深度、施肥范围等科学合理。

（三）提高土壤肥力

实施“四个基础，四个结合”，提高大蒜田土壤肥力。一是以有机培肥为基础，突出绿肥、秸秆培肥，有机肥与无机肥相结合。二是以土壤培肥与土壤施肥为基础，土壤培肥与各项营养调节技术相结合。三是以氮、磷、钾三要素为基础，稳氮、控磷、巧施钾、补施中微肥，大量元素与中微量元素相结合，实现土壤养分的动态平衡。四是以巧施肥为基础，土壤质量建设与其他关键技术的落实相结合，使土壤管理与技术推广融为一体。

（四）提升技术效益

大蒜田土壤质量建设是一项系统工程，应紧紧抓住土壤有机培肥与测土配方施肥两大技术体系，将生物质肥料应用、绿肥秸秆培肥、沼肥利用、测土培肥、调理剂与调节剂应用、土壤补水等各项土壤技术组装配套，充分发挥技术集成效应。通过增加大蒜田投入、改良土壤来加强、提高土壤回报率和肥料利用率、防止土壤退化和污染，加强大蒜田土壤质量建设，促进金乡大蒜产业的发展。

五、对策与建议

（一）合理耕作

加厚活土层是改良土壤，增加土壤库容，促进养分释放，协调水、肥、气、热状况，熟化土壤，提高土壤肥力的重要措施。

深耕不仅能够加厚土壤耕作层，扩展根系的生长空间，改善土壤结构，协调土壤蓄水、保水、保肥、保温和透气的矛盾，而且有利于土壤微生物的活动，有利于根系下扎和鳞茎的膨大，并使土壤释放出更多的矿质元素，满足作物的需求。同时，深耕还可以掩埋病菌和杂草种子，起到减轻病害、抑制杂草的效果。

科学的耕作技术是旋耕（或深松）与深耕相结合，旋耕 2～3 年深耕一次，以保持熟土在上、生土在下，保证当年增产。耕翻深度一般为 20～25cm。

（二）增施有机肥

提升大蒜田土壤有机质含量，是奠定大蒜优质、高产、高效和持续发展的良好基础。

增施有机肥料，是增加土壤有机质，提高土壤肥力的有效措施，也是改良盐碱土壤的重要措施之一。因此，必须加大力度广辟肥源、增施有机肥、提升大蒜田土壤有机质含量。

有机肥料不仅可提高土壤有机质含量，改善土壤团粒结构，增强土壤通透性，提高土壤保水、保肥和供肥能力，而且能够调节大蒜根际微生物生态环境，促进微生物的繁殖和活动，加速土壤的脱盐、脱碱作用，增强大蒜根系活动能力，提高大蒜的抗逆性。

有机肥料开发的途径：一是大力发展畜牧业，提倡过腹还田，畜禽粪便经充分腐熟后进入大蒜田，二是精制有机肥应用，三是秸秆直接还田，四是沼肥的综合利用。

施用量：一般亩施腐熟畜禽粪便 2000～3000kg，或饼肥 100～300kg，或精制有机肥 200～500kg。

（三）测土配方施肥

肥料是大蒜增产的物质基础，合理施用肥料尤其是合理施用化学肥料，是提高大蒜产量和品质、降低环境污染的一项重要技术措施。蒜农种蒜的目标是获得高产、高效，为此，我们必须根据大蒜生长发育对养分的需求，针对土壤养分不协调的现状，全面推广测土配方施肥技术，通过科学施肥协调土壤养分，使土壤的供肥特点与大蒜优质高产生长发育的需求一致，达到大蒜优质、高产、高效、安全和持续的目的。

大蒜测土配方施肥是综合运用现代农业科技成果，以土壤测试和田间试验为基础，根据大蒜需肥规律、土壤供肥性能和肥料效应，结合金乡县蒜棉套作的实际情况及大蒜重茬病的严重程度，在合理施用有机肥的基础上，提出氮、磷、钾及中微量元素等肥料的施用品种、数量、施用时期与施用方法，以及相应的施肥技术。

大蒜施肥：稳施氮肥，控施磷肥，巧施钾肥，补施中微肥，推广控释、缓释等新型肥料，提高化肥利用率。一般亩施纯 N 30kg、P_2O_5 16kg、K_2O 24kg、中微量元素肥 25kg。

（四）节水灌溉

大水灌溉不仅浪费水利资源、增加灌溉成本，而且破坏土壤理化性状，跑水、跑肥，易旱、易涝。整平土地，完善排灌系统，采用先进的栽培措施，是解决大水漫灌的重要措施。

节水措施：推广先进的节水技术，包括地膜覆盖、高畦栽培、小畦栽培，以提高水分的利用率，充分发挥肥水效益；争取项目资金，建成优质、高效大蒜田灌溉系统。据试验，大蒜田出苗水灌溉 40m^3，水肥耦合效应最好；灌溉量为 30m^3时，水分利用系数最高。

合理灌溉：出苗水，要适时浇水，并浇足、浇透；壮苗水，此时地温尚低，要浇小水；催薹水，此时地温已高，大蒜正值旺盛生长期，浇水量可大些；催头水，此时正值蒜头膨大期，需要充足的水分和不太高的地温，故要浇大水。

（五）土壤监测

根据不同生态区域、不同土壤类型、不同土壤肥力，建立大蒜田土壤质量监测点，摸清大蒜田土壤肥力和环境质量动态，研究不同土壤类型土壤质量演变规律；建立不同区域大蒜田土壤质量基础数据库，完善大蒜田土壤质量动态监测与预警体系，逐步建立大蒜田土壤质量评价体系。

大蒜施肥模型的研究

王乃建　秦淑珍　王桂华　李　艳　闫亚娟

大蒜是生活实用、医用和出口创汇的主要蔬菜品种之一，在全国各地广泛种植，但在生产上普遍存在着施肥结构不合理、盲目过量施肥、施肥方法不当、缺少大蒜施肥模型和施肥指标体系等问题。为此，我们进行了大蒜"3414"完全试验，旨在建立大蒜施用氮、磷、钾肥的效应模型，确定出氮、磷、钾肥的最佳经济施肥方案，探讨施用氮、磷、钾肥对大蒜产量的影响，为大蒜合理施肥提供科学依据。

一、材料与方法

(一)供试土壤

试验地设在山东省金乡县高河乡高河屯村李其福责任田，土壤类型为潮土，土壤养分状况为：有机质 13.2g/kg，碱解氮 62.5mg/kg，有效磷 34.6mg/kg，速效钾 168mg/kg。

(二)供试材料

供试大蒜为金乡县白皮大蒜，供试肥料为 46%尿素、16%过磷酸钙、50%硫酸钾。

(三)试验设计

采用"3414"完全试验。"3414"试验设计吸收了回归最优设计处理少、效率高的优点，是目前应用较为广泛的肥料效应田间试验方案。"3414"是指 N、P、K 3 个因素、4 个水平、14 个处理(表 1)。4 个水平的含义："0"水平指不施肥，"2"水平指当地推荐施肥量，"1"水平＝"2"水平×0.5，"3"水平＝"2"水平×1.5(该水平为过量施肥水平)。本试验"2"水平施肥量为：N_2＝30kg、P_2＝16kg、K_2＝24kg(见表 1)。

表 1　"3414"试验方案处理

试验编号	处理	N	P	K
1	$N_0P_0K_0$	0	0	0
2	$N_0P_2K_2$	0	2	2
3	$N_1P_2K_2$	1	2	2
4	$N_2P_0K_2$	2	0	2
5	$N_2P_1K_2$	2	1	2
6	$N_2P_2K_2$	2	2	2

续表

试验编号	处理	N	P	K
7	$N_2P_3K_2$	2	3	2
8	$N_2P_2K_0$	2	2	0
9	$N_2P_2K_1$	2	2	1
10	$N_2P_2K_3$	2	2	3
11	$N_3P_2K_2$	3	2	2
12	$N_1P_1K_2$	1	1	2
13	$N_1P_2K_1$	1	2	1
14	$N_2P_1K_1$	2	1	1

小区面积为 30m^2，随机排列，不设重复，试验区边缘设有保护行。施肥方式为：N 2/3 基施、1/3 追施，P 全部基施，K 2/3 基施、1/3 追施。田间管理均按常规方法管理，当年 10 月 5 日播种，翌年 5 月 22 日收获计产。

二、结果与分析

(一)肥料效应模型的建立与统计分析各处理产量结果(见表 2)

表 2　各处理大蒜产量

处理	大蒜产量(kg/667m^2)	处理	大蒜产量(kg/667m^2)
1	1371	8	1694
2	1562	9	1382
3	1977	10	2036
4	1932	11	2023
5	2071	12	1941
6	2118	13	1922
7	2072	14	1981

注：大蒜产量为蒜头鲜重。

大量科学试验表明，施肥量与作物产量之间呈非线性相关。因采用的是“3414”设计方案，所以可以采用三元二次回归方程来表达氮、磷、钾肥与大蒜产量之间的效应模型：

$$Y=b_0+b_1N+b_2P+b_3K+b_4NP+b_5NK+b_6PK+b_7N^2+b_8P^2+b_9K^2$$

运用计算机进行回归分析，建立以 N、P、K 的施肥量为自变量、大蒜产量(Y)为因变量的肥料效应模型：

$$Y=1376.2+24.05N+14.15P+16.5K-0.543N^2-0.702P^2-0.621K^2 \\ +0.03NP+0.396NK+0.294PK \quad (1)$$

经方差分析，$F=21.27>F_{0.01}(9,4)$，$R^2=0.9795^{**}$，说明大蒜产量与 N、P、K 施肥

量之间具有极显著的回归关系和相关性。

（二）肥料效应模型的最优解

利用所建立的大蒜肥料效应模型，分别求 N、P、K 的边际产量：

$$\begin{aligned} dy/dN &= 24.05 - 1.086N + 0.03P + 0.396K \\ dy/dP &= 14.15 - 1.404P + 0.03N + 0.294K \\ dy/dK &= 24.05 - 1.242K + 0.396NP + 0.294P \end{aligned} \quad (2)$$

当边际产量等于肥料与产品的价格比，即边际产值等于边际成本时，可获得最佳经济施肥方案。根据当前市场价格（纯 N 4 元/kg、P_2O_5 4.5 元/kg，K_2O 5 元/kg，大蒜 3.6 元/kg），求得大蒜最佳经济施肥方案为 N 29.5kg/667m^2，P_2O_5 15.2kg/667m^2，K_2O 22.7kg/667m^2。

（三）单因子效应

采用降维法，分别将肥料效应模型（1）的两个自变量固定在零水平上，可推导出以其中一个肥料因素为变量的偏导回归模式：

$$\begin{aligned} Y_1 &= 1376.2 + 24.05N - 0.543N^2 \\ Y_2 &= 1376.2 + 14.15P - 0.702P^2 \\ Y_3 &= 1376.2 + 16.5K - 0.621K^2 \end{aligned} \quad (3)$$

将各因素回归模型绘成图（见图 1）。

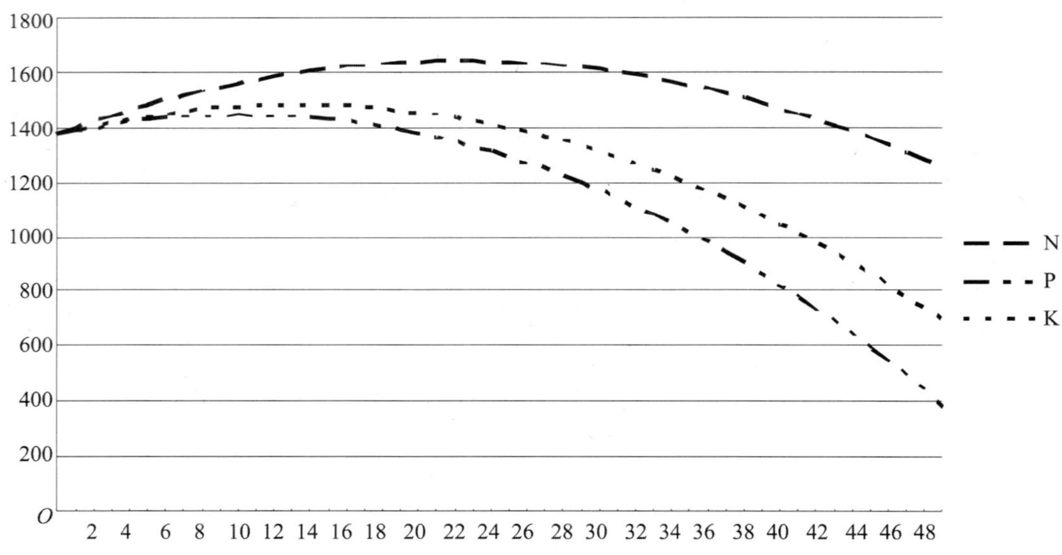

图 1　N、P、K 单因子效应曲线

由图 1 可以看出，各肥料因素与产量之间都呈抛物线关系，遵循“报酬递减率”。单因子效应曲线以氮肥变化幅度最大，钾肥次之，磷肥最小。氮、磷、钾肥在一定水平下，大蒜产量随着施肥量的增加而增加，但增加到一定水平时，再增加施肥量，大蒜产量反而下降。

（四）边际效应

边际效应反映了产量随着各肥料因素水平变化的速率，对子模型（3）求一阶偏导数，可导出如下方程：

$$\begin{aligned} dy_1/dN &= 24.05-1.086N \\ dy_2/dP &= 14.15-1.404P \\ dy_3/dK &= 24.05-1.242K \end{aligned} \tag{4}$$

将各因素边际效应曲线绘制成图(见图 2)。

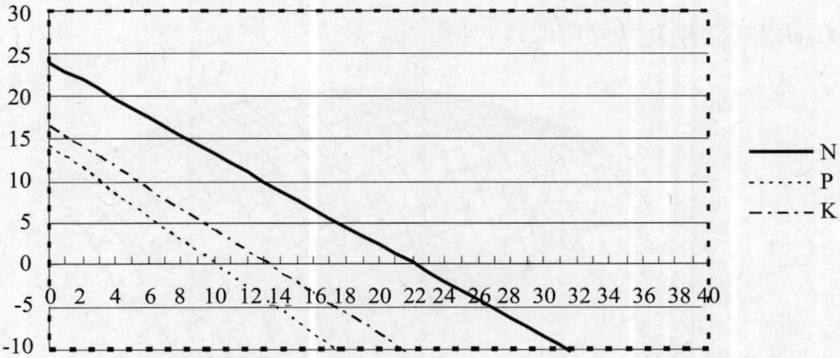

图 2 N、P、K 边际产量效应曲线

由图 2 可以看出，各肥料因素在不同施肥量下的边际产量都随施肥量的增加而呈直线下降趋势，磷的边际产量递减速率最快，钾次之，氮最慢。

(五)两因素交互效应分析

1. 氮与磷交互效应分析

将肥料效应模型(1)中的钾因素固定在零水平上，进行降维分解可得到氮、磷交互效应二元回归模型：

$$Y=1376.2+24.05N+14.15P-0.543N^2-0.702P^2+0.03NP \tag{5}$$

由式(5)绘制氮、磷交互效应曲线(见图 3)。

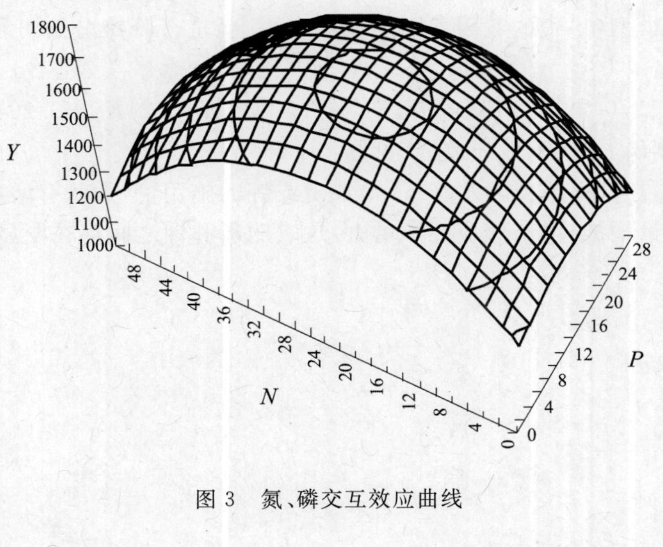

图 3 氮、磷交互效应曲线

由图 3 可见，在低氮或低磷水平下，增加氮或磷的施用量，大蒜有增产趋势，但增产速率较小。随施用量增加，增产效应逐渐增大，这表明氮和磷之间存在明显的正交互作用。

2. 氮与钾交互效应分析

将肥料效应模型(1)中的磷因素固定在零水平上，进行降维分解可得到氮、钾交互效应二元回归模型：

$$Y=1376.2+24.05N+16.5K-0.543N^2-0.621K^2+0.396NK \quad (6)$$

由式(6)绘制氮、钾交互效应曲线(见图 4)。

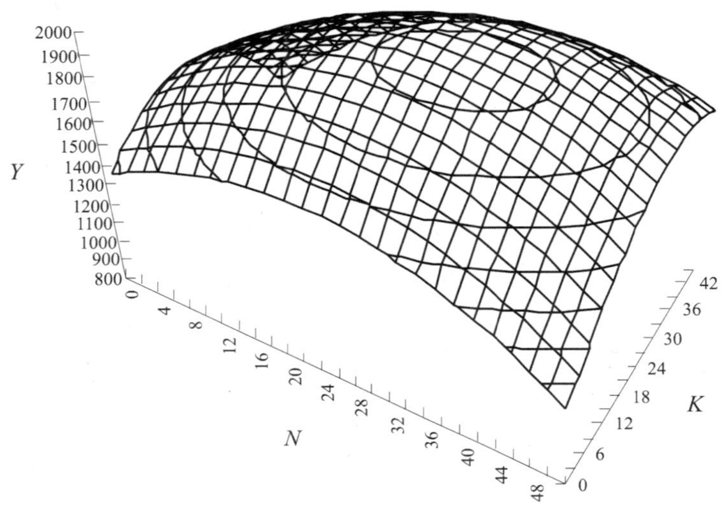

图 4 氮、钾交互效应曲线

由图 4 可知，在低氮或低钾水平下，增加氮或钾的施用量，大蒜有增产趋势，但增产速率较小。随施用量增加，增产效应逐渐增大，这表明氮和钾之间存在明显的正交互作用。

3. 磷与钾交互效应分析

将肥料效应模型(1)中的氮因素固定在零水平上，进行降维分解可得到磷、钾交互效应二元回归模型：

$$Y=1376.2+14.15P+16.5K-0.702P^2-0.621K^2+0.294PK \quad (7)$$

由式(7)绘制磷、钾交互效应曲线(见图 5)。

由图 5 可知，在低磷或低钾水平下，增加磷或钾的施用量，大蒜有增产趋势，但增产速率较小。随施用量增加，增产效应逐渐增大，这表明磷和钾之间存在明显的正交互作用。

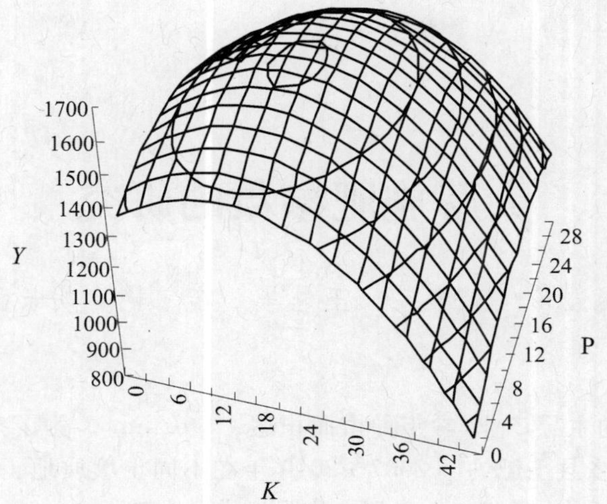

图 5　磷、钾交互效应曲线

三、结　论

本试验采用“3414”试验方案，建立了大蒜产量与氮、磷、钾肥施用量之间的效应模型：

$$Y=1376.2+24.05N+14.15P+16.5K-0.543N^2-0.702P^2-0.621K^2+0.03NP+0.396NK+0.294PK$$

经方差分析，达到极显著水平。

根据施肥模型及当年大蒜、肥料价格，决策出最佳经济施肥量为 N 29.5kg/667m^2，P_2O_5 15.2kg/667m^2，K_2O 22.7kg/667m^2。

在单独施肥条件下，各肥料因素的增产效应为：N＞P＞K，但以磷肥过量所导致的减产最明显。

氮、磷、钾两两之间均呈正交互作用。

本试验所建大蒜肥料效应模型，以及决策出的最佳经济施肥方案，是在本试验栽培管理条件下获得的，对不同地区、不同品种、不同土壤、不同栽培管理条件下的大蒜，施肥方案可用本试验方法作进一步研究。

大蒜施肥参数的研究

秦淑珍　孙素芹　王桂华　李　艳　胡长稳

大蒜是金乡县的主导产业，常年种植面积达 $4\times10^4 hm^2$。为了找出自然条件下大蒜配方施肥的参数，金乡县土肥站于 2007～2010 年在不同土壤质地、不同产出水平上安排配方施肥参数试验 30 个，以期为大蒜配方施肥提供科学依据。

一、材料与方法

（一）试验设计

试验设 5 个处理，即无肥区（$N_0P_0K_0$）、无氮区（$N_0P_2K_2$）、无磷区（$N_2P_0K_2$）、无钾区（$N_2P_2K_0$）、全肥区（$N_2P_2K_2$），处理中的亩施肥量（纯养分）为：$N_2=30kg$，$P_2=16kg$，$K_2=24kg$。小区面积为 $30\sim50m^2$，随机分组排列，重复 3 次。试验地均不施有机肥，化肥为尿素、过磷酸钙、硫酸钾，试验地为壤质潮土，供试品种为金乡白皮大蒜。

（二）测定项目

试验前取各试验点土样，测定土壤有机质、碱解氮、有效磷、速效钾含量。各试验点各处理内选有代表性的蒜株，测定其生物产量和蒜秸、蒜薹、蒜头中的全氮、全磷、全钾含量。蒜头产量为 3 次重复的平均数。

（三）测试方法

土壤测试：土壤有机质采用重铬酸钾氧化容量法，碱解氮采用碱解扩散法，有效磷采用钼锑抗比色法，速效钾采用火焰光度计法。

植株测试：全氮采用硫酸—过氧化氢消煮法，全磷采用钼锑抗比色法，全钾采用火焰光度法。

二、结果与分析

（一）土壤养分丰缺指标

根据丰缺指标试验获得的产量计算相对产量，结合试验点的特点，建立大蒜田土壤氮、磷、钾养分丰缺指标。计算相对产量的公式为：

氮的相对产量＝处理 2（$N_0P_2K_2$）产量/处理 4（$N_2P_2K_2$）产量×100％

磷的相对产量＝处理 3（$N_2P_0K_2$）产量/处理 4（$N_2P_2K_2$）产量×100％

钾的相对产量＝处理 5（$N_2P_2K_0$）产量/处理 4（$N_2P_2K_2$）产量×100％

由相对产量与对应的土壤养分测试值建立相关关系，其散点分布符合对数曲线模型

（$y=a\ln x+b$）。经方程拟合，分别配置土壤碱解氮、有效磷、速效钾的对数方程式，散点图如图 1 至图 3 所示。

碱解氮的对数方程为：

$$y=24.117\ln(N)-25.199 \quad R^2=0.7463$$

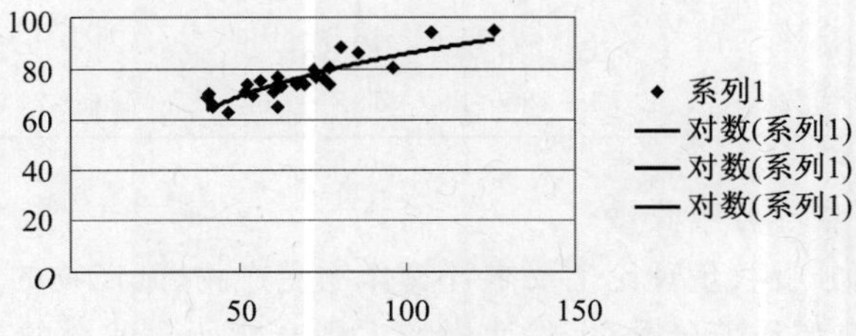

图 1　大蒜田碱解氮含量与相对产量的关系

有效磷的对数方程为：

$$y=32.911\ln(P)-22.399 \quad R^2=0.7804$$

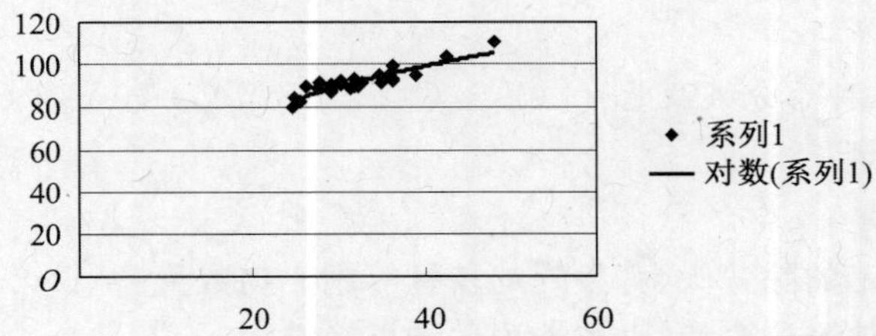

图 2　大蒜田有效磷含量与相对产量的关系

速效钾的对数方程为：

$$y=32.666\ln(K)-80.323 \quad R^2=0.7775$$

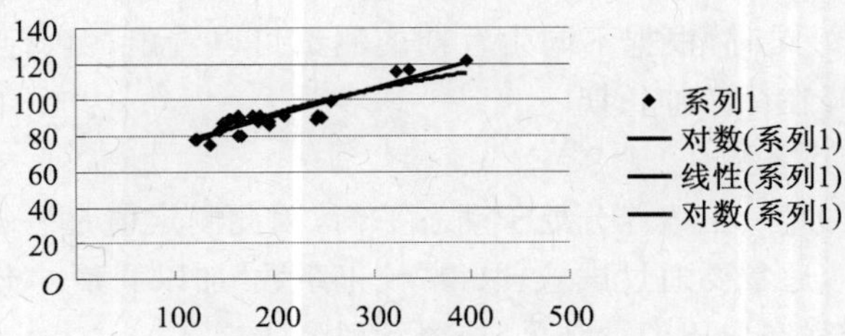

图 3　大蒜田速效钾含量与相对产量的关系

以相对产量低于 60％为极低、60％～80％为低、80％～90％为中等、90％～95％为高、高于 95％为极高作为 y 值代入碱解氮、有效磷、速效钾的回归方程，拟定出土壤氮、磷、钾养分丰缺指标（见表 1）。

表 1　　大蒜田土壤氮、磷、钾养分丰缺指标

相对产量(%)	≤60	60～80	80～90	90～95	≥95
丰缺等级	极低	低	中	高	极高
碱解氮(mg/kg)	≤34	34～78	78～119	119～146	≥146
有效磷(mg/kg)	≤12	12～22	22～30	30～35	≥35
速效钾(mg/kg)	≤73	73～135	135～184	184～214	≥214

(二)大蒜单位产量养分吸收量

作物单位产量养分吸收量理论上要求计算作物主产物、副产物的产量,分别取主副产物的代表样,分析各自矿质养分含量,然后累计主副产物所含的总的矿质养分数量,即作物形成一定主产物产量从土壤中所吸收矿质养分的总量。一般的做法是对地上部的茎叶、籽实分别计算产量,然后分别取样分析其中各种矿质养分的含量,再计算作物地上部分生物产量吸收矿质养分的总量。

大蒜单位产量养分吸收量就是利用测土配方施肥示范田产量结果和植株测试值,按照下列公式计算:

大蒜单位产量某种养分吸收量$=[(Y_1\times C_1)+(Y_2\times C_2)+(Y_3\times C_3)]/Y_1$

Y_1:大蒜蒜头产量;

Y_2:大蒜蒜薹产量;

Y_3:从土壤中移走的除蒜头、蒜薹外的秸秆等副产物数量。

C_1:大蒜蒜头该种养分含量,由植株测试结果确定;

C_2:大蒜蒜薹该种养分含量,由植株测试结果确定;

C_3:大蒜副产物该种养分含量,由植株测试结果确定。

氮、磷、钾分别计算,对于磷、钾计算结果还要乘以系数 2.29 或 1.2。

通过大量样点的测产、测试和计算,得出 100kg 大蒜需要吸收氮、磷、钾的数量为:1.42kg、5.1kg、10kg。同时,根据不同生育期的测试可以看出,氮、钾的吸收高峰在鳞茎膨大期,磷的吸收高峰在蒜薹伸长期。

(三)土壤养分校正系数

由于土壤具有缓冲性,土壤养分处于动态平衡,因此测定值是一个相对量,不能直接计算出“土壤供肥量”,通常要通过试验,取得“校正系数”加以调整。土壤养分校正系数主要利用对比示范田获得空白田产量结果,按照下列公式计算:

土壤养分校正系数=缺素区作物养分吸收量/(该元素土壤测定值×0.15)

缺素区作物养分吸收量=(百千克产量养分吸收量×缺素区作物产量)/100

对于磷、钾,因土测值与养分的表达形式不同,按上式计算后,还需再除以系数 2.29(P)和 1.2(K)。

由表 2 可以看出,土壤碱解氮校正系数为 59%～187%,平均为 113%;土壤有效磷校正系数为 28%～61%,平均为 48%;土壤速效钾校正系数为 13%～41%,平均为 29%。

表 2　　金乡县大蒜田土壤养分校正系数分析结果表

序号	试验户姓名	碱解氮 (mg/kg)	有效磷 (mg/kg)	速效钾 (mg/kg)	各处理产量(kg/667m²) $N_0P_2K_2$	$N_2P_0K_2$	$N_2P_2K_0$	碱解氮校正系数	有效磷校正系数	速效钾校正系数
1	李永福	52.5	34.8	168	893	1153	1086	1.61	0.49	0.36
2	满国印	42.4	25.6	123	530	816	776	1.19	0.47	0.35
3	张兴仿	61.6	36.3	211	772	1086	1034	1.19	0.44	0.27
4	刘保华	77.4	30.3	166	972	1243	1212	1.19	0.61	0.41
5	胡树迎	125.5	31.8	242	777	915	817	0.59	0.43	0.19
6	李新纪	66.9	29.1	245	826	1148	1056	1.17	0.59	0.24
7	李振荣	72.5	31.3	148	819	956	1044	1.07	0.45	0.39
8	荆明亮	62.4	27.6	163	722	1143	1022	1.1	0.61	0.35
9	崔圣贤	61.6	36.3	121	715	945	865	1.1	0.39	0.4
10	刘振远	77.4	30.3	166	750	1048	926	0.92	0.51	0.31
11	王保国	85.5	31.8	185	783	862	815	0.87	0.4	0.24
12	李反修	46.9	29.1	257	738	989	1072	1.49	0.5	0.23
13	刘学勇	56.2	27.8	154	703	1068	988	1.18	0.57	0.36
14	周洪运	60.5	34.7	187	628	903	768	0.98	0.39	0.23
15	邹连成	61.2	28.8	196	715	943	796	1.11	0.49	0.23
16	马元森	51.7	24.9	144	615	981	870	1.13	0.58	0.34
17	陈会云	42.1	32.3	164	615	882	803	1.38	0.41	0.27
18	孟庆东	54.2	35.8	179	740	947	810	1.29	0.39	0.25
19	周明	72.4	42.6	323	768	1052	996	1	0.37	0.17
20	王卫华	80.5	36.3	336	720	929	1219	0.85	0.38	0.2
21	侯玉奎	107.4	48.3	396	763	926	943	0.67	0.28	0.13
22	王贵华	72.5	32.5	248	779	1086	1084	1.02	0.5	0.24
23	马明涛	69.4	32.6	163	832	1143	1112	1.13	0.52	0.38
24	张汝林	95.6	26.3	191	777	934	817	0.77	0.53	0.24
25	李宪廷	67.4	30.3	186	830	1048	956	1.17	0.51	0.29
26	王玉国	75.5	31.8	185	753	922	915	0.94	0.43	0.27
27	李祥忠	66.9	29.1	196	798	959	947	1.13	0.49	0.27
28	冯智文	76.2	27.8	154	843	1068	1036	1.05	0.57	0.37
29	薛立春	40.5	24.7	135	783	1009	951	1.83	0.61	0.39
30	王以彬	41.2	38.8	156	815	1070	985	1.87	0.41	0.35
平均		67.47	31.99	196.27	759	1006	957	1.13	0.48	0.29

(四)化肥利用率

肥料当季利用率是指当季作物吸收利用的有效营养元素占施用肥料中全部有效营养元素的百分率。土壤肥力与肥料利用率呈负相关,即土壤肥力低,供肥量少,作物依赖于肥料供应的多。布置全肥区和不施用含该种养分肥料的缺肥区,利用两个区的大蒜产量结果和植株养分测试结果,按照下列公式计算:

$$肥料当季利用率=(F_1-F_2)/F$$

F_1:全肥区大蒜吸收该种养分的数量(该区各部分植株养分全量);

F_2:缺肥区大蒜吸收该种养分的数量(该区各部分植株养分全量);

F:全肥区施用该种肥料的数量。

由表3可以看出,氮肥利用率为18%~38%,平均为29%;磷肥利用率为9%~21%,平均为14%;钾肥利用率为11%~23%,平均为19%。

表3　　金乡县大蒜土壤化肥利用率分析结果表

序号	试验户姓名	施肥量(kg/667m²)			各处理产量(kg/667m²)				氮肥利用率(%)	磷肥利用率(%)	钾肥利用率(%)
		N	P_2O_5	K_2O	$N_0P_2K_2$	$N_2P_0K_2$	$N_2P_2K_0$	$N_2P_2K_2$			
1	李永福	30	16	24	893	1153	1086	1483	0.3	0.14	0.2
2	满国印	30	16	24	531	816	776	1114	0.3	0.13	0.17
3	张兴仿	30	16	24	772	1087	1034	1401	0.32	0.13	0.18
4	刘保华	30	16	24	972	1243	1212	1581	0.31	0.14	0.18
5	胡树迎	30	16	24	777	915	817	1135	0.18	0.09	0.16
6	李新纪	30	16	24	826	1148	1056	1378	0.28	0.1	0.16
7	李振荣	30	16	24	819	956	1044	1422	0.31	0.2	0.19
8	荆明亮	30	16	24	722	1143	1022	1401	0.34	0.11	0.19
9	崔圣贤	30	16	24	715	945	865	1235	0.26	0.12	0.19
10	刘振远	30	16	24	750	1048	926	1358	0.31	0.13	0.22
11	王保国	30	16	24	783	862	815	1137	0.18	0.12	0.16
12	李反修	30	16	24	738	989	1072	1485	0.38	0.21	0.21
13	刘学勇	30	16	24	703	1068	988	1390	0.35	0.14	0.2
14	周洪运	30	16	24	628	903	768	1165	0.27	0.11	0.2
15	邹连成	30	16	24	715	943	796	1243	0.27	0.13	0.22
16	马元森	30	16	24	615	981	870	1283	0.34	0.13	0.21
17	陈会云	30	16	24	615	882	803	1214	0.3	0.14	0.21
18	孟庆东	30	16	24	740	947	810	1212	0.24	0.11	0.2
19	周明	30	16	24	768	1052	996	1410	0.33	0.15	0.21
20	王卫华	30	16	24	720	929	1019	1243	0.26	0.13	0.11

续表

序号	试验户姓名	施肥量(kg/667m²)			各处理产量(kg/667m²)				氮肥利用率(%)	磷肥利用率(%)	钾肥利用率(%)
		N	P_2O_5	K_2O	$N_0P_2K_2$	$N_2P_0K_2$	$N_2P_2K_0$	$N_2P_2K_2$			
21	侯玉奎	30	16	24	763	926	943	1319	0.28	0.17	0.19
22	王贵华	30	16	24	779	1086	1084	1422	0.33	0.14	0.17
23	马明涛	30	16	24	832	1143	1112	1581	0.38	0.19	0.23
24	张汝林	30	16	24	777	934	817	1135	0.18	0.09	0.16
25	李宪廷	30	16	24	830	1048	956	1378	0.28	0.14	0.21
26	王玉国	30	16	24	753	922	915	1257	0.26	0.14	0.17
27	李祥忠	30	16	24	798	959	947	1325	0.27	0.16	0.19
28	冯智文	30	16	24	843	1068	1038	1390	0.28	0.14	0.18
29	薛立春	30	16	24	783	1009	951	1392	0.31	0.16	0.22
30	王以彬	30	16	24	815	1070	985	1447	0.32	0.16	0.23
平均		30	16	24	893	1153	1086	1483	0.29	0.14	0.19

三、小　结

试验结果表明，土壤碱解氮、有效磷、速效钾与大蒜相对产量有良好的相关性，本试验拟定的土壤养分丰缺指标基本符合金乡县土壤实际情况。

生产100kg大蒜的氮(N)、磷(P_2O_5)、钾(K_2O)吸收量分别为1.42kg、0.51kg、1kg。

土壤养分校正系数与土壤肥力呈负相关，土壤碱解氮校正系数为113%，土壤有效磷校正系数为48%，土壤速效钾校正系数为29%。

氮肥利用率为29%，磷肥利用率为14%，钾肥利用率为19%，三种化肥的利用率均以中肥区最高、低肥区最低。

大蒜施肥指标体系的研究

王乃建　王成林　刘振富　闫亚娟　李　艳

大蒜是主要的出口创汇蔬菜品种之一，但是长期以来缺乏对大蒜施肥指标体系的研究，农民施肥也存在着很多问题。为此，金乡县土肥站于 2007～2011 年安排大蒜“3414”试验 18 个、丰缺指标试验 12 个，试图建立县域范围内大蒜施肥指标体系，为测土配方施肥提供技术支撑。

一、材料与方法

（一）试验材料

试验分别在金乡县轻壤、中壤、重壤三种不同土壤质地和高、中、低三种不同产出水平的代表性地块上进行，供试土壤养分含量如表 1 所示。供试作物为大蒜，品种为金乡白皮大蒜。供试肥料为尿素、过磷酸钙、硫酸钾。

表 1　　供试土壤养分状况

序号	试验地点	试验户姓名	土壤质地	碱解氮(mg/kg)	有效磷(mg/kg)	速效钾(mg/kg)
1	高河乡	李永福	重壤	92.5	37.6	208
2	羊山镇	满国印	轻壤	62.4	32.6	223
3	高河乡	张兴仿	重壤	81.6	36.3	211
4	羊山镇	刘保华	轻壤	97.4	30.3	166
5	化雨镇	胡树迎	中壤	125.5	41.8	242
6	胡集镇	李新纪	重壤	86.9	29.1	217
7	卜集乡	李振荣	重壤	82.5	37.6	248
8	鱼山镇	荆明亮	中壤	79.4	32.6	163
9	金乡镇	崔圣贤	轻壤	71.6	26.3	121
10	羊山镇	刘振远	中壤	77.4	30.3	166
11	化雨镇	王保国	中壤	85.5	41.8	235
12	胡集镇	李反修	重壤	76.9	29.1	247

续表

序号	试验地点	试验户姓名	土壤质地	碱解氮(mg/kg)	有效磷(mg/kg)	速效钾(mg/kg)
13	兴隆乡	刘学勇	轻壤	86.2	27.8	154
14	肖云镇	周洪运	轻壤	64.5	34.7	135
15	高河乡	邹连成	重壤	71.2	28.8	196
16	金乡镇	马元森	中壤	81.7	24.9	144
17	王丕镇	陈会云	中壤	62.1	42.3	164
18	王丕镇	孟庆东	中壤	74.2	35.8	160
19	马庙镇	周明	轻壤	92.4	42.6	123
20	鱼山镇	王卫华	中壤	80.5	36.3	136
21	鸡黍镇	侯玉奎	中壤	77.4	18.3	196
22	化雨镇	王贵华	轻壤	82.5	37.6	248
23	化雨镇	马明涛	中壤	89.4	32.6	163
24	司马镇	张汝林	轻壤	95.6	26.3	191
25	兴隆乡	李宪廷	轻壤	87.4	30.3	166
26	卜集乡	王玉国	重壤	75.5	31.8	185
27	卜集乡	李祥忠	重壤	91.9	29.1	276
28	胡集镇	冯智文	重壤	86.2	37.8	154
29	胡集镇	薛立春	重壤	78.5	34.7	165
30	金乡镇	王以彬	轻壤	81.2	58.8	156

(二)试验设计

试验采用"3414"完全实施方案设计和不完全实施方案(丰缺指标试验)设计。"3414"试验设计是指氮、磷、钾3个因素、4个水平、14个处理,小区随机排列。试验地不施有机肥,4个水平的含义:"0"水平指不施肥,"2"水平指当地最佳施肥量,"1"水平="2"水平×0.5,"3"水平="2"水平×1.5。

当地大蒜的最佳施肥量(纯养分)为:$N_2=30$kg,$P_2=16$kg,$K_2=24$kg。"3414"完全试验不设重复,丰缺指标试验设三次重复。氮肥2/3基施、1/3追施,磷肥全部基施,钾肥3/4基施、1/4追施。试验方案如表2和表3所示。

表2 "3414"试验方案

试验编号	处理	N	P_2O_5	K_2O
1	$N_0P_0K_0$	0	0	0
2	$N_0P_2K_2$	0	2	2

续表

试验编号	处　理	N	P_2O_5	K_2O
3	$N_1P_2K_2$	1	2	2
4	$N_2P_0K_2$	2	0	2
5	$N_2P_1K_2$	2	1	2
6	$N_2P_2K_2$	2	2	2
7	$N_2P_3K_2$	2	3	2
8	$N_2P_2K_0$	2	2	0
9	$N_2P_2K_1$	2	2	1
10	$N_2P_2K_3$	2	2	3
11	$N_3P_2K_2$	3	2	2
12	$N_1P_1K_2$	1	1	2
13	$N_1P_2K_1$	1	2	1
14	$N_2P_1K_1$	2	1	1

表 3　　丰缺指标试验方案

试验编号	处　理	N	P_2O_5	K_2O
1	$N_0P_0K_0$	0	0	0
2	$N_0P_2K_2$	0	2	2
3	$N_2P_0K_2$	2	0	2
4	$N_2P_2K_2$	2	2	2
5	$N_2P_2K_0$	2	2	0

二、结果与分析

(一)土壤养分丰缺指标的建立

土壤养分丰缺指标的研究,主要是应用统计学的方法进行分析,要求有足够的统计样点,并且统计样点要有代表性,以提高丰缺指标划分的准确性。本次采用大蒜"3414"完全试验和养分丰缺指标试验获得的产量结果,结合试验点的特点,建立大蒜田土壤氮、磷、钾养分丰缺指标。

首先,计算氮、磷、钾的相对产量:

氮的相对产量＝处理 2($N_0P_2K_2$)产量/处理 4($N_2P_2K_2$)产量×100%

磷的相对产量＝处理 3($N_2P_0K_2$)产量/处理 4($N_2P_2K_2$)产量×100%

钾的相对产量＝处理 5($N_2P_2K_0$)产量/处理 4($N_2P_2K_2$)产量×100%

然后,由相对产量与对应的土壤养分测试值建立相关关系,其散点分布符合对数曲线模型($y=a\ln x+b$),经方程拟合,分别配置土壤碱解氮、有效磷、速效钾的对数方程式。散点图如图1至图3所示。

碱解氮的对数方程为:

$$y=24.117\ln(N)-25.199 \quad R^2=0.7463$$

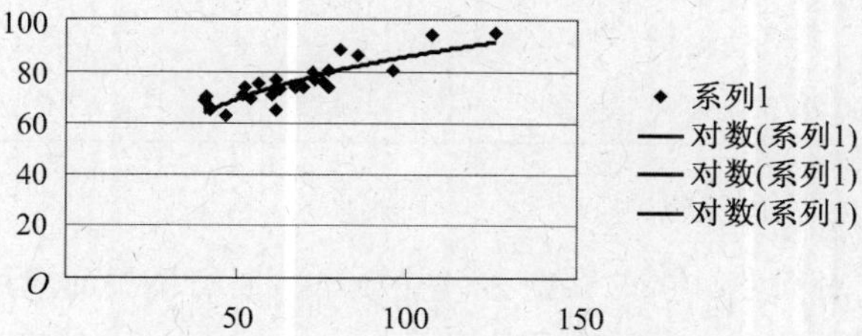

图1 大蒜田碱解氮含量与相对产量的关系

有效磷的对数方程为:

$$y=32.911\ln(P)-22.399 \quad R^2=0.7804$$

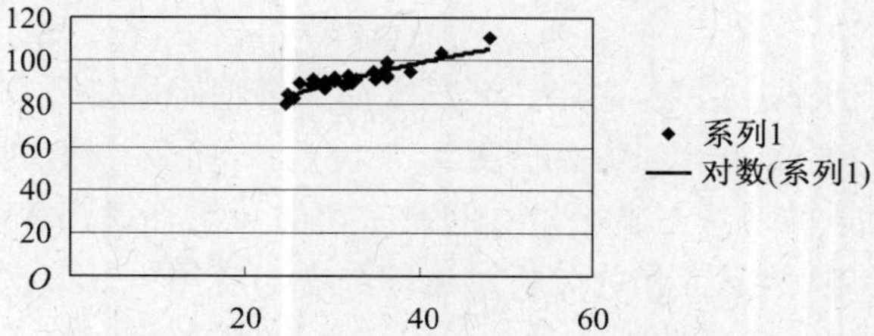

图2 大蒜田有效磷含量与相对产量的关系

速效钾的对数方程为:

$$y=32.666\ln(K)-80.323 \quad R^2=0.7775$$

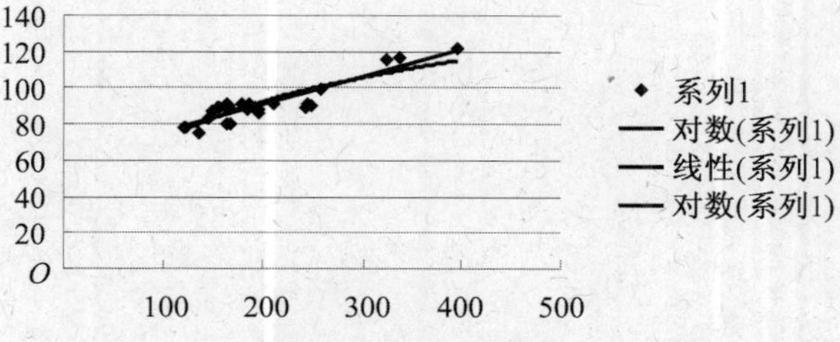

图3 大蒜田速效钾含量与相对产量的关系

以相对产量低于60%为极低、60%~80%为低、80%~90%为中等、90%~95%为高、高于95%为极高,作为y值代入碱解氮、有效磷、速效钾的回归方程,拟定出土壤氮、磷、钾养分丰缺指标(见表4)。

表 4 大蒜田土壤氮磷钾养分丰缺指标

相对产量(%)	≤60	60～80	80～90	90～95	≥95
丰缺等级	极低	低	中	高	极高
碱解氮(mg/kg)	≤34	34～78	78～119	119～146	≥146
有效磷(mg/kg)	≤12	12～22	22～30	30～35	≥35
速效钾(mg/kg)	≤73	73～135	135～184	184～214	≥214

(二)施肥模型的建立

回归模型的确定对回归分析的精度、误差的减小、回归模型的应用都将产生深远的影响。根据肥料效应理论及金乡县的大蒜生产实际，采用三元二次数学模型，即 $Y=b_0+b_1N+b_2P+b_3K+b_4N^2+b_5P^2+b_6K^2+b_7NP+b_8NK+b_9PK$ 作为试验数据的统计分析模型。

由于三元二次回归模型拟合的成功率不高，为充分利用“3414”试验获得的有效信息，同时采用一元二次回归模型，即 $Y=aX^2+bX+c$ 作为氮、磷、钾一元二次肥料效应分析模型。

根据三年来的田间试验结果，应用三元二次回归模型和电子计算机进行分析，得出各试验点的肥料效应方程 18 个。经方差分析和 F 检验，13 个方程达到极显著水平，说明这些肥料效应方程所表达的产量与施肥量之间有密切的关系；5 个方程未达到显著水平，这些方程不能用于指导施肥，只能作为分析讨论的参考。应用一元二次回归模型进行分析，经检验均能达到显著水平。将达到显著水平的试验数据进行归类，得出不同土壤质地、不同地力产量的大蒜三元二次肥料效应方程 9 个、一元二次肥料效应方程 27 个。

1. 轻壤施肥模型

高肥力的三元二次方程：

$$Y=918.5+13.36N+8.84P+8.76K-0.272N^2-0.315P^2-0.155K^2+0.218NP+0.099NK-0.145PK \quad R^2=0.9915$$

高肥力的一元二次方程：

$$Y=942.1+17.84N-0.235N^2 \quad R^2=0.9828$$

$$Y=960.7+9.75P-0.189P^2 \quad R^2=0.9026$$

$$Y=933.5+9.16K-0.131K^2 \quad R^2=0.9799$$

中肥力的三元二次方程：

$$Y=719.1+13.9N+3.34P+5.37K-0.213N^2-0.251P^2-0.174K^2-0.002NP+0.067NK+0.237PK \quad R^2=0.9739$$

中肥力的一元二次方程：

$$Y=725.8+16.64N-0.237N^2 \quad R^2=0.9943$$

$$Y=821.6+9.22P-0.263P^2 \quad R^2=0.9984$$

$$Y=835.9+10K-0.147K^2 \quad R^2=0.9906$$

低肥力的三元二次方程：

$Y=759.6+19.36N+8.48P+0.67K-0.356N^2-0.509P^2-0.118K^2+0.16NP$
$+0.163NK+0.15PK$　　$R^2=0.9739$

低肥力的一元二次方程：

$Y=792.5+25.37N-0.38N^2$　　$R^2=0.9985$

$Y=881+19P-0.692P^2$　　$R^2=0.9959$

$Y=903.9+9.77K-0.211K^2$　　$R^2=0.9993$

2. 中壤施肥模型

高肥力的三元二次方程：

$Y=757+15.24N+7.08P+8.39K-0.294N^2-0.322P^2-0.209K^2+0.221NP$
$+0.108NK-0.203PK$　　$R^2=0.9915$

高肥力的一元二次方程：

$Y=832.9+22.35N-0.354N^2$　　$R^2=0.9923$

$Y=903.3+11.05P-0.476P^2$　　$R^2=0.9941$

$Y=870+10.87K-0.288K^2$　　$R^2=0.979$

中肥力的三元二次方程：

$Y=787.4+13.24N+10.23P+7.39K-0.315N^2-0.228P^2-0.124K^2+0.312NP$
$+0.234NK-0.538PK$　　$R^2=0.9739$

中肥力的一元二次方程：

$Y=846.6+24.69N-0.39N^2$　　$R^2=0.9899$

$Y=866.4+9.83P-0.371P^2$　　$R^2=0.9995$

$Y=911+8.95K-0.19K^2$　　$R^2=0.9982$

低肥力的三元二次方程：

$Y=1052+14.78N+4.25P+11.13K-0.317N^2-0.308P^2-0.114K^2+0.419NP$
$+0.017NK-0.211PK$　　$R^2=0.9842$

低肥力的一元二次方程：

$Y=1064+22.73N-0.321N^2$　　$R^2=0.9872$

$Y=1133.8+12.66P-0.322P^2$　　$R^2=0.8502$

$Y=1004.7+9.55K-0.13K^2$　　$R^2=0.9445$

3. 重壤施肥模型

高肥力的三元二次方程：

$Y=964.6+15.36N+8.36P+13.44K-0.358N^2-0.422P^2-0.445K^2+0.13NP$
$+0.254NK+0.076PK$　　$R^2=0.9739$

高肥力的一元二次方程：

$Y=984.2+21.97N-0.32N^2$　　$R^2=0.9809$

$Y=1047.3+13.37P-0.368P^2$　　$R^2=0.9396$

$Y=1084.1+22.95K-0.449K^2$　　$R^2=0.9979$

中肥力的三元二次方程：

$Y=981.3+13.77N+6.96P+2.83K-0.213N^2-0.22P^2-0.086K^2+0.064NP+0.079NK+0.07PK$　　$R^2=0.9739$

中肥力的一元二次方程：

$Y=961.6+17.8N-0.239N^2$　　$R^2=0.9847$

$Y=978.2+12.11P-0.291P^2$　　$R^2=0.9802$

$Y=982.7+10.18-0.187K^2$　　$R^2=0.9988$

低肥力的三元二次方程：

$Y=891.3+14.66N+1.06P+5.31K-0.203N^2-0.355P^2-0.168K^2+0.16NP+0.026NK+0.355PK$　　$R^2=0.9739$

低肥力的一元二次方程：

$Y=887.1+15.78N-0.188N^2$　　$R^2=0.9652$

$Y=956.3+17.47P-0.469P^2$　　$R^2=0.9882$

$Y=945.6+12.89K-0.234K^2$　　$R^2=0.9977$

（以上模型均以 $667m^2$、kg 为单位）

（三）施肥指标的确定

在建立土壤养分丰缺指标的基础上，根据经济学原理，通过边际分析，计算经显著性检验的每个试验点的最大、最佳施肥量，结合当地生产实践，分类统计汇总，提出不同土壤质地、不同产出水平的施肥推荐量（见表 5）。

表 5　　不同土壤质地、不同产出水平的施肥量

土壤质地	肥力水平	三元二次方程						一元二次方程					
		最高施肥量 ($kg/667m^2$)			最佳施肥量 ($kg/667m^2$)			最高施肥量 ($kg/667m^2$)			最佳施肥量 ($kg/667m^2$)		
		N	P_2O_5	K_2O	N	P_2O_5	K_2O	N	P_2O_5	K_2O	N	P_2O_5	K_2O
轻壤	高	38.4	20.8	30.9	31.6	17.3	22.2	38	25.8	34.9	34.4	20.8	25.3
	中	38.8	25.6	40.3	31.4	14.1	23.9	35.1	17.5	34.1	31.6	13.9	25.6
	低	42.8	21.9	46.5	33.6	15.5	25.4	33.4	13.7	23.2	31.2	12.4	17.3
中壤	高	36.9	16.7	21.3	30.3	13.7	15.3	31.6	11.6	18.9	29.2	9.6	14.6
	中	40.2	19.2	26.1	32.7	12.2	24.3	31.6	13.2	23.5	29.5	10.7	17
	低	42.1	25.4	31.2	34.1	18.8	25.2	35.4	19.7	36.8	32.8	16.7	27.1
重壤	高	33.9	17.5	26.3	28.8	14.1	21.7	34.5	18.2	25.5	31.8	15.6	22.8
	中	46.1	30.5	50.1	35.4	21	26.7	37.2	20.8	27.3	33.7	17.6	20.6
	低	48.1	39.3	53.8	37.6	21.5	28.3	42.1	18.6	27.6	37.6	16.6	22.3

注：价格为 N 4 元/kg、P_2O_5 4.5 元/kg、K_2O 5 元/kg、大蒜 3.6 元/kg。

根据表4拟定的大蒜田土壤养分丰缺指标和表5计算出的相应最高施肥量、最佳施肥量，结合金乡县以往的测土配方施肥试验示范结果及农户施肥调查结果，初步提出金乡县大蒜推荐施肥指标(见表6)。

表6　　金乡县大蒜推荐施肥指标

丰缺等级	极低	低	中	高	极高
碱解氮(mg/kg)	≤34	34～78	78～119	119～146	≥146
施肥量(kg N/667m^2)	34	32	30	28	26
有效磷(mg/kg)	≤12	12～22	22～30	30～35	≥35
施肥量(kg P_2O_5/667m^2)	20	18	16	14	12
速效钾(mg/kg)	≤73	73～135	135～184	184～214	≥214
施肥量(kg K_2O/667m^2)	27	24	21	18	15

三、结　论

根据土壤养分测试值和"3414"试验、养分丰缺指标试验结果，在作散点图的基础上，用适宜的方程进行拟合，建立大蒜田土壤养分丰缺指标。

根据相关软件科学汇总分析"3414"试验结果，去伪存真，建立不同土壤质地、不同产出水平的大蒜施肥模型。三元二次方程拟合相关性不高的，用一元二次方程拟合，通过偏导数进行边际分析，求出最佳施肥量，确定施肥指标。

大蒜施肥指标体系建立后，要通过配方校正试验、肥效对比试验不断验证。同时，通过定点跟踪调查，多点统计分析，找出施肥指标与土壤测试值、实际产量相关性等的标准差或变异系数，对与实际情况不符的或偏差较大的予以舍弃，对不同分区类似或相近的施肥指标予以合并，不断完善大蒜测土配方施肥技术指标体系。

大蒜肥效对比试验总结报告

刘振富　秦淑珍　李　艳　闫亚娟

一、试验目的

通过肥效对比试验，验证大蒜小区试验和测土配方施肥结果，校正大蒜施肥参数，为大蒜经济有效地施用氮、磷、钾肥提供可靠依据。

二、试验材料和方法

(一)供试土壤

试验地选择金乡县轻壤、中壤、重壤三种不同土壤质地和高、中、低三种不同产出水平的代表性地块，供试土壤养分含量如表1所示。

表1　试验地土壤养分状况

试验地点	户　名	土壤质地	碱解氮(mg/kg)	有效磷(mg/kg)	速效钾(mg/kg)
化雨镇	郭保群	重壤	53.2	39.8	214
高河乡	李德龙	重壤	76	26.6	210
羊山镇	满国印	轻壤	62.4	32.6	223
马庙镇	徐庆广	轻壤	63.5	28.9	186
王丕镇	李延成	中壤	83.9	27.9	235
兴隆乡	刘学勇	轻壤	63	29.8	112
卜集乡	李振荣	重壤	72.5	37.6	248
鱼山镇	荆明亮	中壤	62.4	32.6	163
金乡镇	崔圣贤	轻壤	61.6	26.3	121
羊山镇	刘振远	中壤	77.4	30.3	166
化雨镇	王保国	中壤	85.5	41.8	285
胡集镇	李反修	重壤	66.9	29.1	317
鸡黍镇	胡志海	轻壤	56.2	27.8	154
肖云镇	周洪运	中壤	60.5	34.7	135

续表

试验地点	户　名	土壤质地	碱解氮(mg/kg)	有效磷(mg/kg)	速效钾(mg/kg)
高河乡	邹连成	重壤	71.2	28.8	196
金乡镇	马元森	中壤	51.7	24.9	144

(二)供试作物

金乡白皮大蒜。

(三)供验肥料

尿素、过磷酸钙、硫酸钾。

(四)试验设计

试验设3个处理,每个处理面积为300～600m^2,不设重复。3个处理为:处理1:习惯施肥($N_{32}P_{22}K_{26}$),处理2:平衡施肥1($N_{28}P_{12}K_{20}$),处理3:平衡施肥2($N_{30}P_{16}K_{24}$)。

三、结果与分析

(一)试验结果

测产结果如表2所示。

表2　试验产量结果表

试验地点	户　名	习惯施肥(kg/667m^2)	平衡施肥1(kg/667m^2)	平衡施肥2(kg/667m^2)	平衡施肥2增产率(%)
化雨镇	郭保群	1252.4	1288.9	1350	7.8
高河乡	李德龙	1201.1	1278	1354.7	12.8
羊山镇	满国印	1104	1176.3	1257.8	13.9
马庙镇	徐庆广	1072.8	1114.7	1161.9	8.3
王丕镇	李延成	1180.8	1247	1277.2	8.2
兴隆乡	刘学勇	1157.9	1207.8	1254.1	8.3
卜集乡	李振荣	1285.5	1365.7	1438.9	11.9
鱼山镇	荆明亮	1257.2	1323.8	1422.5	13.1
金乡镇	崔圣贤	1184.3	1198.2	1274.8	7.6
羊山镇	刘振远	1255.6	1324.1	1375.4	9.5
化雨镇	王保国	1172.3	1148.9	1255.6	7.1
胡集镇	李反修	1341.6	1482.6	1512.4	12.7
鸡黍镇	刘学勇	1248.3	1315.4	1382.7	10.8
肖云镇	周洪运	1106	1127.9	1285.6	16.2
高河乡	邹连成	1309.4	1362.5	1435.8	9.7
金乡镇	马元森	1175.2	1187.7	1269.5	8
	平　均	1206.5	1259.3	1331.8	10.4

从表 2 可以看出，习惯施肥平均亩产 1206.5kg，平衡施肥 1 平均亩产 1259.3kg，平衡施肥 2 平均亩产 1331.8kg，平衡施肥 2 比习惯施肥增产 10.4%。

按市场价格大蒜 3.6 元/kg、纯 N 4.5 元/kg、P_2O_5 4 元/kg、K_2O 5 元/kg 计算，从施肥成本比较，习惯施肥亩投入 362 元，亩产值 4343.4 元，投入产出比 1∶11；平衡施肥 1 亩投入 274 元，亩产值 4533.5 元，投入产出比为 1∶15.5；平衡施肥 2 亩投入 319 元，亩产值 4794.5 元，投入产出比为 1∶15。

（二）统计分析

由表 3 可以看出，处理间 $F=7.26>F_{0.01}=5.39$，差异达极显著水平。由表 4 可以看出，处理 3 较处理 1（对照）达到极显著水平，处理 3 较处理 2 显著，处理 2 与处理 1 之间差异不显著，说明在大蒜上施用平衡施肥 2 的效果最好。

表 3　　方差分析

变异来源	自由度	平方和	方　差	F 值	F 临界值	
					$F_{0.05}$	$F_{0.01}$
处理间	2	126576.6	63288.3	7.26	3.32	5.39
区组间	15	351065.2	175532.6	20.13	2.01	2.7
误差	30	17441.7	8720.9			
总变异	47	495083.5				

表 4　　多重比较

处　理	平均产量（$kg/667m^2$）	增　产		差异显著性	
		$x-x_1$	$x-x_2$	$LSD_{0.05}$	$LSD_{0.01}$
平衡施肥 2（x_3）	1331.8	125.3	72.5	67.4	90.8
平衡施肥 1（x_2）	1259.3	52.8			
习惯施肥（x_1）	1206.5				

四、结　论

平衡施肥 2 比习惯施肥增产达到极显著水平，平衡施肥 1 比习惯施肥增产不显著，平衡施肥 2 比平衡施肥 1 增产显著。平衡施肥 2 比习惯施肥亩增大蒜 125.3kg，增产率为 10.4%，产投比为 1∶15。

大蒜产量在 1200～1400kg/667m² 的范围内，亩施氮、磷、钾以 30kg、16kg、24kg 为宜。

大蒜肥害发生的原因及预防措施

王桂华　李　艳　秦淑珍

大蒜根系为弦状须根，几乎没有根毛，入土浅，根群小，吸肥力弱，但需肥量大，是一种喜肥耐肥作物。只有供给充足的肥料，才能满足高产优质的需要。但若施肥过量或施用方法不当，就会发生肥害。不仅在播种至出苗期会发生底肥肥害，在生育过程中也会发生追肥肥害，施肥时必须注意预防。

一、底肥引起的肥害

底肥肥害的表现是：播种后出苗迟而不齐，出来的蒜苗形状像一把锥子，颜色暗绿，生长缓慢，迟迟不发棵展叶；根系腐烂，严重者不能生根出苗。蒜农把这种现象称为“烧苗”，也就是发生了肥害。造成这类肥害发生的原因及相应的预防措施有以下几种：

(一)施肥量过大

据调查，大蒜底肥每亩施用纯养分量超过75kg，或者纯氮超过25kg，即易发生肥害。预防措施为力戒过量，每亩施用纯养分量50kg，其中纯氮以20kg为宜。

(二)施肥不均匀

虽然施肥的绝对量不大，但因不够均匀，致使土壤局部养分浓度过高而烧苗。预防措施是施肥要尽量均匀。

(三)耕层过浅

耕层过浅使肥料集中于土壤表层，因表层养分浓度过高而烧苗。经验表明，用旋耕犁“挠地”，深度往往达不到要求，肥料也翻不下去。预防措施为适当加深耕作层，以达到20cm为宜。

(四)整地与播种间隔时间太短

一般施肥在整地时进行，整地与播种间隔时间太短，肥料颗粒与土壤颗粒不能充分混融，蒜种一旦接近肥料颗粒，就会影响生根发芽而造成烧苗。预防措施是拉长整地与播种间隔时间到5～7天，使肥、土充分混融。

大蒜萌芽至出苗期一旦发生肥害，应立即采取补救措施，而最有效的措施是浇水淋肥，降低土壤中离子的浓度。缺苗严重的要尽快催芽补种。

二、追肥引起的肥害

在覆膜栽培的条件下，大蒜追肥无法直接施入土壤中，只能在浇水时随水冲施。这种追肥方式也会造成肥害，其症状是根系腐烂，叶色发黄，叶尖枯萎，生长缓慢。造成追肥肥害发生的原因及相应的预防措施为：

（一）冲肥量过大

据调查，大蒜追肥每亩每次冲施纯养分量超过 20kg，或者纯氮超过 10kg，即易发生肥害，尤其低洼处较为明显。预防措施为适量施肥，每亩每次冲施纯养分量 8～12kg，其中纯氮以 6～8kg 为宜。

（二）冲肥不均匀

冲肥不够均匀，特别是水已到地尾，而仍在冲肥，极易造成水头处发生肥害。预防措施是冲肥尽量均匀，根据浇水时间、冲肥量，计算冲肥的速度，使水到地尾时肥料正好冲完。

另外经验表明，每亩每次冲施尿素 20kg 以上，三天之后即显现肥害症状；而冲施碳酸氢铵较为安全，即使每亩每次达到 60kg，通常也不会发生肥害，而且尿素比碳酸氢铵易随水渗漏，因此，大蒜追肥用碳酸氢铵比尿素好。针对大蒜的需肥特点和覆膜栽培的要求，追肥最好选用大蒜专用冲施肥，这种冲施肥易溶于水，且养分齐全，施用方便，又不易发生肥害。

关于提升金乡大蒜田土壤质量的思考和建议

王乃建　王成林　刘振富　孙素芹　胡长稳

土壤是农业的基础，也是发展现代农业、建设金乡大蒜产业的基本条件。由于金乡大蒜田土壤利用强度高，外源物质投入量大，使土壤质量下降，严重影响到大蒜的产品质量安全和大蒜产业的可持续发展。为此，必须坚持科学发展观，创新思维观念，运用现代科技手段，不断加强大蒜田土壤质量建设，为大蒜生产创造良好的土壤环境。

一、正确分析金乡大蒜田土壤质量现状

金乡县地处鲁西南，属黄泛平原，光照充足，环境优越，土层深厚，质地疏松，富含钾、钙，是世界最佳大蒜优生区之一。但是，随着连作时间加长、不合理耕作、过量施用化肥、大水漫灌等因素的影响，大蒜重茬病害日趋严重，大蒜田土壤存在的问题已逐渐凸现出来。

（一）土壤板结

常年旋耕，造成耕作层浅、犁底层厚而坚硬、土壤肥力的库容小，降低了土壤蓄水、保肥能力，限制了根系的活动范围；不施或少施有机肥，过量施用化肥，再加上踩踏镇压和大水灌溉，导致了土壤团粒结构减少，呈分散状态的砂粒和粉砂粒沉降，造成土壤板结，土壤通气、透水性变差。据测试，金乡县大蒜田土壤容重平均为 1.24g/cm^3，变幅为 1.17～1.34g/cm^3。沙壤土稍低，重壤土偏高。

（二）土壤有机质含量低

金乡大蒜田为蒜棉套作，产量高，有机质消耗量大，而非人为秸秆还田量少，人为有机肥施用量小。据监测，金乡县大蒜田土壤有机质平均含量为 12.4g/kg，变幅为 10.2～14.5g/kg。沙壤土含量低，重壤土稍高。土壤有机质低，说明土壤能源储备不足，活力不强，造成土壤结构难以改善，保水、保肥性能降低，养分供给不及时，土壤微生物活动较弱，最终影响优质大蒜的生长。

（三）土壤养分不均衡

大蒜对土壤中矿质营养元素的需求种类及吸收的比例是有一定规律的，长期连作必然造成土壤中某一种或某几种营养元素的亏缺，在得不到及时补充的情况下便出现了“木桶效应”，也可能因某种元素过剩而影响其他元素的吸收，进而引发缺素症。尤其是过量施用大量元素化肥，不注重中微量元素肥料的施用，必然导致大蒜被动吸收，使大蒜体内各种养分比例失调、抗逆能力下降、抗病虫害能力变弱，甚至出现生理性病害。据测试，金乡县大蒜田土壤养分含量为：碱解氮 64.2mg/kg，变幅为 41.3～135.6mg/kg；有效磷

35.7mg/kg，变幅为16.3～88.7mg/kg；速效钾182mg/kg，变幅为82～416mg/kg，总的趋势为：重壤土高于中壤土，中壤土高于沙壤土。

（四）土壤次生盐渍化加重

过量施用化肥，使土壤中盐分不断聚集；不施有机肥、大水漫灌，促使盐分上移，进而导致土壤含盐量不断增加，加剧了土壤次生盐渍化。据测试，金乡县大蒜田土壤全盐量平均为1.21g/kg，变幅为0.74～2.98g/kg。土壤全盐量是盐碱土的一个重要指标，土壤次生盐渍化加重，使土壤的渗透势加大，大蒜根系的吸水、吸肥能力减弱，且随着盐分浓度的升高，土壤微生物活动也受到抑制。

二、充分认识提升大蒜田土壤质量的重要性

土壤质量是土壤在一定的生态系统内提供生物必需养分和生产生物物质的能力；容纳、降解、净化污染物质和维护生态平衡的能力；影响和促进植物、动物和人类生命安全和健康的能力的综合量度。简言之，土壤质量是土壤肥力质量、土壤环境质量和土壤健康质量三个既相对独立又相互联系的综合集成。

目前，农产品质量问题已成为农村发展的主要矛盾之一，不仅影响人民的食品安全，也严重制约农产品的出口创汇，而影响农产品质量的源头正是土壤质量。防止污染物进入土壤，改善土壤生态环境，提升土壤质量，是保证农产品质量安全的根本，也是农业可持续发展的重要基础。因此，提升金乡大蒜田土壤质量，是建设金乡现代农业、保障金乡大蒜产业持续发展、繁荣金乡农村经济的基础性工作。

金乡大蒜田土壤质量整体还不高，存在的四大问题是建设优质、安全、高效大蒜基地的障碍因素。提升大蒜田土壤质量，是一项长期而艰巨的工作，各级领导和广大蒜农必须充分认识加强大蒜田土壤质量建设的重要性，只有坚持不懈的努力，才能不断地取得丰厚成果。

三、不断加强大蒜田土壤质量建设

（一）建立土壤质量管理与地力培育机制

实行政策性扶持，各级政府要加大对大蒜田土壤质量建设相关基础设施与仪器设备的扶持，不断提高大蒜田土壤质量监测能力；扩大投资渠道，建立政府、社会、农民投入相结合的耕地地力培育工程的投资体系；建立大蒜田土壤肥力与有机质提升项目补贴机制，明确资金补贴标准、内容、范围和规模；实施蒜农种植绿肥、秸秆还田和测土配方施肥资金补贴项目，引导蒜农增加投入，加快大蒜田土壤质量建设步伐。

（二）加强技术研究与推广

认真学习大蒜田土壤质量新理念，积极引进大蒜田土壤质量建设新技术，大力开发应用现代土肥新技术、新产品；着力研究提升大蒜田土壤质量的有效方法；研制生产和施用蒜区不同地块、不同土壤类型、不同目标产量所需的配方肥；全面提升大蒜田土壤质量培育、土地退化修复等方面的科技水平；重视引进高层次技术人才，加强技术培训，不断提高农民科技素质，满足大蒜田土壤质量建设工作的需要。

（三）增加大蒜田土壤投入

大蒜田土壤质量建设是一项系统工程，应紧紧抓住土壤有机培肥与测土配方施肥两

大技术体系，按照投入品无害化、肥料用量精准化、施肥方法科学化、土壤报酬最大化、土壤环境生态化原则，采用多种科技手段，不断增加大蒜田土壤投入，逐步创建肥沃、生态、协调、持续的大蒜田土壤。

四、大力实施大蒜田土壤质量提升工程

要提高土壤质量，必须遵循“物质和能量守恒”原理，即及时向土壤补充和恢复作物收获所带走的物质和能量。

（一）有机质提升工程

有机肥作为新型环保肥料一个最突出的特点是改善作物品质、培肥地力、净化环境。它不仅可提高土壤有机质含量，改善土壤团粒结构，增强土壤通透性，提高土壤保水、保肥和供肥能力，而且能够调节大蒜根际微生物生态环境，增强大蒜根系活动能力，增大吸收空间，提高大蒜的抗逆性。因此，增施有机肥、提升土壤有机质是当前大蒜持续增产的必要举措。

有机肥料开发的途径：一是秸秆直接还田；二是秸秆过腹还田；三是沼肥的综合利用；四是有机废料的加工应用；五是精制有机肥的应用。

（二）深耕细作工程

深耕不仅能够加厚土壤耕作层，扩展根系的生长空间，改善土壤结构，协调土壤蓄水、保水、保肥、保温和透气的矛盾，而且有利于土壤微生物的活动，有利于根系下扎和鳞茎的膨大，并使土壤释放出更多的矿质元素，满足作物的需求。同时，深耕还可以掩埋病菌和杂草种子，起到减轻病害、抑制杂草的效果。

科学的耕作技术是旋耕（或深松）与深耕相结合，旋耕 2～3 年深耕 1 次，以保持熟土在上、生土在下，保证当年增产。耕翻深度一般为 20～25cm。耕翻后，要适当晒垡，然后耙透、耙平、耙实，消灭明暗坷垃，达到上松下实，以利于提高播种和覆膜质量。

（三）测土配方施肥工程

测土配方施肥是以土壤测试和田间试验为基础，根据大蒜需肥规律、土壤供肥性能和肥料效应，结合金乡县蒜棉套作的实际情况及大蒜重茬病的严重程度，在合理施用有机肥的基础上，提出氮、磷、钾及中微量元素等肥料的施用品种、数量、施用时期与施用方法。金乡县 2006 年为省级测土配方施肥项目县，2009 年转为国家级测土配方施肥项目县。六年累计实施大蒜测土配方施肥面积达 1.9×10^5 hm^2，平均亩增产 132kg，增产率为 12.7%。

（四）节水灌溉工程

推广先进的节水技术，包括地膜覆盖、高畦栽培，提高水分的利用率；争取项目资金，建成高标准、高质量大蒜田灌溉系统。据试验，大蒜田灌溉量为 40m^2时，水肥耦合效应最好；灌溉量为 30m^2时，水分利用系数最高。大蒜出苗水要浇足、浇透，以利出苗；壮苗水要浇小水，以防地温降低；抽薹水要适当浇大水，以满足大蒜需求；膨头水要浇足、浇透，以控制地温，促进蒜头膨大。

（五）土壤质量监测工程

根据不同生态区域、不同土壤类型、不同土壤肥力，建立大蒜田土壤质量监测点，摸清大蒜田土壤肥力和环境质量动态，研究不同土壤类型土壤质量演变规律；建立不同区域大蒜田土壤质量基础数据库，完善大蒜田土壤质量动态监测与预警体系，逐步建立大蒜田土壤质量评价体系。

主要参考文献

[1]金乡县土壤普查办公室.金乡县土壤志(内部资料),1984

[2]全国农业技术推广服务中心.冬小麦测土配方施肥技术.北京:中国农业出版社,2011

[3]全国农业技术推广服务中心.华北棉花测土配方施肥技术.北京:中国农业出版社,2011

[4]陆帼一.大蒜高产栽培.北京:金盾出版社,2006

[5]中国农业科学院土肥所.土肥站工作规范标准、制度模式创新建设与测土配方平衡施肥、养分调控技术指导应用手册.北京:中国农业出版社,2009

[6]山东省土壤肥料工作站.山东土种志.北京:中国农业出版社,1993

[7]郝玉华.土壤肥料(第二版).北京:高等教育出版社,2011

附 图

金乡县土地利用现状图

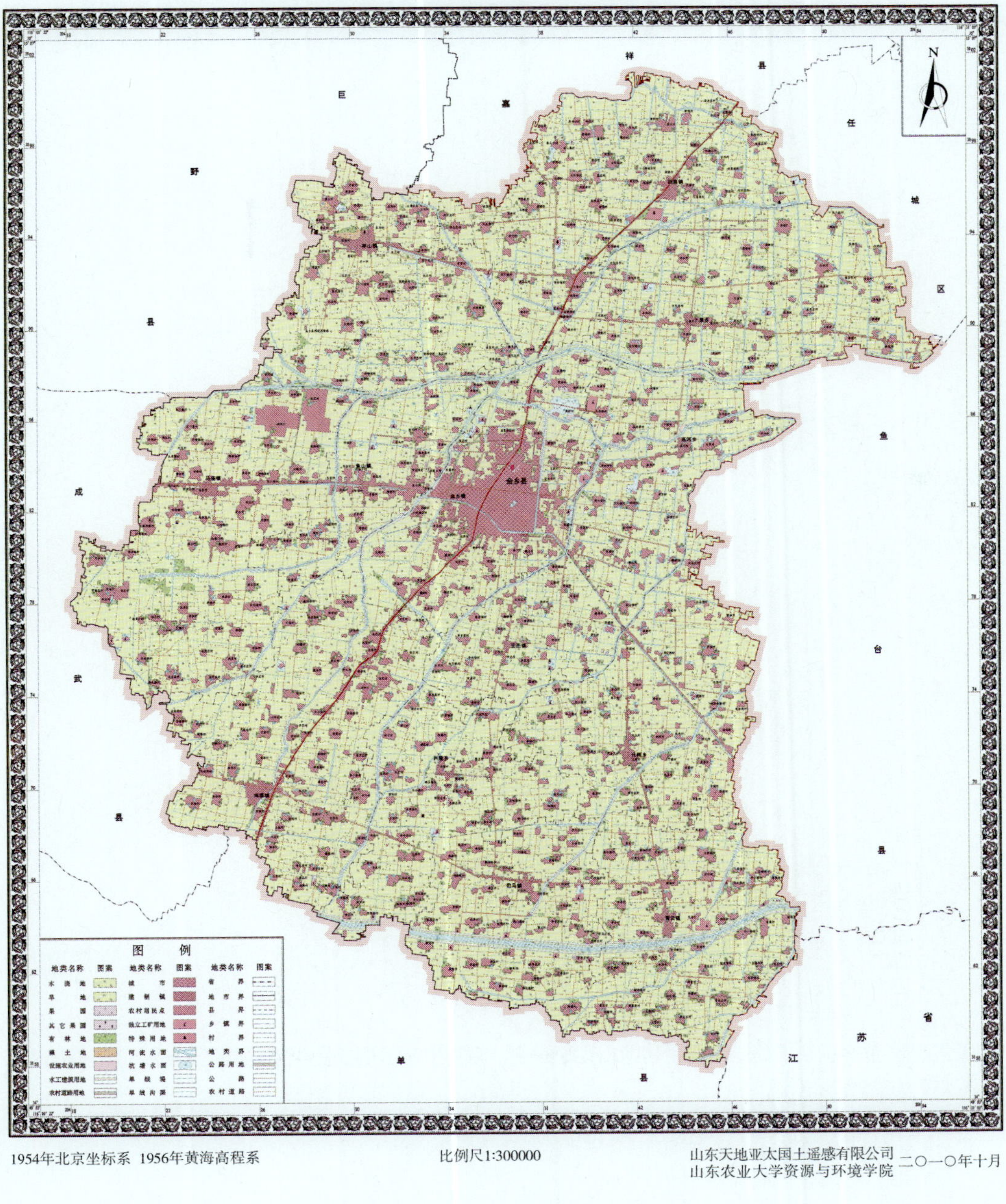

1954年北京坐标系 1956年黄海高程系

比例尺1:300000

山东天地亚太国土遥感有限公司
山东农业大学资源与环境学院 二〇一〇年十月

金乡县地貌图

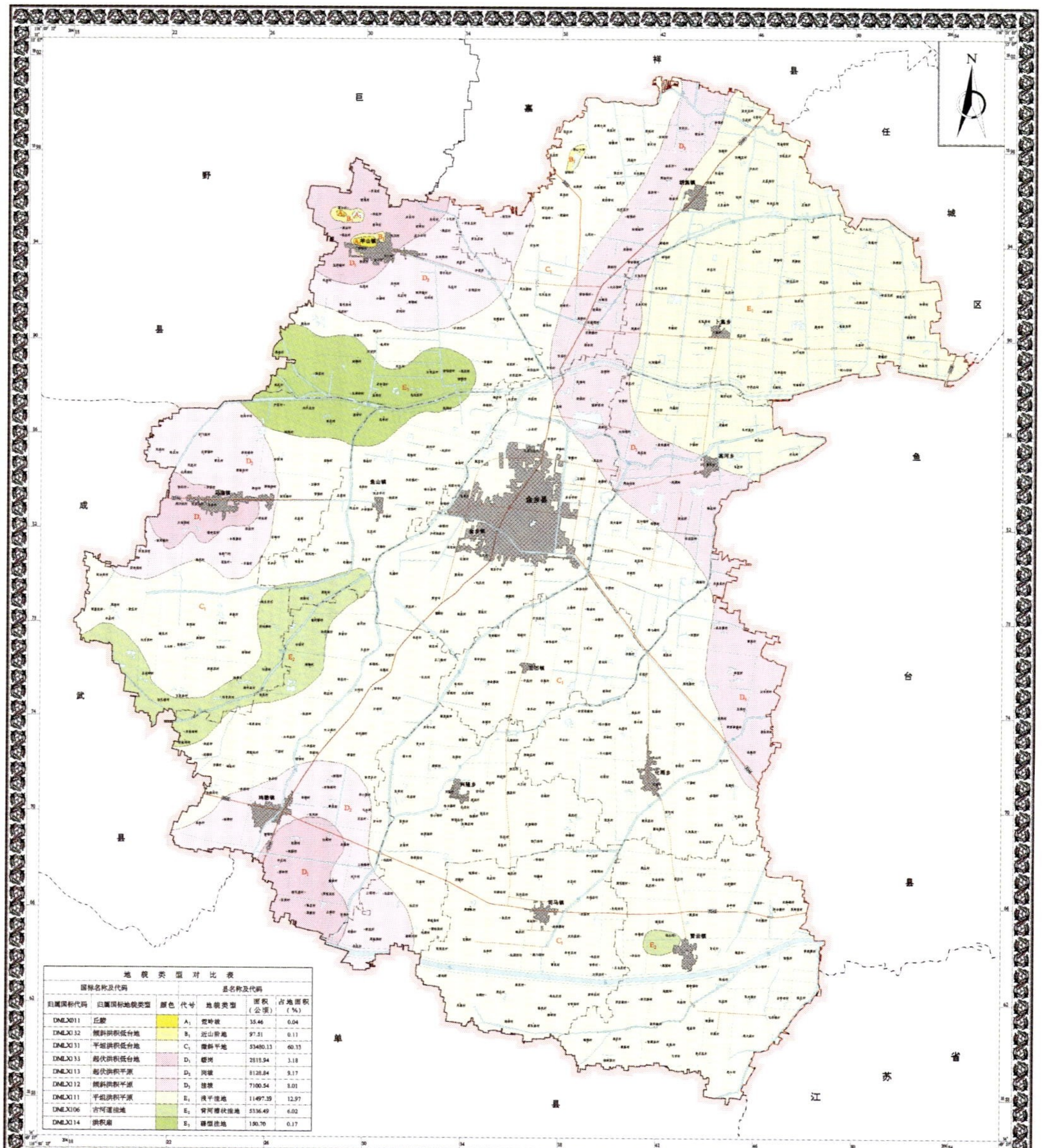

地貌类型对比表						
国标名称及代码			县名称及代码			
归属国标代码	归属国标地貌类型	颜色	代号	地貌类型	面积（公顷）	占地面积（%）
DMLX011	丘陵		A_1	荒岭坡	35.46	0.04
DMLX132	倾斜洪积低台地		B_1	近山阶地	97.51	0.11
DMLX131	平坦洪积低台地		C_1	微斜平地	53480.13	60.33
DMLX133	起伏洪积低台地		D_1	缓岗	2815.94	3.18
DMLX113	起伏洪积平原		D_2	岗坡	8128.84	9.17
DMLX112	倾斜洪积平原		D_3	洼坡	7100.54	8.01
DMLX111	平坦洪积平原		E_1	浅平洼地	11497.39	12.97
DMLX106	古河道洼地		E_2	背河槽状洼地	5336.49	6.02
DMLX114	洪积扇		E_3	碟型洼地	150.70	0.17

1954年北京坐标系 1956年黄海高程系

比例尺1:300000

山东天地亚太国土遥感有限公司
山东农业大学资源与环境学院 二〇一〇年十月

金乡县土壤图

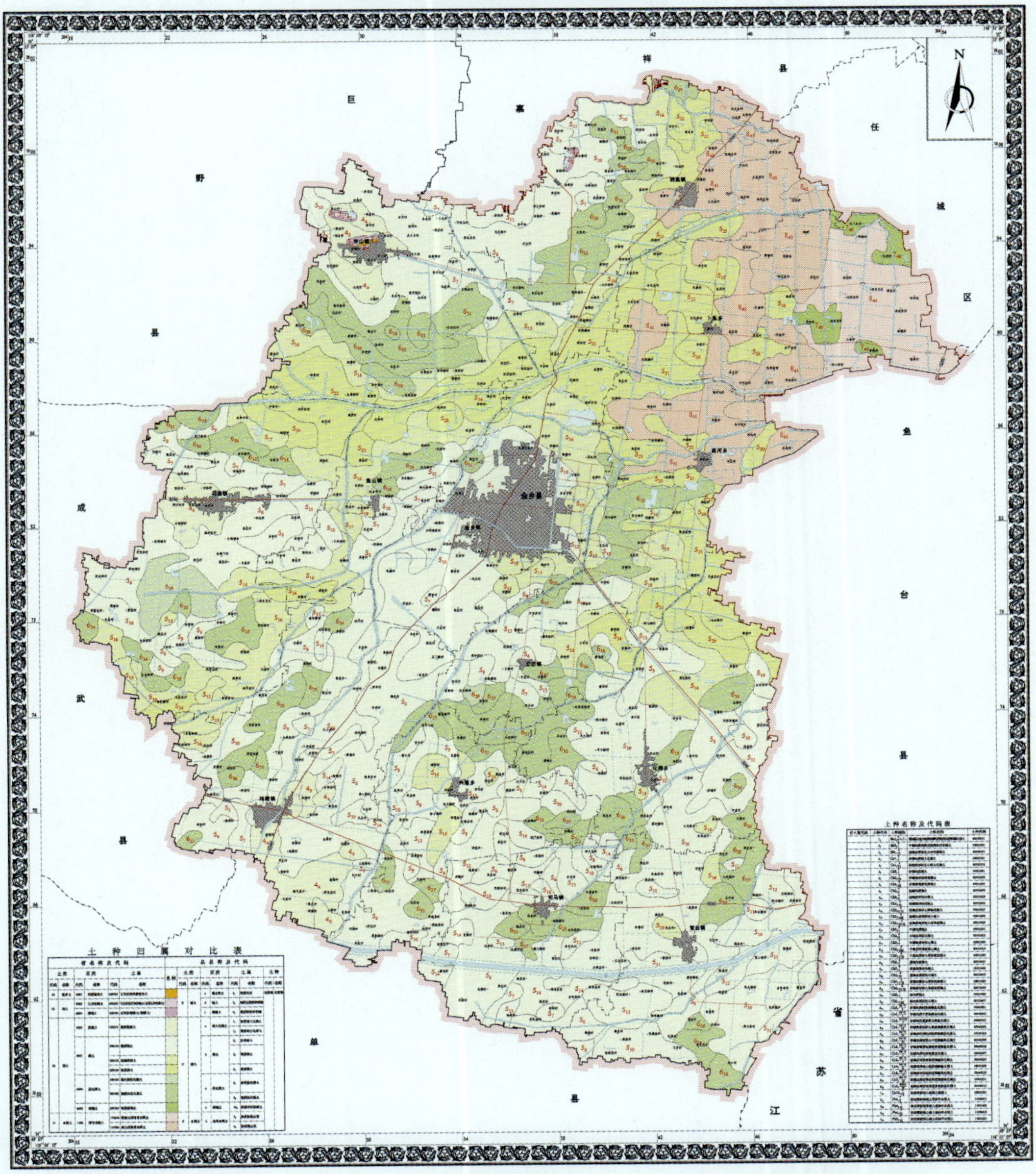

1954年北京坐标系 1956年黄海高程系 比例尺1:300000 山东天地亚太国土遥感有限公司 山东农业大学资源与环境学院 二〇一〇年十月

金乡县矿化度含量分布图

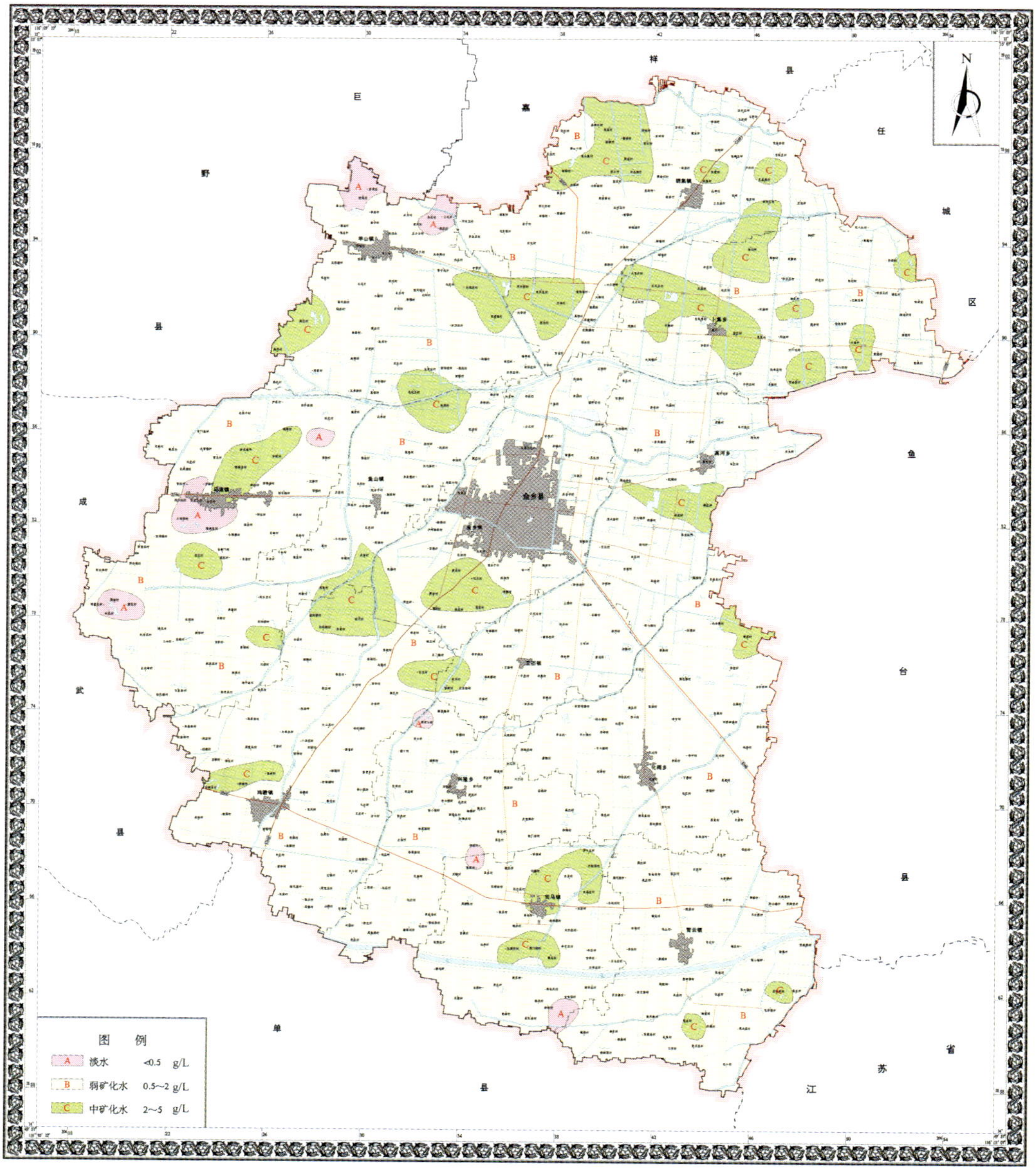

1954年北京坐标系 1956年黄海高程系

比例尺1:300000

山东天地亚太国土遥感有限公司
山东农业大学资源与环境学院 二○一○年十月

金乡县耕地地力调查点点位图

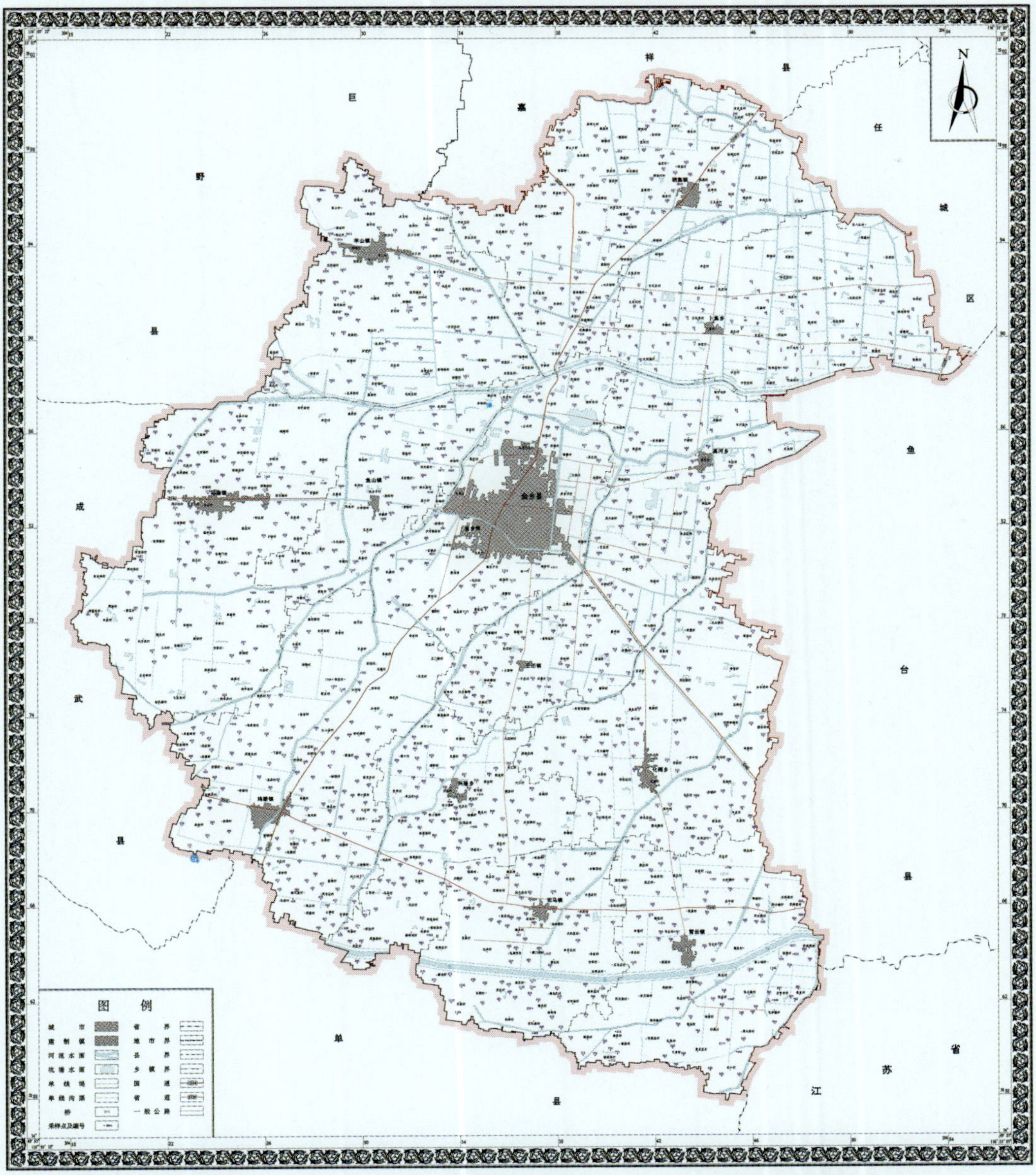

1954年北京坐标系 1956年黄海高程系

比例尺1:300000

山东天地亚太国土遥感有限公司
山东农业大学资源与环境学院 二〇一〇年十月

金乡县灌溉分区图

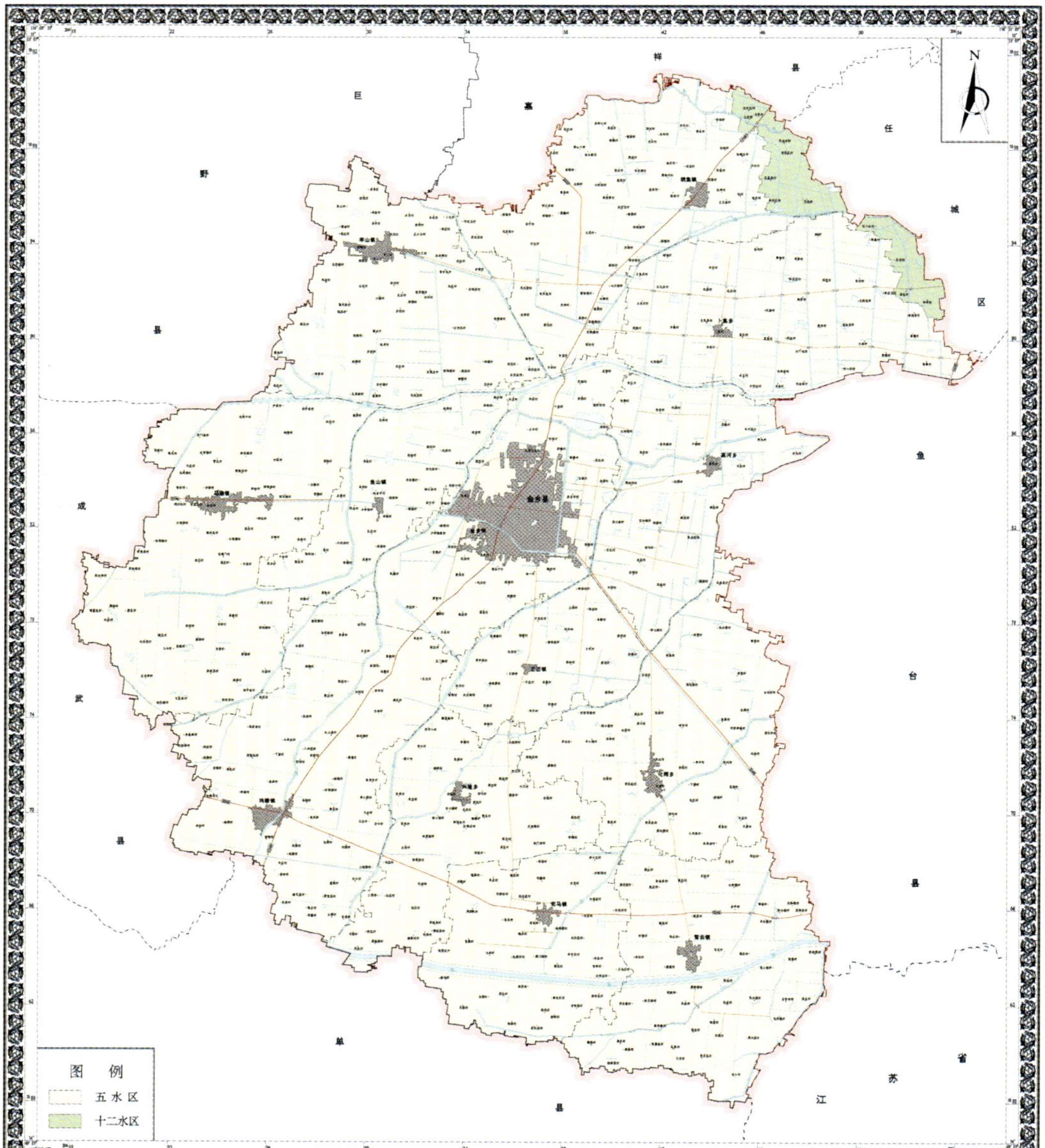

1954年北京坐标系 1956年黄海高程系

比例尺1:300000

山东天地亚太国土遥感有限公司
山东农业大学资源与环境学院
二〇一〇年十月

金乡县土壤pH分布图

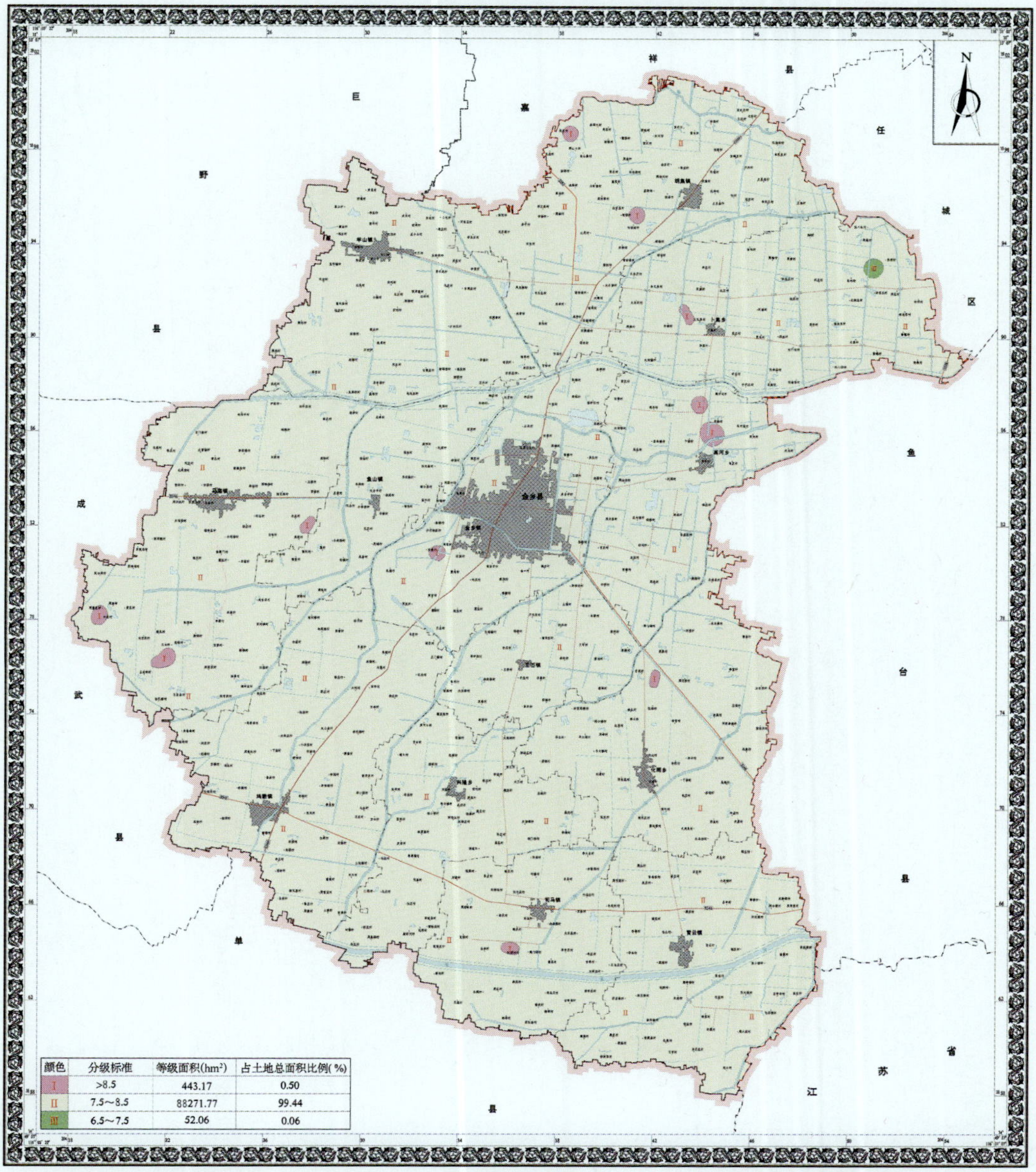

颜色	分级标准	等级面积(hm^2)	占土地总面积比例(%)
Ⅰ	>8.5	443.17	0.50
Ⅱ	7.5～8.5	88271.77	99.44
Ⅲ	6.5～7.5	52.06	0.06

1954年北京坐标系 1956年黄海高程系

比例尺1:300000

山东天地亚太国土遥感有限公司
山东农业大学资源与环境学院 二〇一〇年十月

金乡县耕地评价等级图

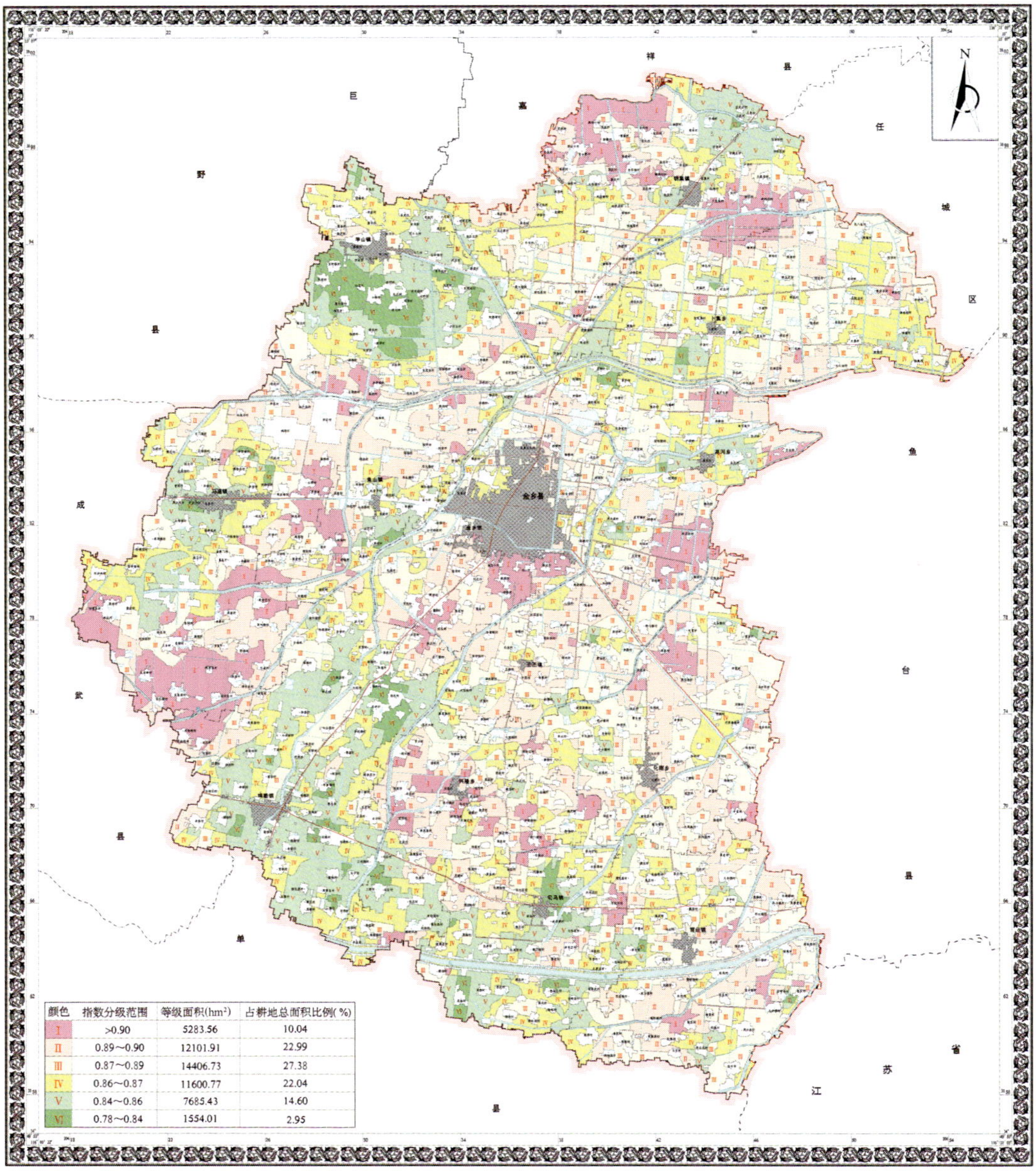

颜色	指数分级范围	等级面积(hm²)	占耕地总面积比例(%)
Ⅰ	>0.90	5283.56	10.04
Ⅱ	0.89～0.90	12101.91	22.99
Ⅲ	0.87～0.89	14406.73	27.38
Ⅳ	0.86～0.87	11600.77	22.04
Ⅴ	0.84～0.86	7685.43	14.60
Ⅵ	0.78～0.84	1554.01	2.95

1954年北京坐标系 1956年黄海高程系

比例尺1:300000

山东天地亚太国土遥感有限公司
山东农业大学资源与环境学院 二〇一〇年十月

金乡县土壤缓效钾含量分布图

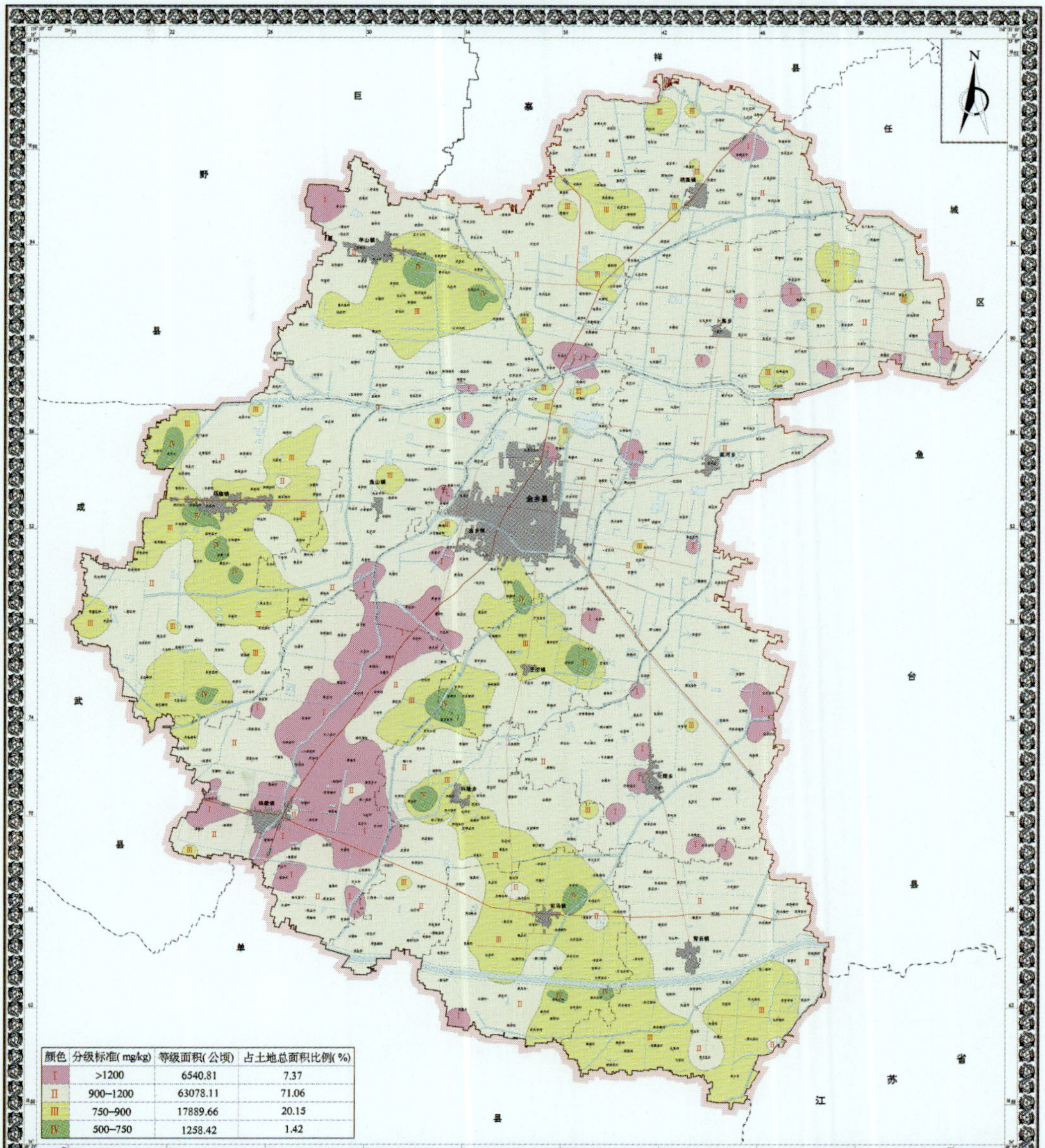

颜色	分级标准(mg/kg)	等级面积(公顷)	占土地总面积比例(%)
Ⅰ	>1200	6540.81	7.37
Ⅱ	900–1200	63078.11	71.06
Ⅲ	750–900	17889.66	20.15
Ⅳ	500–750	1258.42	1.42

1954年北京坐标系 1956年黄海高程系　　比例尺1:300000　　山东天地亚太国土遥感有限公司 山东农业大学资源与环境学院 二〇一〇年十月

金乡县土壤碱解氮含量分布图

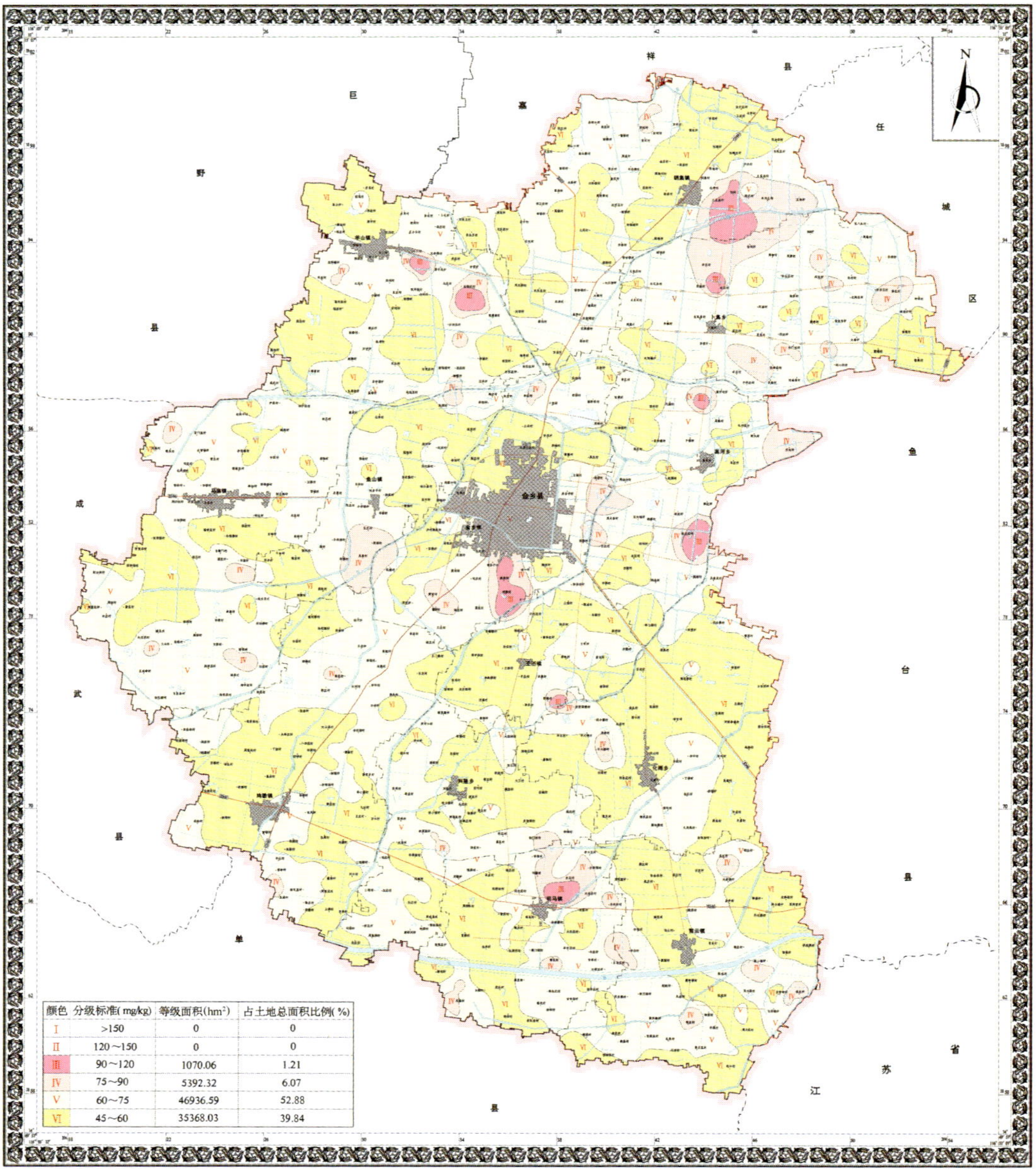

颜色	分级标准(mg/kg)	等级面积(hm^2)	占土地总面积比例(%)
Ⅰ	>150	0	0
Ⅱ	120～150	0	0
Ⅲ	90～120	1070.06	1.21
Ⅳ	75～90	5392.32	6.07
Ⅴ	60～75	46936.59	52.88
Ⅵ	45～60	35368.03	39.84

1954年北京坐标系 1956年黄海高程系　　比例尺1:300000　　山东天地亚太国土遥感有限公司 山东农业大学资源与环境学院 二〇一〇年十月

金乡县土壤交换性钙含量分布图

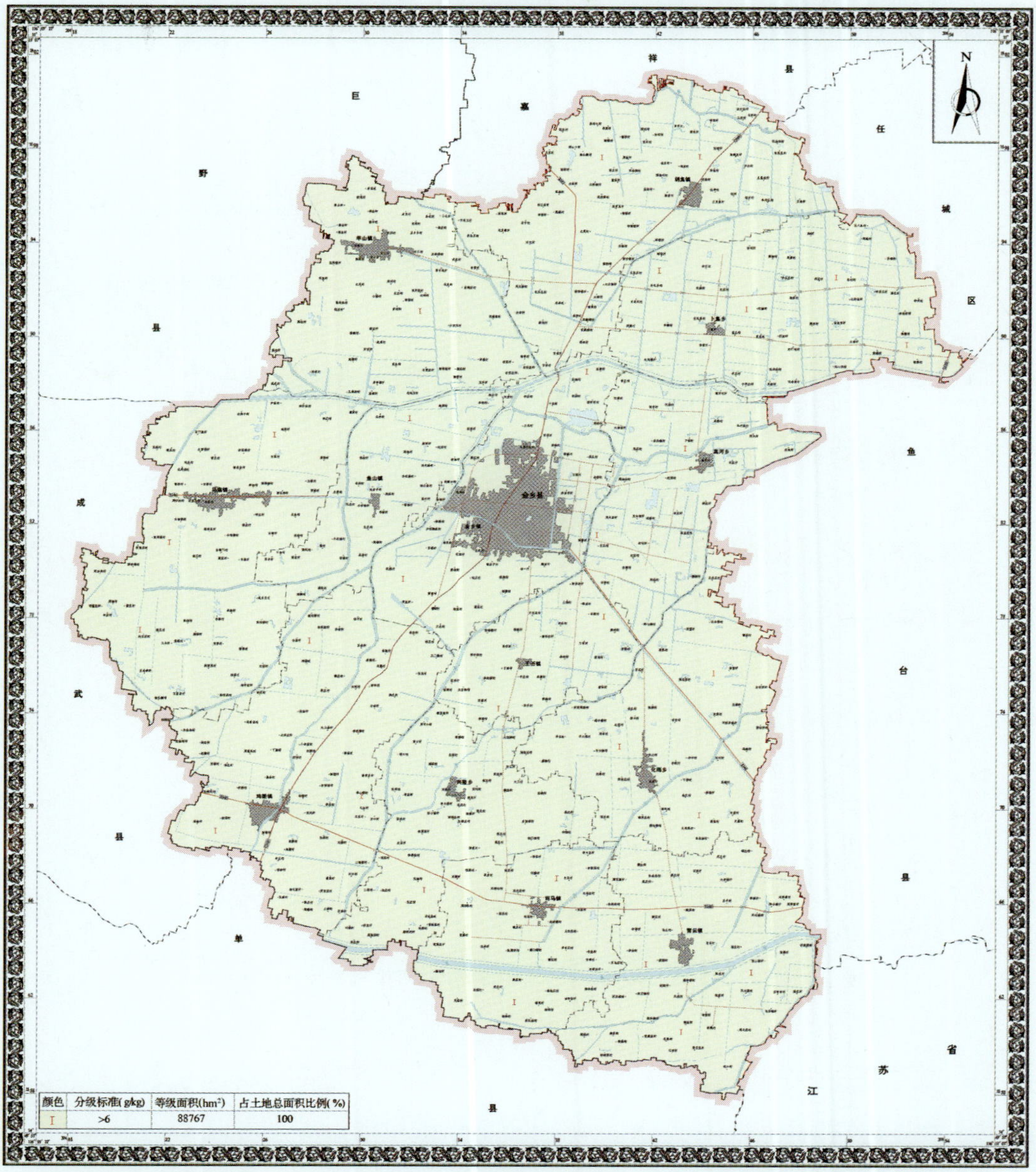

颜色	分级标准(g/kg)	等级面积(hm^2)	占土地总面积比例(%)
I	>6	88767	100

1954年北京坐标系 1956年黄海高程系

比例尺1:300000

山东天地亚太国土遥感有限公司
山东农业大学资源与环境学院
二〇一〇年十月

金乡县土壤交换性镁含量分布图

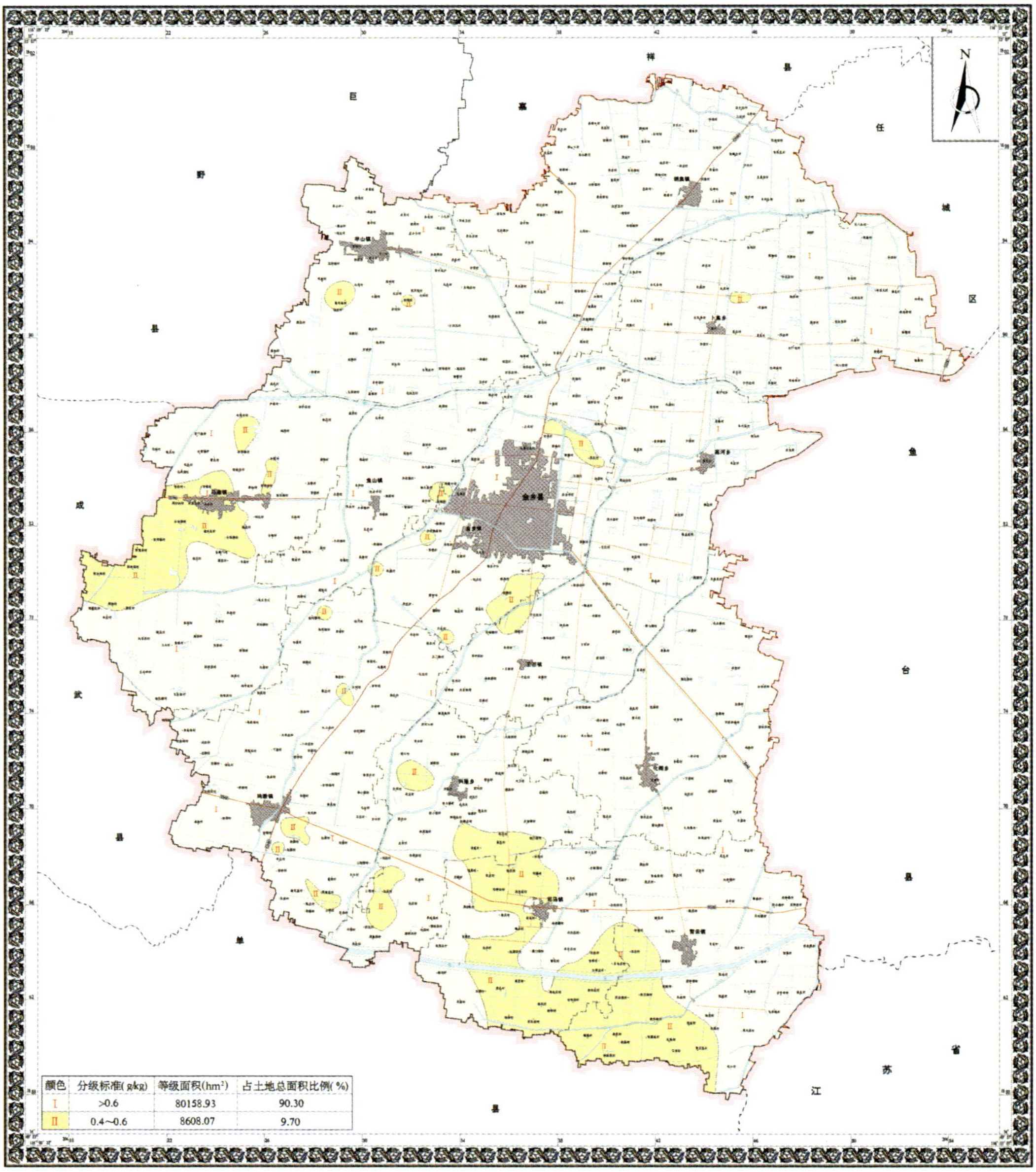

颜色	分级标准(g/kg)	等级面积(hm^2)	占土地总面积比例(%)
Ⅰ	>0.6	80158.93	90.30
Ⅱ	0.4~0.6	8608.07	9.70

1954年北京坐标系 1956年黄海高程系　　比例尺1:300000　　山东天地亚太国土遥感有限公司 山东农业大学资源与环境学院 二〇一〇年十月

金乡县土壤全氮含量分布图

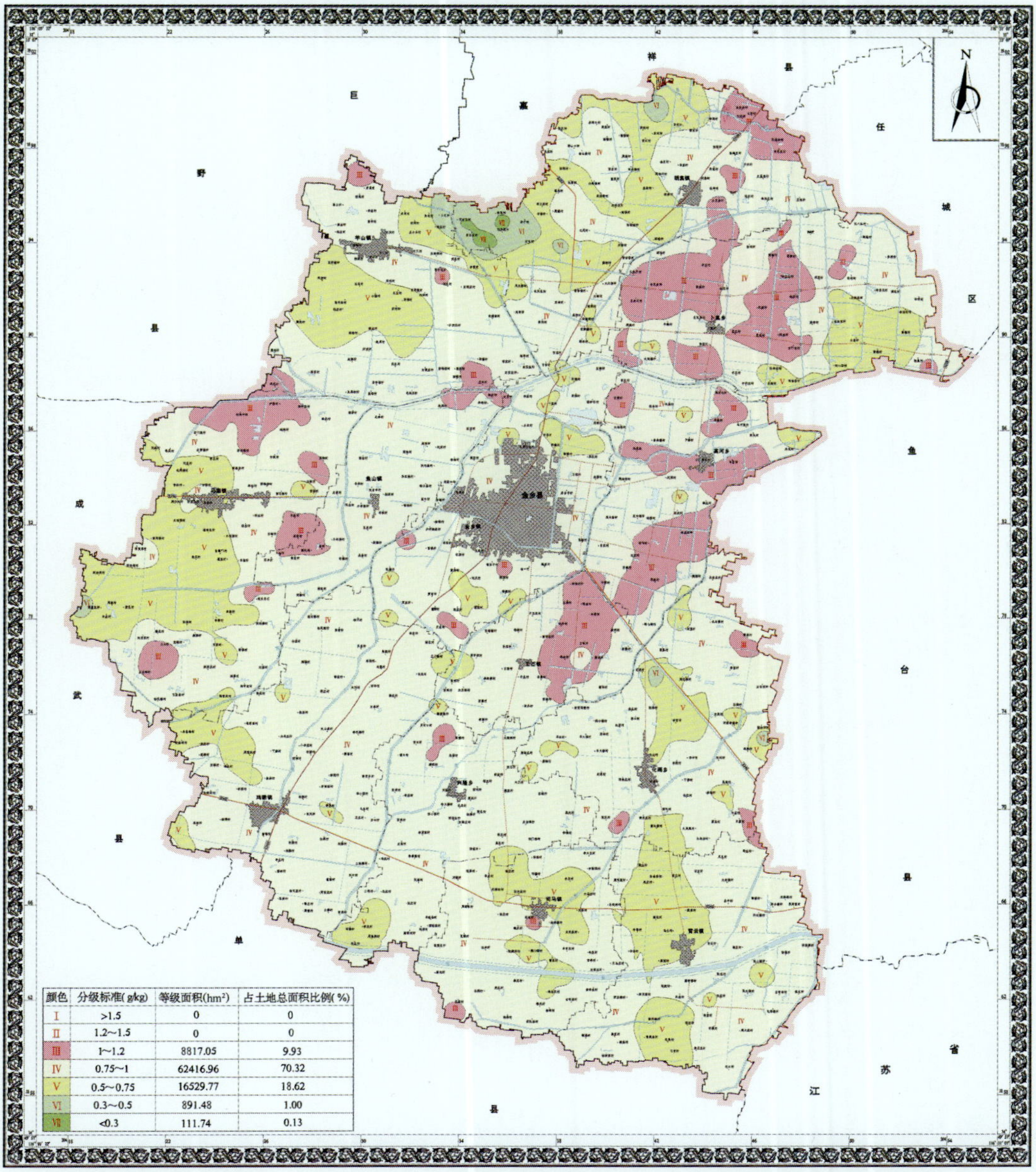

颜色	分级标准(g/kg)	等级面积(hm^2)	占土地总面积比例(%)
Ⅰ	>1.5	0	0
Ⅱ	1.2～1.5	0	0
Ⅲ	1～1.2	8817.05	9.93
Ⅳ	0.75～1	62416.96	70.32
Ⅴ	0.5～0.75	16529.77	18.62
Ⅵ	0.3～0.5	891.48	1.00
Ⅶ	<0.3	111.74	0.13

1954年北京坐标系 1956年黄海高程系

比例尺1:300000

山东天地亚太国土遥感有限公司
山东农业大学资源与环境学院 二〇一〇年十月

金乡县土壤速效钾含量分布图

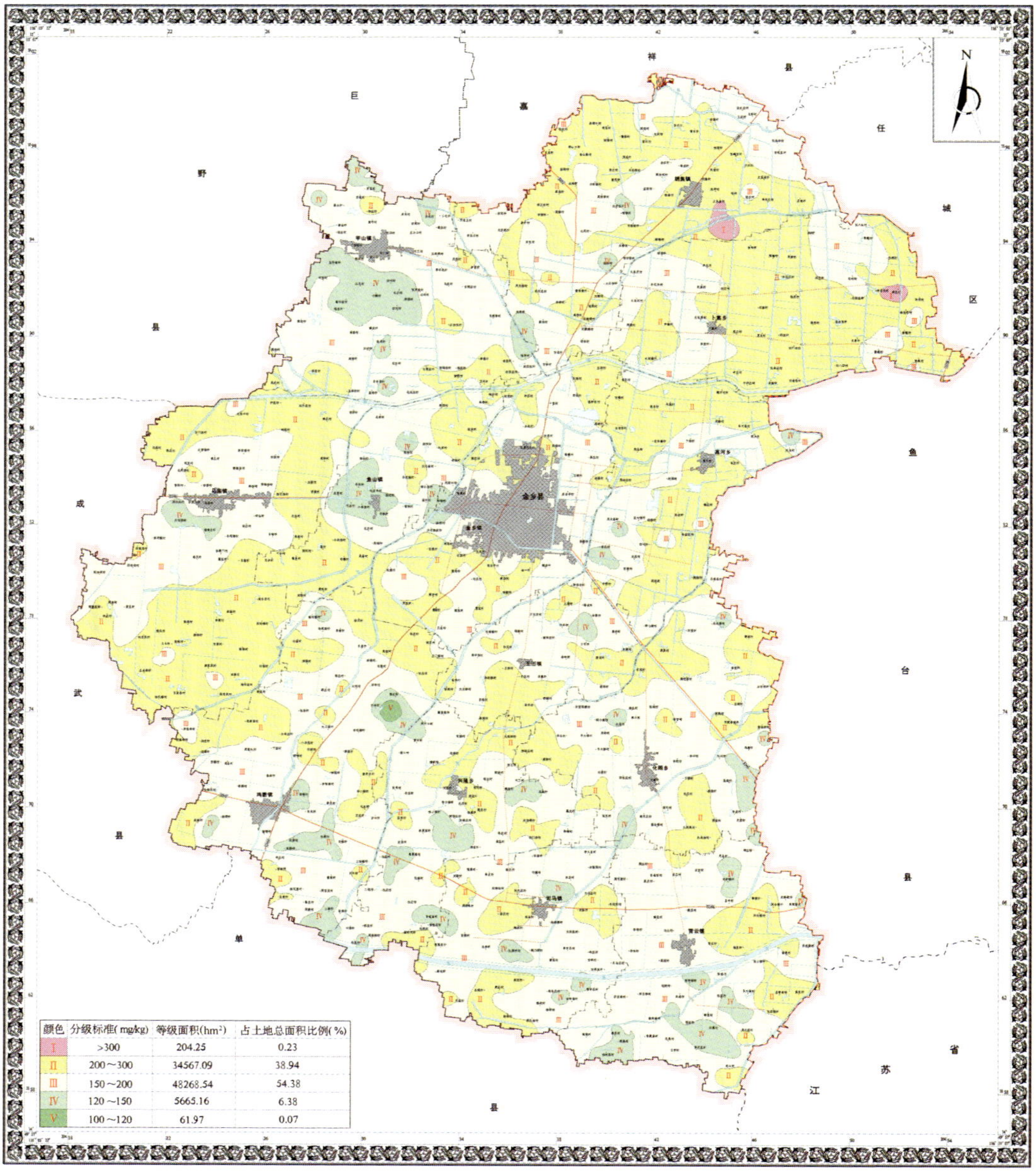

颜色	分级标准(mg/kg)	等级面积(hm^2)	占土地总面积比例(%)
Ⅰ	>300	204.25	0.23
Ⅱ	200～300	34567.09	38.94
Ⅲ	150～200	48268.54	54.38
Ⅳ	120～150	5665.16	6.38
Ⅴ	100～120	61.97	0.07

1954年北京坐标系 1956年黄海高程系　　比例尺1:300000　　山东天地亚太国土遥感有限公司 山东农业大学资源与环境学院 二〇一〇年十月

金乡县土壤有机质含量分布图

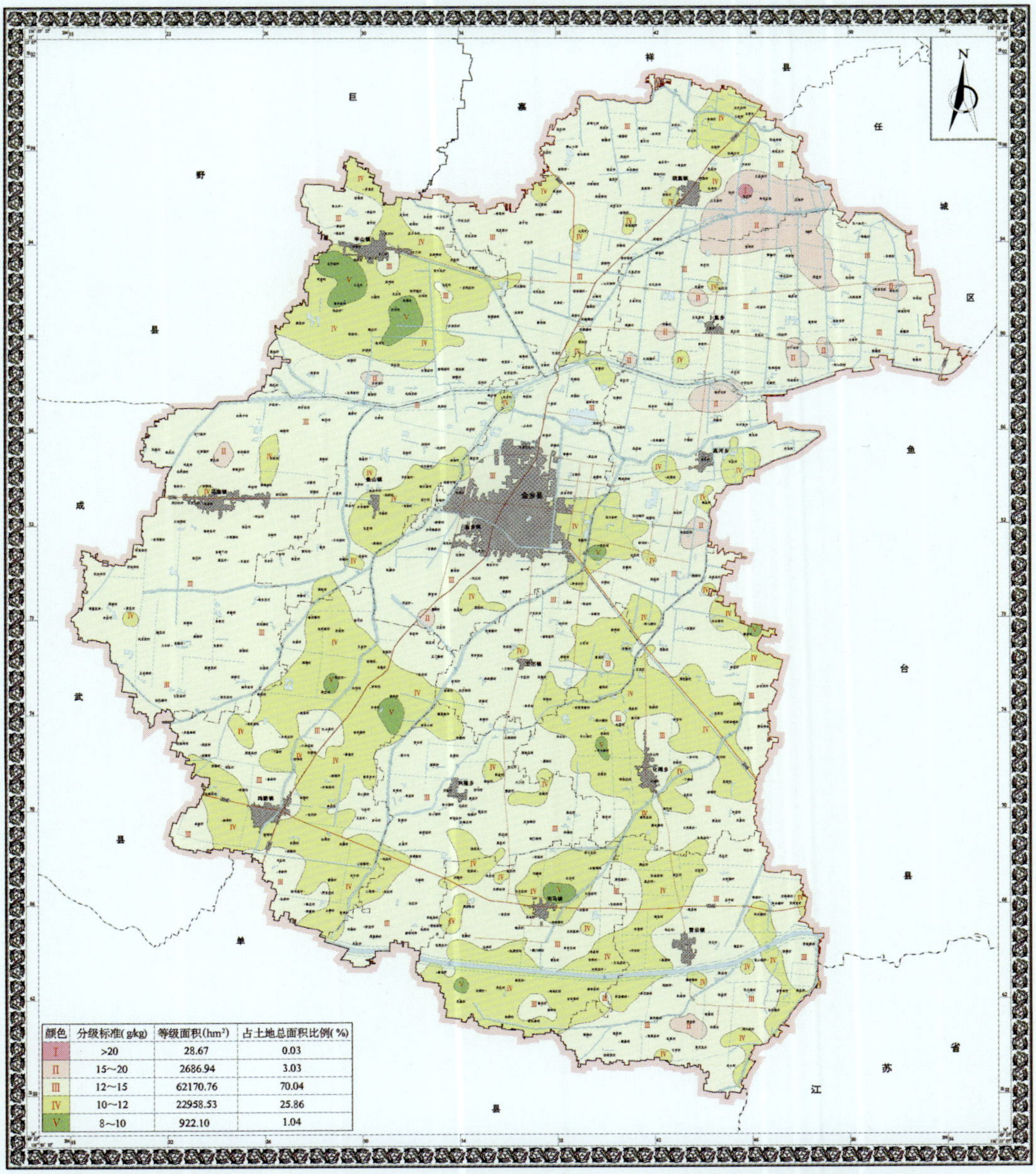

颜色	分级标准(g/kg)	等级面积(hm²)	占土地总面积比例(%)
Ⅰ	>20	28.67	0.03
Ⅱ	15～20	2686.94	3.03
Ⅲ	12～15	62170.76	70.04
Ⅳ	10～12	22958.53	25.86
Ⅴ	8～10	922.10	1.04

1954年北京坐标系 1956年黄海高程系　　比例尺1:300000　　山东天地亚太国土遥感有限公司 山东农业大学资源与环境学院 二〇一〇年十月

金乡县土壤有效磷含量分布图

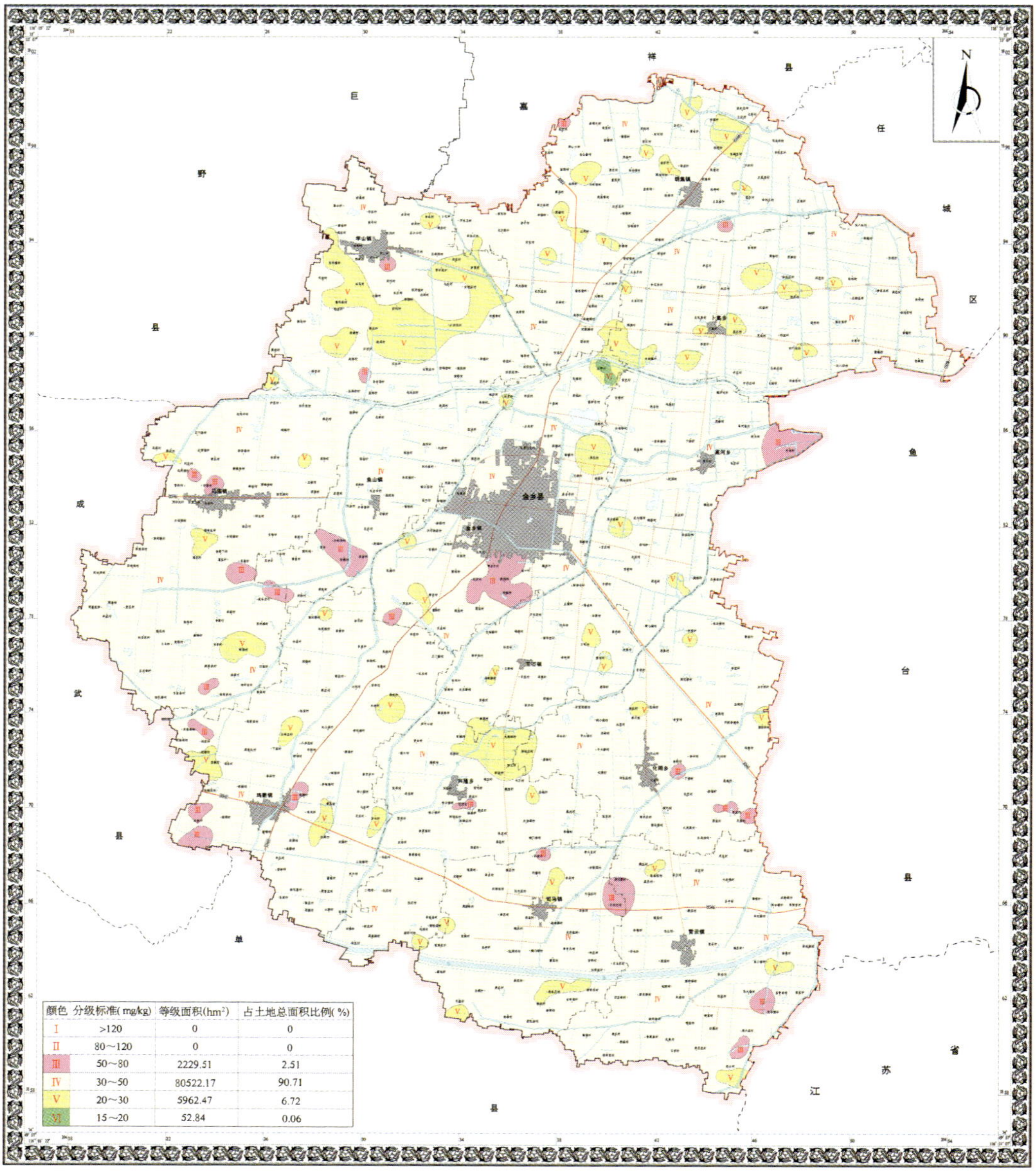

颜色	分级标准(mg/kg)	等级面积(hm²)	占土地总面积比例(%)
Ⅰ	>120	0	0
Ⅱ	80～120	0	0
Ⅲ	50～80	2229.51	2.51
Ⅳ	30～50	80522.17	90.71
Ⅴ	20～30	5962.47	6.72
Ⅵ	15～20	52.84	0.06

1954年北京坐标系 1956年黄海高程系　　比例尺1:300000　　山东天地亚太国土遥感有限公司 山东农业大学资源与环境学院　二〇一〇年十月

金乡县土壤有效硫含量分布图

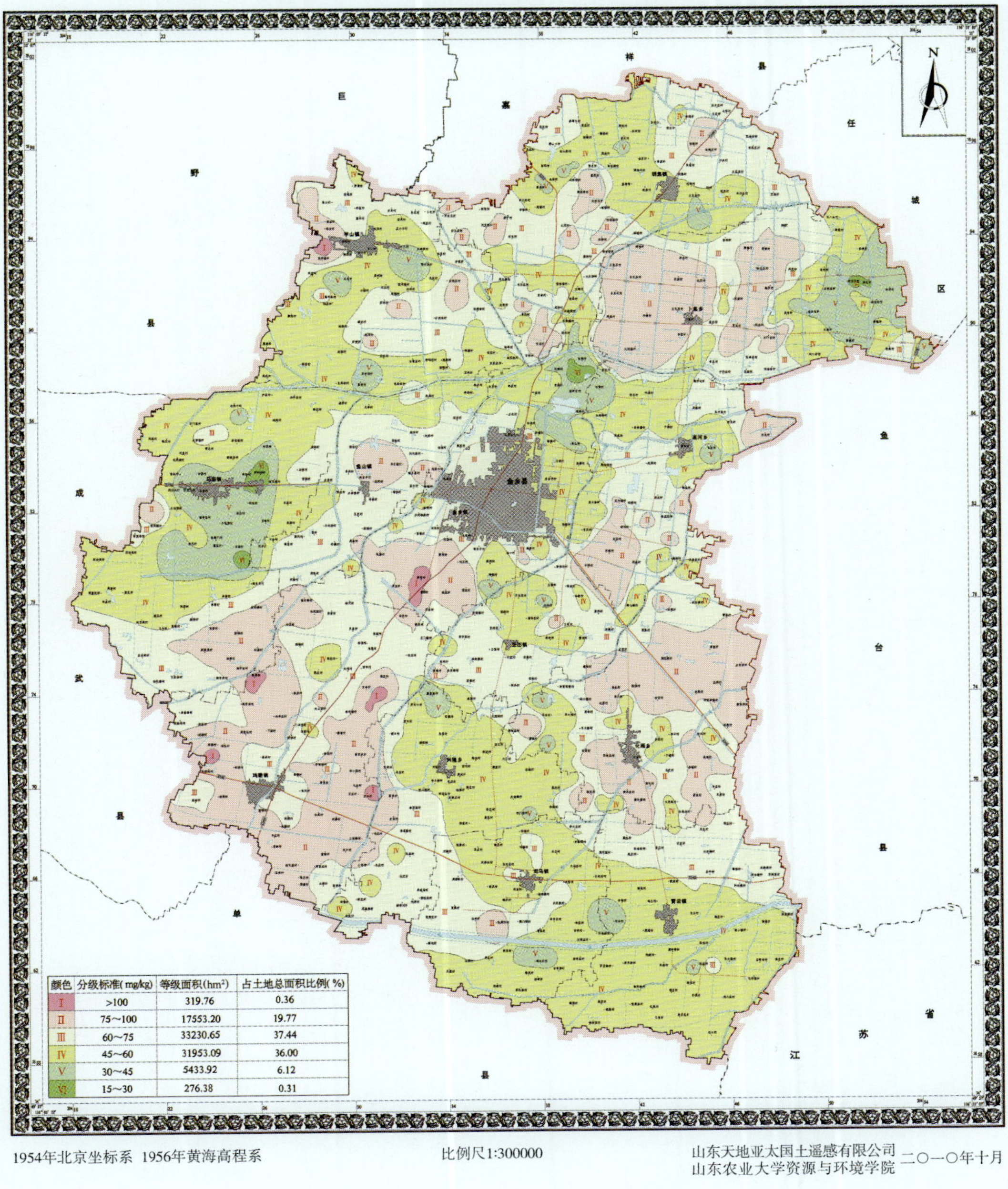

颜色	分级标准(mg/kg)	等级面积(hm^2)	占土地总面积比例(%)
Ⅰ	>100	319.76	0.36
Ⅱ	75～100	17553.20	19.77
Ⅲ	60～75	33230.65	37.44
Ⅳ	45～60	31953.09	36.00
Ⅴ	30～45	5433.92	6.12
Ⅵ	15～30	276.38	0.31

1954年北京坐标系 1956年黄海高程系

比例尺1:300000

山东天地亚太国土遥感有限公司
山东农业大学资源与环境学院 二〇一〇年十月

金乡县土壤有效锰含量分布图

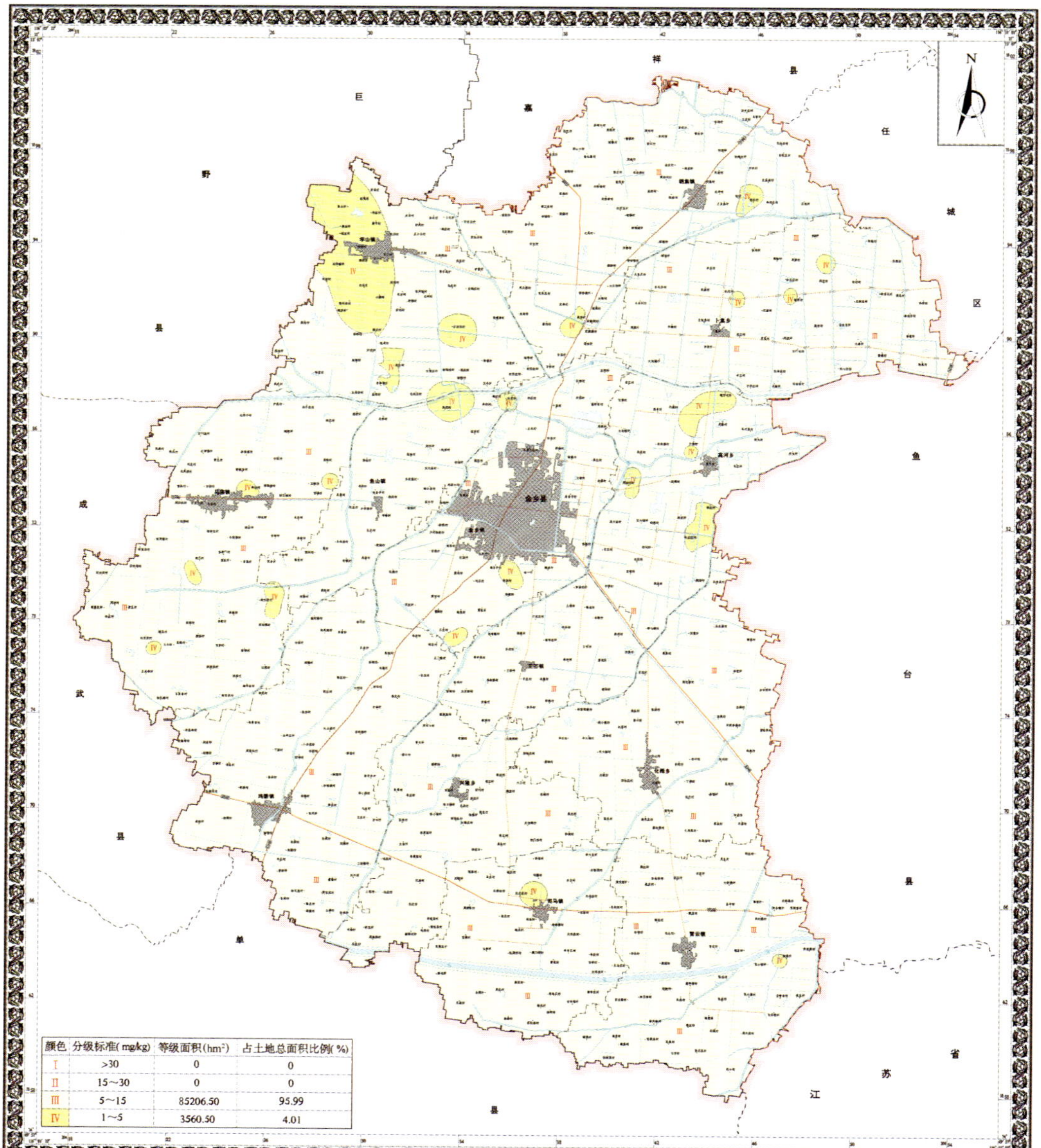

颜色	分级标准(mg/kg)	等级面积(hm²)	占土地总面积比例(%)
Ⅰ	>30	0	0
Ⅱ	15～30	0	0
Ⅲ	5～15	85206.50	95.99
Ⅳ	1～5	3560.50	4.01

1954年北京坐标系 1956年黄海高程系

比例尺1:300000

山东天地亚太国土遥感有限公司
山东农业大学资源与环境学院 二〇一〇年十月

金乡县土壤有效钼含量分布图

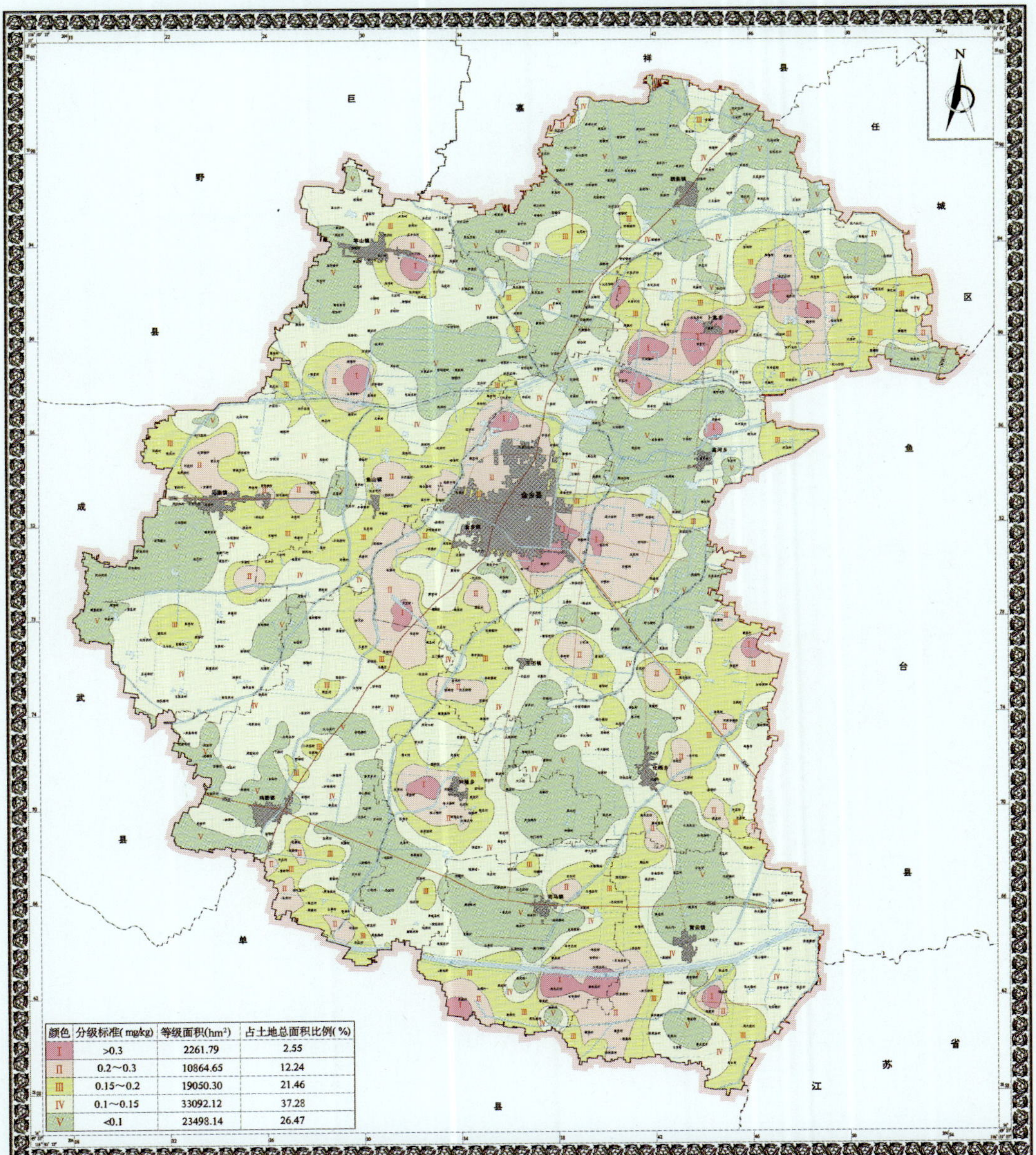

颜色	分级标准(mg/kg)	等级面积(hm^2)	占土地总面积比例(%)
Ⅰ	>0.3	2261.79	2.55
Ⅱ	0.2～0.3	10864.65	12.24
Ⅲ	0.15～0.2	19050.30	21.46
Ⅳ	0.1～0.15	33092.12	37.28
Ⅴ	<0.1	23498.14	26.47

1954年北京坐标系 1956年黄海高程系

比例尺1:300000

山东天地亚太国土遥感有限公司
山东农业大学资源与环境学院 二〇一〇年十月

金乡县土壤有效硼含量分布图

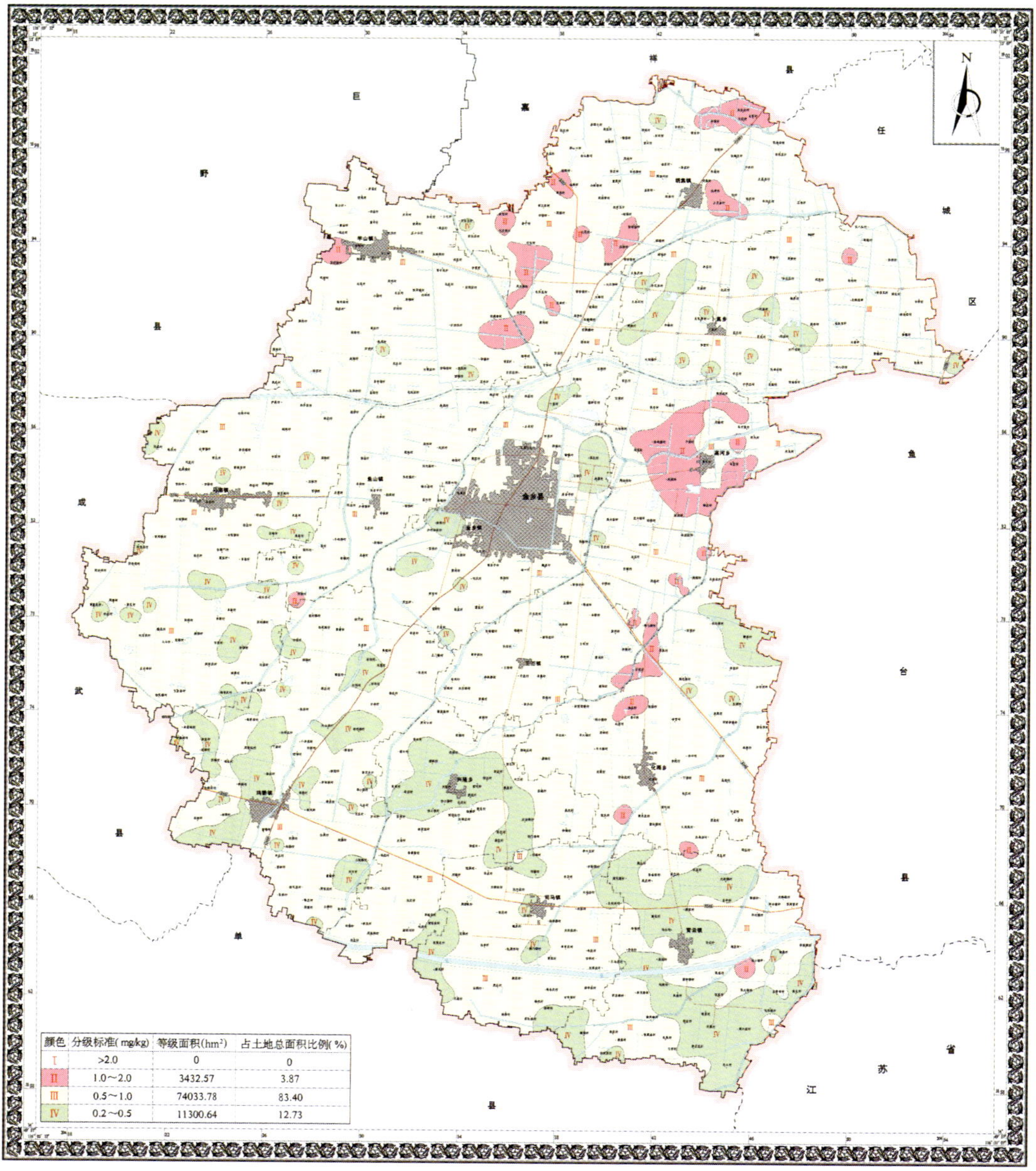

颜色	分级标准(mg/kg)	等级面积(hm^2)	占土地总面积比例(%)
Ⅰ	>2.0	0	0
Ⅱ	1.0～2.0	3432.57	3.87
Ⅲ	0.5～1.0	74033.78	83.40
Ⅳ	0.2～0.5	11300.64	12.73

1954年北京坐标系 1956年黄海高程系

比例尺1:300000

山东天地亚太国土遥感有限公司
山东农业大学资源与环境学院 二〇一〇年十月

金乡县土壤有效铁含量分布图

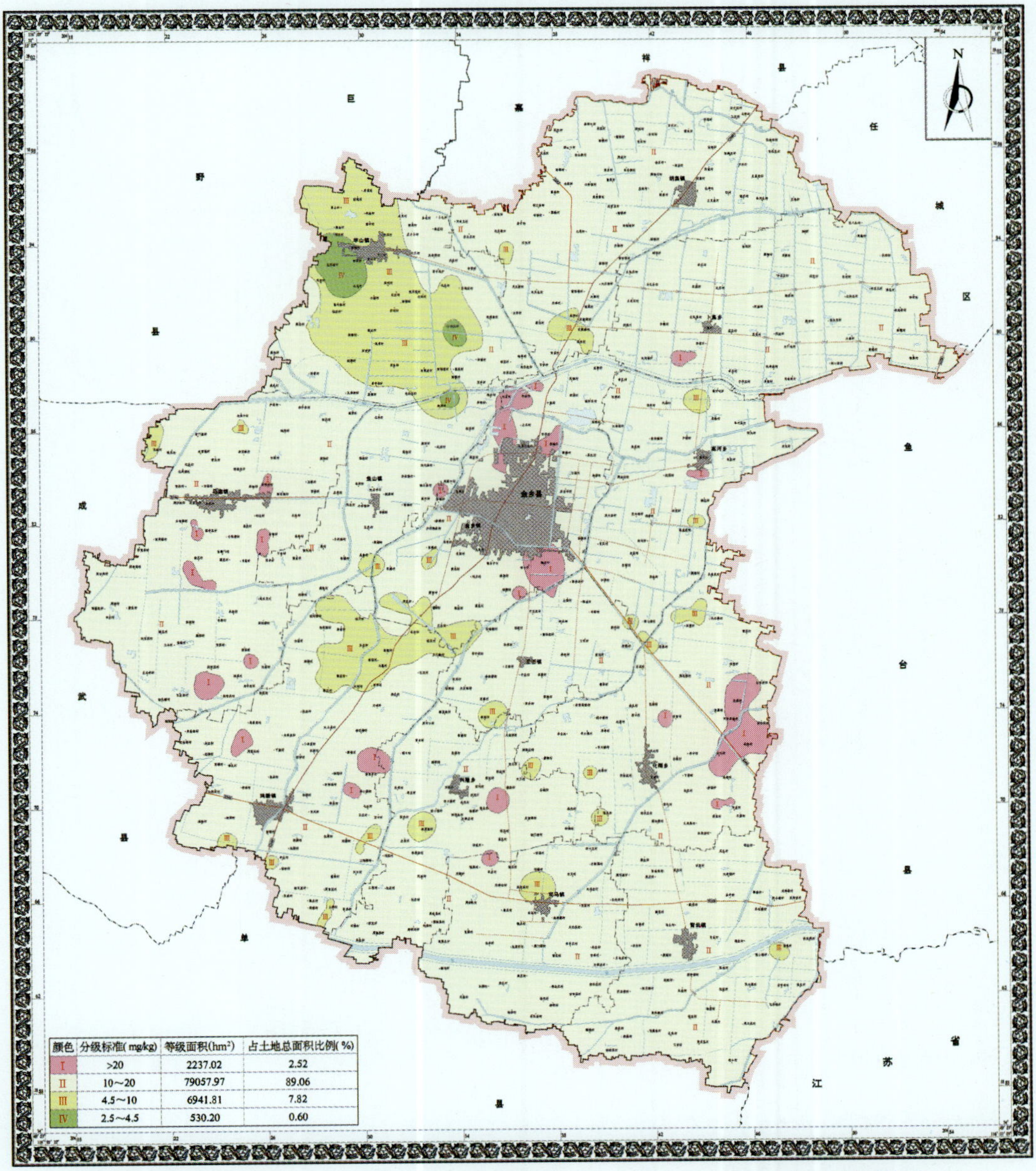

1954年北京坐标系 1956年黄海高程系

比例尺1:300000

山东天地亚太国土遥感有限公司
山东农业大学资源与环境学院 二〇一〇年十月

金乡县土壤有效铜含量分布图

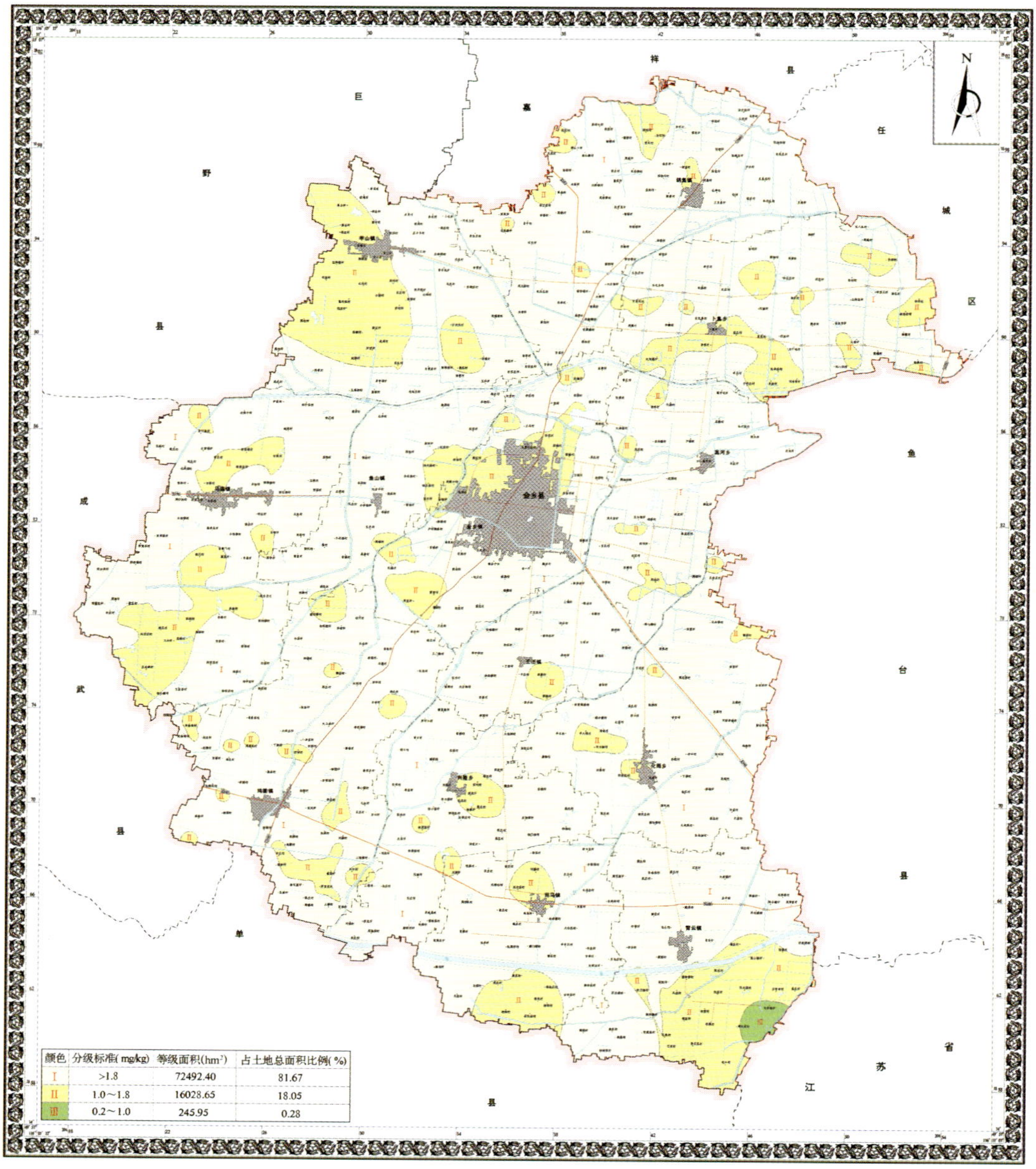

颜色	分级标准(mg/kg)	等级面积(hm²)	占土地总面积比例(%)
I	>1.8	72492.40	81.67
II	1.0～1.8	16028.65	18.05
III	0.2～1.0	245.95	0.28

1954年北京坐标系 1956年黄海高程系　　比例尺1:300000　　山东天地亚太国土遥感有限公司 山东农业大学资源与环境学院 二〇一〇年十月

金乡县土壤有效锌含量分布图

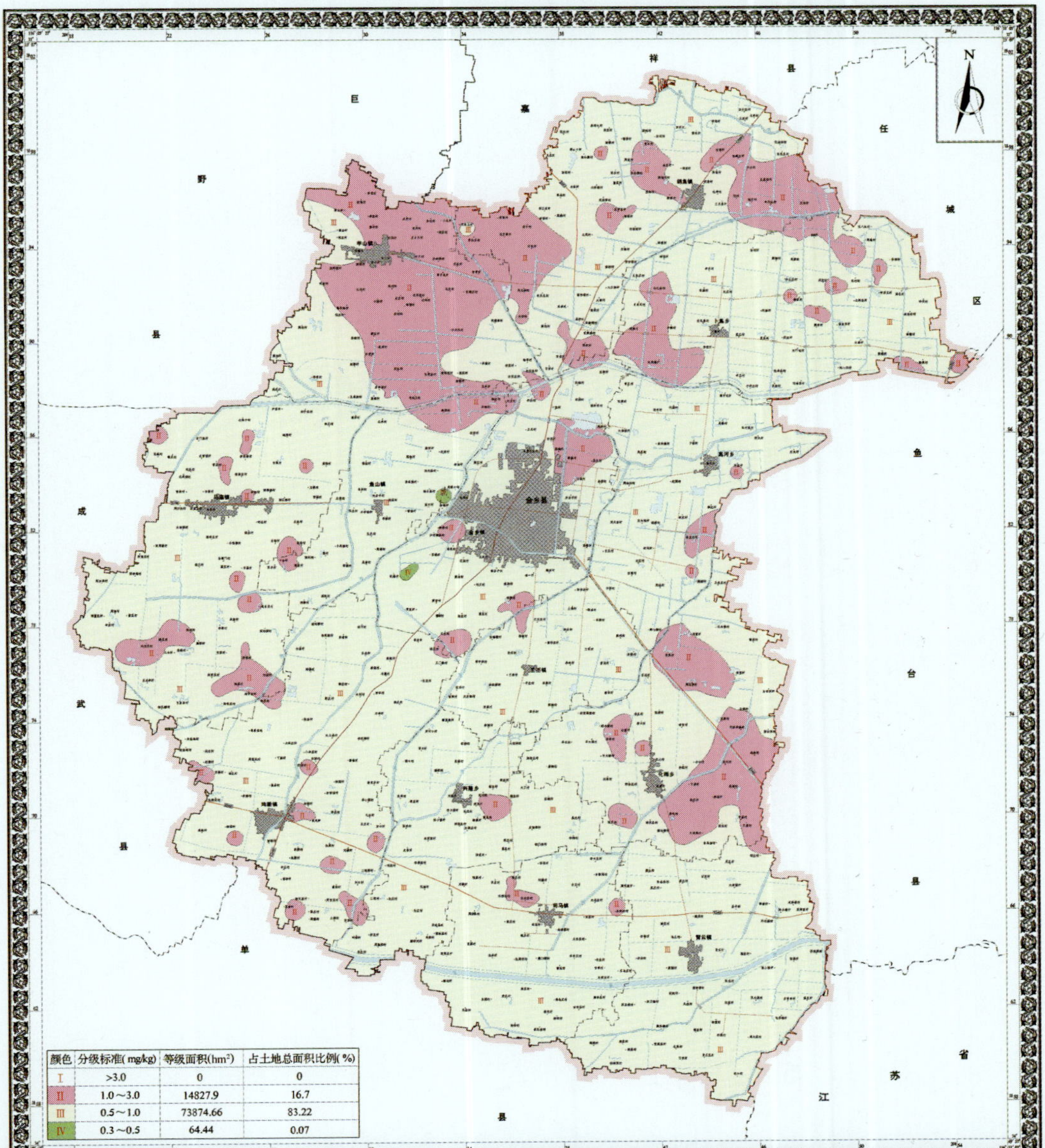

颜色	分级标准(mg/kg)	等级面积(hm^2)	占土地总面积比例(%)
Ⅰ	>3.0	0	0
Ⅱ	1.0～3.0	14827.9	16.7
Ⅲ	0.5～1.0	73874.66	83.22
Ⅳ	0.3～0.5	64.44	0.07

1954年北京坐标系 1956年黄海高程系

比例尺1:300000

山东天地亚太国土遥感有限公司
山东农业大学资源与环境学院
二〇一〇年十月

图书在版编目(CIP)数据

金乡耕地/秦淑珍,刘振富,王成林主编.
—济南:山东大学出版社,2014.4
ISBN 978-7-5607-5010-1

Ⅰ.①金…
Ⅱ.①秦… ②刘… ③王…
Ⅲ.①耕地资源—资源评价—金乡县
Ⅳ.①F323.211

中国版本图书馆 CIP 数据核字(2014)第 066618 号

策划编辑:赵　岩
责任编辑:李　港
封面设计:张　荔

出版发行:山东大学出版社
社　址　山东省济南市山大南路 20 号
邮　编　250100
电　话　市场部(0531)88364466
经　销:山东省新华书店
印　刷:山东鸿杰印务集团有限公司
规　格:787 毫米×1092 毫米　1/16
13 印张　12 插页　317 千字
版　次:2014 年 4 月第 1 版
印　次:2014 年 4 月第 1 次印刷
定　价:45.00 元
